Jonathan Franzen
Anleitung zum Alleinsein

»Wen es nach Einblicken in das Innenleben eines Schriftstellers gelüstet, der wird durchaus auf seine Kosten kommen. Auf- und anregender noch ist das disparate, lebendige und vielschichtige Bild der amerikanischen Gesellschaft (…): Zustandsschilderungen, in denen gnadenlose Kritik, mitfühlende Wärme, Trauer und selbstironische Identifikation so nahe beieinanderliegen, dass kein papierenes Amerika-Klischee, ob gut oder böse, dazwischen mehr Platz findet.«

Kristina Maidt-Zinke, *Süddeutsche Zeitung*

»In diesen nachdenklichen und zweifelnden Essays enthüllt sich ein Autor von anmaßender Bescheidenheit: Er teilt uns Bedeutendes mit über unsere Welt.«

Felicitas von Lovenberg, *Frankfurter Allgemeine Zeitung*

»Diese Sammlung unterstreicht Franzens Eleganz, seinen Scharfsinn und seine Kühnheit als Essayist, außerdem die wache, kluge Art der Selbstwahrnehmung, die ähnlich beeindruckend und gewinnend ist wie die von Joan Didion.«

Janet Maslin, *The New York Times*

Jonathan Franzen, 1959 in der Nähe von Chicago geboren, wuchs in Webster Groves/Missouri auf, einem Vorort von St. Louis. Für seinen Weltbestseller ›Die Korrekturen‹ bekam er 2001 den National Book Award. 2013 wurde ihm für sein Gesamtwerk der WELT-Literaturpreis verliehen, 2022 der Thomas-Mann-Preis, und 2015 erhielt er für seinen Einsatz zum Schutz der Wildvögel den EuroNatur-Preis. Er lebt in Santa Cruz, Kalifornien.

Eike Schönfeld hat u. a. Werke von J. D. Salinger, Saul Bellow, Charles Darwin und Oscar Wilde übersetzt und erhielt dafür zahlreiche Preise, darunter den der Leipziger Buchmesse.

Jonathan Franzen

Anleitung zum Alleinsein

Essays

Aus dem Englischen von
Eike Schönfeld

dtv

Frühere Originalversionen der meisten dieser Essays erschienen in ›Details‹, ›Graywolf Forum‹, ›Harper's‹ und ›The New Yorker‹. Der Autor ist Colin Harrison und Will Dana zu größtem Dank verpflichtet und steht lebenslang in Henry Finders Schuld.

MIX
Papier aus verantwortungsvollen Quellen
FSC® C019821

2024 dtv Verlagsgesellschaft mbH & Co. KG, München

Die Originalausgabe erschien 2002 unter
dem Titel ›How to Be Alone‹
im Verlag Farrar, Straus and Giroux, New York.

Die deutschsprachige Übersetzung erschien
erstmals 2007 im Rowohlt Verlag.
Umschlaggestaltung: Lübbeke Naumann Thoben, Köln
Umschlagmotiv: Photo by Peter Marlow/Magnum Photos/Agentur Focus
Satz: Fotosatz Amann, Memmingen
Satz nach einer Vorlage von Pinkuin Satz und Datentechnik, Berlin
Druck und Bindung: Druckerei C.H.Beck, Nördlingen
Printed in Germany · ISBN 978-3-423-14894-8

Für Kathy Chetkovich

Inhalt

Ein Wort zu diesem Buch

Mein dritter Roman, *Die Korrekturen*, an dem ich viele Jahre gearbeitet hatte, erschien eine Woche vor dem Einsturz des World Trade Center. Es war eine Zeit, in der es so aussah, als müssten die Stimmen von Ego und Handel verstummen – eine Zeit, in der man sich, um mit Nick Carraway im *Großen Gatsby* zu sprechen, «die Welt auf immer uniformiert und in einer Art moralischer Habtachtstellung» wünschte. Doch Geschäft ist Geschäft. Binnen achtundvierzig Stunden nach der Katastrophe gab ich schon wieder Interviews.

Meine Befrager interessierten sich besonders für das, was sie den «*Harper's*-Essay» nannten. (Niemand benutzte den eigentlichen Titel *Perchance to Dream*, «Vielleicht ein Traum», den man ihm bei der Zeitschrift gegeben hatte.) Ein typisches Interview begann mit der Frage: «1996 kündigten Sie in Ihrem *Harper's*-Essay an, Ihr drittes Buch werde ein großer Gesellschaftsroman sein, der den kulturellen Mainstream aufs Korn nimmt und der amerikanischen Literatur neue Impulse gibt; glauben Sie, mit den *Korrekturen* haben Sie das eingelöst?» Einem Befrager nach dem anderen erklärte ich, nein, ganz im Gegenteil, meinen dritten Roman hätte ich in dem Essay kaum erwähnt, die «Ankündigung» sei von einem Redakteur oder Überschriftenmacher der Sonntagsbeilage der *Times* frei erfunden worden, und weit davon entfernt, das Entstehen eines großen Gesellschaftsromans anzukündigen, der zum Mainstream Neues beizutragen habe, hätte ich den Essay vielmehr als eine Gelegenheit begriffen, ebenjener Art von Ehrgeiz abzuschwören. Da die meisten Interviewer den Essay gar nicht gelesen hatten und die wenigen, die ihn doch gelesen hatten, ihn missverstanden zu haben schienen, bekam ich einige Übung darin, seinen Inhalt klar und knapp zu formulieren;

im November, nach meinem hundertsten oder hundertzehnten Interview, hatte ich mir eine hübsche kleine Korrekturformel zurechtgelegt, die folgendermaßen anfing: «Nein, eigentlich drehte sich der *Harper's*-Essay darum, dass ich mein Selbstverständnis als Schriftsteller, der gesellschaftliche Verantwortung trägt, *aufgebe* und lerne, aus Spaß und zur Unterhaltung zu schreiben ...» Ich war irritiert und mehr als nur ein wenig gekränkt, dass anscheinend niemand in der Lage war, diesen schlichten, klaren Gedanken aus dem Text herauszulesen. Wie vorsätzlich dumm, so dachte ich, doch diese Medienleute waren!

Im Dezember beschloss ich dann, eine Sammlung Essays zusammenzustellen, die den vollständigen Text von *Perchance to Dream* enthalten und deutlich machen sollte, was ich darin gesagt hatte und was nicht. Doch als ich das *Harper's*-Heft vom April 1996 aufschlug, stieß ich auf einen offensichtlich von mir verfassten Essay, der mit einer achthundert Zeilen langen Klage von solch quälender Schärfe und dürftiger Logik begann, dass nicht einmal *ich* ganz mitkam. In den fünf Jahren, seit ich den Essay geschrieben hatte, hatte ich doch tatsächlich vergessen, dass ich ein sehr zorniger und theorielastiger Mensch gewesen war. Ich war von apokalyptischer Sorge darüber erfüllt, dass die Amerikaner viel fernsehen und wenig Henry James lesen. Ich war wie ein religiöser Fundamentalist, der sich einredet, dass der Welt, weil sie nicht seinen Glauben teilt (in meinem Fall den Glauben an die Literatur), zwangsläufig das Ende bevorsteht. Ich hielt unsere amerikanische Volkswirtschaft für ein einziges Komplott mit dem besonderen Ziel, meine künstlerischen Ambitionen zu hintertreiben, alles, was ich an der Zivilisation schön fand, auszumerzen und dabei auch den Planeten zu drangsalieren und zu zerstören. Von dieser zornigen und verzweifelten Warte aus war das erste Drittel meines Essays geschrieben, und zwar in einem Ton hochtheoretischen Grolls, der mich jetzt ein wenig schaudern ließ.

Keine Frage, schon 1996 wollte ich mit dem Essay den Ausbruch eines feststeckenden Schriftstellers aus dem Gefängnis seiner zornigen Gedanken dokumentieren. Weswegen ein Teil von mir auch dazu neigt, das Stück genau so wieder abzudrucken, wie es damals erschienen war, als Beleg meines früheren Fanatismus. Allerdings nehme ich an, dass die meisten Leser ein begrenztes Verlangen nach Verkündigungen haben wie:

> Wenn ich den tonangebenden Kreisen von Wirtschaft und Regierung glaubte, so schien es mir, dass kein einziger der Ansicht wäre, dass Bücher eine Zukunft haben, hätten wir Washington und die Wall Street nicht in der Raserei erlebt, eine halbe Billion Dollar für eine Datenautobahn bereitzustellen, deren Befürworter im Hinblick auf die Verheerungen, die das beim Lesen anrichten würde («Sie müssen sich eben daran gewöhnen, am Bildschirm zu lesen»), Lippenbekenntnisse ablegten, ihre Gleichgültigkeit dem gegenüber aber nicht verbergen konnten.

Da schon ein bisschen davon tief blicken lässt, habe ich meine schriftstellerische Freiheit genutzt, den Essay um ein Viertel zu kürzen und ihn gründlich zu überarbeiten. (Auch habe ich ihn in «Wozu der Aufwand?» umbenannt.) Obwohl er noch immer sehr lang ist, hoffe ich, dass die Lektüre jetzt weniger strapaziös und die Argumentation schlüssiger ist. Zumindest möchte ich darauf zeigen und sagen können: «Sehen Sie, die These ist doch wirklich ganz klar und einfach, genau wie ich es gesagt habe!»

Was für den *Harper's*-Essay gilt, gilt für die vorliegende Sammlung als Ganzes. Ich möchte, dass dieses Buch in Teilen das Dokument einer Entwicklung ist: von einer zornigen und angstbestimmten Isolation hin zur Akzeptanz – gar dem Lobpreis – dessen, sowohl ein Lesender als auch ein Schreibender zu sein. Nicht dass es nicht noch vieles gäbe, das einen wütend und ängstlich machen könnte. Der Durst unserer Nation nach Öl, der uns schon zwei Präsidenten namens Bush und einen hässlichen Golfkrieg beschert hat, droht, uns in einen Langzeitkonflikt im Mittleren Osten zu verwickeln, dessen Ausgang ungewiss ist. Obwohl man es nicht für möglich gehalten hätte, scheinen die Amerikaner ihrer Regierung noch unkritischer gegenüberzustehen als 1991, und die Verlautbarungen der führenden Medien sind in ihrem Chauvinismus sogar noch monolithischer geworden. Während der Kongress erneut gegen die Einführung leicht umzusetzender Normen zur Senkung des Kraftstoffverbrauchs von Geländewagen plädiert, kann man den Vorstandsvorsitzenden der Firma Ford in Fernsehspots ebendiese Fahrzeuge patriotisch verteidigen sehen, wobei er erklärt, die Amerikaner *dürften niemals* «irgendwelche Grenzen» akzeptieren.

Angesichts so vieler Ungeheuerlichkeiten Tag für Tag habe ich mich bei den anderen Essays in dem Buch auf minimales Feilen beschränkt. «Die erste Stadt» liest sich ohne das World Trade Center ein wenig anders, «Riesenschlafzimmer» entstand, bevor John Ashcroft mit seiner offenkundigen Gleichgültigkeit gegenüber Persönlichkeitsrechten Justizminister wurde, die Aufregung um Milzbranderreger hat die Nöte mit der amerikanischen Post, beschrieben in «Auf dem Postweg verloren», weiter verschärft, und dass Oprah Winfrey mich aus ihrer Büchersendung ausgeladen hat, verleiht dem anschaulichen Wort «elitär» überall dort, wo es auftaucht, neuen Glanz. Die diversen Einzelaspekte sind für mich jedoch von geringerer Bedeutung als das all diesen Essays zugrunde liegende Thema: die Schwierigkeit, in einer lärmenden und zerstreuenden Massenkultur Individualität und Vielschichtigkeit zu bewahren: die Frage, wie Alleinsein geht.

(2002)

Das Gehirn meines Vaters

Eine Erinnerung. An einem trüben Vormittag im Februar 1996 bekam ich von meiner in St. Louis lebenden Mutter mit der Post ein Valentinspäckchen, das eine kitschig pinkfarbene Grußkarte, zwei 100-Gramm-Schokoladenriegel Mr. Goodbars, ein hohles rotes Filigranherz an einer Fadenschlinge und eine Kopie des neuropathologischen Berichts der Gehirnautopsie meines Vaters enthielt.

Ich erinnere mich noch an das hellgraue Winterlicht jenes Vormittags. Ich erinnere mich, wie ich die Süßigkeiten, die Karte und das Zierherz im Wohnzimmer liegenließ und mit dem Autopsiebericht ins Schlafzimmer ging, mich dort hinsetzte und ihn las. *Das Gehirn* (so begann er) *wog 1255g und wies eine parasagittale Atrophie mit Erweiterung der Sulci auf.* Ich erinnere mich, wie ich Gramm in Pfunde und Pfunde in die vertrauten vakuumverpackten Äquivalente in einer Supermarktfleischtruhe umrechnete. Ich erinnere mich, dass ich, statt weiterzulesen, den Bericht zurück in den Umschlag schob.

Einige Jahre vor seinem Tod hatte mein Vater an einer von der Washington University gesponserten Studie über Gedächtnis und Altern teilgenommen, und eine der Vergütungen für die Teilnehmer bestand in einer kostenlosen Gehirnautopsie nach dem Tod. Vermutlich wurden weitere Vergütungen in Form von Gesundheitschecks und Behandlungen gewährt, die meine Mutter, die Gratisgaben aller Art liebte, veranlasst hatten, meinen Vater zu drängen, sich dafür zur Verfügung zu stellen. Wahrscheinlich war Sparsamkeit auch ihr einziger bewusster Beweggrund, den Autopsiebericht meinem Valentinspäckchen beizufügen. So sparte sie zweiunddreißig Cent Porto.

Meine klarsten Erinnerungen an jenen Vormittag im Februar

sind visuell und räumlich: die gelben Mr. Goodbars, mein Gang vom Wohn- ins Schlafzimmer, das Spätvormittagslicht einer Jahreszeit, die von der Wintersonnenwende ebenso weit entfernt war wie vom Frühling. Ich weiß allerdings, dass man selbst solchen Erinnerungen nicht trauen darf. Den neuesten Theorien zufolge, die auf einer Unmenge neurologischer und psychologischer Forschungen der vergangenen Jahrzehnte basieren, ist das Gehirn kein Album, in dem Erinnerungen jede für sich wie unveränderliche Fotos aufbewahrt werden. Eine Erinnerung ist vielmehr, mit den Worten des Psychologen Daniel L. Schachter, eine «temporäre Konstellation» von Aktivität – eine zwangsläufig ungefähre Erregung neuraler Kreisläufe, die eine Reihe sensorischer Bilder und semantischer Daten in die flüchtige Empfindung eines erinnerten Ganzen einbinden. Diese Bilder und Daten sind nur selten das ausschließliche Merkmal einer bestimmten Erinnerung. Ja noch während jenes Valentinsvormittags griff mein Gehirn auf schon vorhandene Kategorien von «rot» und «Herz» und «Mr. Goodbar» zurück; der graue Himmel in meinen Fenstern war mir von tausend anderen Wintervormittagen vertraut, und Millionen meiner Neuronen widmeten sich schon einem Bild meiner Mutter – ihrer Knickerigkeit beim Frankieren, ihrer romantischen Zuneigung zu ihren Kindern, ihres schwelenden Zorns auf meinen Vater, ihres eigenartigen Mangels an Takt und so weiter. Meine Erinnerung an jenen Vormittag besteht daher, entsprechend den jüngsten Modellen, aus einer Reihe fest installierter Nervenverbindungen zwischen den maßgeblichen Bereichen des Gehirns sowie einer Prädisposition der gesamten Konstellation, sofort – chemisch, elektrisch – aufzuleuchten, wenn ein Teil des Kreislaufs stimuliert wird. Man sage «Mr. Goodbar» und bitte mich, frei zu assoziieren, und mir wird, wenn nicht «Diane Keaton», so doch bestimmt «Gehirnautopsie» einfallen.

Derart würde meine Valentinserinnerung funktionieren,

selbst wenn ich sie jetzt zum allerersten Mal hervorkramte. Tatsache ist aber, dass ich mich an jenen Vormittag im Februar seither unzählige Male erinnert habe. Ich habe die Geschichte meinen Brüdern erzählt. Ich habe sie als «unerhörten Muttervorfall» Freunden vorgetragen, die derlei Dinge immer gerne hören. Ich habe sie, zu meiner Schande muss ich das gestehen, sogar Leuten erzählt, die ich kaum kenne. Jedes neuerliche Erinnern und Wiedererzählen festigt die Konstellation von Bildern und Wissen, aus denen die Erinnerung besteht, ein Stückchen mehr. Auf der Zellebene brenne ich, Neurowissenschaftlern zufolge, die Erinnerung jedes Mal ein wenig tiefer ein, verstärke die dendritischen Verbindungen zwischen ihren Bestandteilen, fördere das Aufflammen jener spezifischen Synapsengruppen. Eine der großen Anpassungsleistungen unseres Gehirns, die Eigenschaft, die unsere graue Masse so viel schlauer als jede bislang entwickelte Maschine macht (die vollgestopfte Festplatte meines Laptops oder ein World Wide Web, das sich beharrlich und ausgesprochen detailliert an eine «Beverly Hills 90210»-Fanseite erinnert, die zuletzt am 20. 11. 98 aktualisiert wurde), ist unsere Fähigkeit, nahezu alles zu vergessen, was uns je widerfahren ist. Ich speichere allgemeine, weitgehend kategoriale Erinnerungen an die Vergangenheit (ein Jahr in Spanien, diverse Besuche indischer Restaurants in der East Sixth Street), aber relativ wenige konkrete Episoden. Jene Erinnerungen aber, die ich speichere, rufe ich immer wieder ab und festige sie dadurch. Sie werden buchstäblich – morphologisch, elektrochemisch – Teil der Architektur meines Gehirns.

Das Erinnerungsmodell, das ich hier in einer recht freien und laienhaften Zusammenfassung dargestellt habe, reizt den Hobbywissenschaftler in mir. Es scheint gut zu der verwandten Verschwommenheit und Fülle meiner eigenen Erinnerungen zu passen, und das Bild neuraler Netzwerke, die sich in ungeheurer Parallelität mühelos selbst koordinieren, um mein gespenstisches Bewusstsein und mein erstaunlich robustes Ichgefühl zu schaffen, flößt mir Respekt ein. Ich finde es schön und postmodern. Das menschliche Gehirn ist ein Netz aus hundert Milliarden Neuronen, vielleicht sogar zweihundert, mit Billionen Axonen und Dendriten, die vermöge wenigstens fünfzig verschiedener chemischer Transmitter Quadrillionen von Botschaften austauschen. Das Organ, mit dem wir das Universum sehen und ihm einen Sinn geben, ist mit komfortablem Vorsprung der komplexeste Gegenstand, den wir in diesem Universum kennen.

Und dennoch ist es auch ein Klumpen Fleisch. Irgendwann, vielleicht noch an jenem Valentinstag, zwang ich mich dazu, den gesamten pathologischen Bericht zu lesen. Er beinhaltete auch eine «Mikroskopische Beschreibung» des Gehirns meines Vaters:

> Teile der frontalen, parietalen, okzipitalen und temporalen Großhirnrinde wiesen vielerorts senile Plaques von vorherrschend diffusem Typus auf, dazu eine minimale Anzahl neurofibrillärer Knäuel. Im HE-gefärbten Gewebe fanden sich zahlreiche Lewy-Bodys. Die Amygdala wies Plaques, vereinzelte Fibrillen und eine leichte Minderung der Neuronendichte auf.

In der Todesanzeige, die wir neun Monate zuvor in den Lokalzeitungen aufgegeben hatten, schrieben wir auf Drängen meiner Mutter, mein Vater sei «nach langer Krankheit» gestorben. An der Wendung mochte sie das Förmliche und Verhaltene, doch es fiel schwer, nicht auch ihren Groll herauszuhören, die Betonung auf *lang*. Dass der Pathologe im Gehirn meines Vaters senile Plaques entdeckt hatte, bestätigte, wie es nur eine Autopsie vermochte, einen Umstand, mit dem sie sich viele Jahre lang tagtäglich gequält hatte: Wie Millionen anderer Amerikaner hatte mein Vater Alzheimer.

Das war seine Krankheit. Es war, könnte man sagen, auch seine Geschichte. Aber Sie müssen sie mich schon erzählen lassen.

Alzheimer ist eine Krankheit mit einem klassischen «heimtückischen Ausbruch». Da auch Gesunde mit zunehmendem Alter vergesslicher werden, ist es unmöglich, die erste Erinnerung zu bestimmen, die ihr zum Opfer fällt. Im Falle meines Vaters war das Problem besonders leidig, da er nicht nur depressiv und reserviert und ein wenig taub war, sondern auch starke Medikamente gegen andere Beschwerden nahm. Lange Zeit konnte man seine unlogischen Antworten seiner Hörschwäche, seine Vergesslichkeit seinen Depressionen, seine Halluzinationen seinen Medikamenten ankreiden; und das taten wir ja auch.

Meine Erinnerungen an die Jahre des beginnenden Niedergangs meines Vaters kreisen lebhaft um alles Mögliche, nur nicht um ihn. Ich bin sogar einigermaßen entsetzt darüber, wie viel ich selbst darin vorkomme und wie wenig meine Eltern. Doch in jenen Jahren lebte ich weit weg von zu Hause. Meine Informationen stammten im Wesentlichen aus den Klagen meiner Mutter über meinen Vater, und diese Klagen hörte ich mir mit einem gewissen Vorbehalt an; praktisch mein ganzes Leben lang hatte sie sich bei mir beklagt.

Die Ehe meiner Eltern war, so viel kann ich wohl sagen, alles andere als glücklich. Sie blieben wegen ihrer Kinder zusammen und mangels Hoffnung, dass eine Scheidung sie glücklicher werden ließe. Solange mein Vater arbeitete, regierten sie in ihren jeweiligen Reichen Haushalt und Beruf weitgehend autonom, doch nachdem er 1981, mit sechsundsechzig Jahren, pensioniert wurde, inszenierten sie in ihrem behaglich eingerichteten Vorstadtheim eine Endlosaufführung von *Geschlossene Gesellschaft.*

Meine Kurzbesuche glichen Einsätzen einer Friedenstruppe der UN, der sie beide leidenschaftlich ihre Argumente gegeneinander vortrugen.

Anders als meine Mutter, die in ihrem Leben nahezu dreißigmal im Krankenhaus gewesen war, erfreute sich mein Vater bis zu seiner Pensionierung bester Gesundheit. Seine Eltern und Onkel waren achtzig, neunzig Jahre alt geworden, und er, Earl Franzen, hatte die Erwartung, mit neunzig auf jeden Fall noch da zu sein, «um mitzukriegen», wie er gern sagte, «was noch alles wird». (Sein anagrammatischer Namensvetter Lear stellte sich seine letzten Jahre ganz ähnlich vor: mit Cordelia «vom Hofe plaudern», um mitzukriegen, «wer da gewinnt, verliert, wer in, wer aus der Gunst» ist.) Mein Vater hatte keine Hobbys und abgesehen vom Essen, den Besuchen seiner Kinder und Bridgepartien wenig, was ihm Freude bereitete; allerdings hatte er am Leben ein *episches* Interesse. Er sah eine gewaltige Menge Nachrichten im Fernsehen. Es war sein Bestreben, im Alter die sich entwickelnden Geschicke der Nation wie auch seiner Kinder zu verfolgen, solange er nur konnte.

Das Passive dieses Bestrebens und die Gleichheit seiner Tage trugen dazu bei, ihn für mich unsichtbar zu machen. Von den ersten Jahren seines geistigen Verfalls kann ich nur eine einzige Erinnerung abrufen: wie er sich einmal, am Ende der Achtziger, daran abmühte und letztlich scheiterte, bei einer Restaurantrechnung die Höhe des Trinkgeldes zu berechnen.

Zum Glück war meine Mutter eine eifrige Briefeschreiberin. Die Passivität meines Vaters, die ich bedauerlich fand, mich aber nicht weiter kümmerte, war für sie eine Quelle bitterer Enttäuschung. Bis zum Herbst 1989 – einer Zeit, in der mein Vater ihren Briefen zufolge noch Golf spielte und größere Reparaturen am Haus erledigte – waren ihre Klagen rein persönlicher Natur:

Es ist äußerst schwierig, mit einem sehr unglücklichen Menschen zusammenzuleben, wenn man weiß, dass man die Hauptursache dieses Unglücks ist. Schon vor *Jahrzehnten*, als Dad zu mir sagte, er glaubt nicht an so etwas wie Liebe (dass Sex eine «Falle» ist) und dass er nicht dazu taugt, ein «glücklicher» Mensch zu sein, hätte ich so klug sein müssen zu erkennen, dass keine Hoffnung auf eine Beziehung bestand, die *mich* erfüllen würde. Aber ich war sehr beschäftigt & mit meinen Kindern und Freundinnen zugange, die ich ja liebte, und vermutlich habe ich mir wie Scarlett O'Hara gesagt, das soll «morgen meine Sorge sein».

Dieser Brief stammt aus einer Periode, in der sich der Schauplatz der elterlichen Kampfhandlungen auf das Thema seiner Hörschwäche verlagert hatte. Meine Mutter behauptete, es sei rücksichtslos, kein Hörgerät zu tragen; mein Vater beschwerte sich darüber, dass es anderen Leuten an der Rücksicht mangele, «lauter» zu sprechen. Die Schlacht endete mit einem Pyrrhussieg, da er sich ein Hörgerät kaufte, das er dann aber nicht tragen wollte. Auch diesmal baute meine Mutter daraus eine moraltriefende Geschichte über seine «Sturheit» und «Eitelkeit» und seinen «Defätismus», doch rückblickend fällt es schwer, nicht zu argwöhnen, dass er sein schlechtes Gehör schon damals benutzte, um ernstere Schwierigkeiten zu kaschieren.

In einem Brief vom Januar 1990 nimmt meine Mutter erstmals auf diese Schwierigkeiten Bezug:

Letzte Woche konnte er einmal seine Morgenmedikamente nicht nehmen, weil er ein paar Verkehrstauglichkeitsprüfungen an der Wash. U. machen sollte, wo er an der Gedächtnis-&-Altern-Studie teilnimmt. In der folgenden Nacht wachte ich vom Geräusch seines Elektrorasierers auf, sah auf den Wecker & da stand er morgens um halb drei im Bad und rasierte sich.

Binnen weniger Monate unterliefen meinem Vater dann schon so viele Fehler, dass meine Mutter gezwungen war, andere Erklärungen zu bemühen:

> Entweder ist er überanstrengt oder unkonzentriert, oder es sind irgendwelche geistigen Aussetzer, aber in letzter Zeit hat es immer wieder Vorfälle gegeben, die mir richtig Sorgen machen. Ständig lässt er die Autotür offen oder die Scheinwerfer an & zweimal in einer Woche mussten wir den Autoclub rufen & die Batterie aufladen lassen (ich habe in der Garage jetzt Zettel angebracht & das scheint geholfen zu haben) … Ich würde ihn nicht gern länger als eine kleine Weile allein im Haus lassen.

Die Angst meiner Mutter, ihn allein zu lassen, nahm im Lauf des Jahres an Heftigkeit zu. Ihr rechtes Knie war kaputt, und weil sie von einem früheren Bruch schon eine Stahlplatte im Bein hatte, stand ihr eine komplizierte Operation mit anschließender längerer Genesungsphase und Reha bevor. Ihre Briefe von Ende 1990 bis Anfang 1991 sind voller Passagen, in denen sie sich verzweifelt den Kopf zermartert, ob sie sich nun operieren lassen solle und, wenn ja, was sie dann mit meinem Vater machen werde.

> Wäre er länger als eine Nacht allein zu Hause und ich in der Klinik, ich wäre ein einziges Nervenbündel, weil er das Wasser laufen lässt, manchmal den Herd nicht ausstellt, überall brennt Licht usw. … In letzter Zeit kontrolliere ich alles, so gut ich eben kann, aber auch so herrscht bei uns ein einziges Durcheinander & wirklich am schwersten ist sein Ärger darüber, dass ich dazwischenfunke – «halt dich

aus meinen Sachen raus!!!». Er akzeptiert oder erkennt nicht, dass ich ihm doch *helfen will* & das ist für mich das Allerschwerste.

Zu der Zeit hatte ich gerade meinen zweiten Roman beendet, also bot ich meiner Mutter an, bei meinem Vater zu bleiben, solange sie ihrer Operation wegen nicht zu Hause war. Um seinen Stolz nicht zu verletzen, vereinbarten sie und ich, so zu tun, als würde ich nicht seinetwegen, sondern ihretwegen kommen. Seltsam war allerdings, dass ich nur halbherzig so tun konnte. Meine Mutter hatte mir die Behinderungen meines Vaters so geschildert, dass es absolut glaubhaft klang, aber dasselbe galt für das Porträt meiner Mutter als nörglerische Unke, wie es mein Vater entwarf. Ich reiste nach St. Louis, weil seine Behinderungen für sie absolut real waren; als ich dann dort war, benahm ich mich, als wären sie das für mich überhaupt nicht.

Ganz wie sie es befürchtet hatte, lag meine Mutter beinahe fünf Wochen im Krankenhaus. Merkwürdigerweise kann ich mich jetzt an kaum eine Besonderheit meines Aufenthalts bei ihm erinnern, obwohl ich mit meinem Vater nie so lange allein gewesen war und es auch nie mehr sein sollte; heute ist mein Eindruck der, dass er vielleicht etwas still war, aber ansonsten ganz normal. Sie mögen nun denken, dass das in direktem Widerspruch zu den früheren Berichten meiner Mutter stand. Und dennoch habe ich keine Erinnerung daran, dass mich dieser Widerspruch gestört hätte. Was ich hingegen habe, ist die Kopie eines Briefs, den ich aus St. Louis an einen Freund schrieb. In dem Brief erwähne ich, dass man die Medikamente meines Vaters angepasst habe, und nun sei alles gut.

Wunschdenken? Ja, in gewissem Maße. Doch eine der Grundeigenschaften des Verstandes ist, dass er aus Bruchstücken unbedingt ein Ganzes machen will. Wir alle haben einen buchstäblich blinden Fleck in unserem Sehfeld, wo der Sehnerv in der Netzhaut endet, doch das Gehirn nimmt stets eine nahtlose Welt um uns herum wahr. Wir erfassen den Teil eines Wortes und hören das ganze. Im Blumenmuster eines Bezugsstoffs erkennen wir ausdrucksvolle Gesichter, unablässig füllen wir Leerstellen aus. In gleicher Weise neigte ich wohl dazu, über das Schweigen und die Absencen meines Vaters hinwegzugehen und ihn als denselben alten, gänzlich ganzen Earl Franzen zu sehen. Ich brauchte ihn weiterhin als Akteur in der Geschichte meiner selbst. In dem Brief an meinen Freund beschreibe ich eine Vormittagsprobe des St. Louis Symphony Orchestra, zu der ich auf Drängen meiner Mutter mit meinem Vater ging, damit ihre Freikarten nicht verfielen. Nach der ersten Hälfte, in der die sehr junge Midori das Violinkonzert von Sibelius *nur so herunterfetzte*, sprang mein Vater mit erbärmlicher Greisenunruhe von seinem Sitz auf. «So», sagte er, «wir gehen jetzt.» Ich verkniff es mir, ihn zu bitten, noch zu der nachfolgenden Sinfonie von Charles Ives sitzen zu bleiben, aber sein Banausentum, das es für mich war, erboste mich. Auf der Heimfahrt tat er Midori und Sibelius kurz und bündig ab. «Ich verstehe diese Musik nicht», sagte er. «Was machen die denn – lernen die das auswendig?»

Im selben Frühling wurde dann bei meinem Vater eine kleine, langsam wachsende Krebsgeschwulst in der Prostata diagnostiziert. Seine Ärzte empfahlen ihm, sich gar nicht erst behandeln zu lassen, er aber bestand auf einer Strahlentherapie. In einer Art verschobener Einsicht in seinen Geisteszustand bekam er große Angst, dass etwas Schreckliches mit ihm vorging: dass er nun doch nicht über neunzig werden würde. Meine Mutter, die noch ein halbes Jahr nach ihrer Operation innere Blutungen im Knie hatte, brachte für seine, wie sie es nannte, Hypochondrie nicht viel Geduld auf. Im September 1991 schrieb sie:

> Ich bin erleichtert, dass Dad jetzt mit seiner Bestrahlung angefangen hat & sie ihn zwingt, *jeden Tag* [hier ist ein Smiley eingefügt] aus dem Haus zu gehen – ein großes Plus. Er war an einem Punkt angelangt, wo er *so nervös, so ängstlich*, so depressiv war, dass ich wusste, er musste einfach eine Entscheidung treffen. Da er nämlich so viel herumsitzt (froh darüber, nichts zu tun), hat er zu viel Zeit gehabt, sich über sich Sorgen & Gedanken zu machen – er BRAUCHT Ablenkung! … Mehr & mehr bin ich der Meinung, dass die besten Eigenschaften, die jemand haben kann, 1. eine positive Lebenseinstellung & 2. Sinn für Humor sind – wünschte, Dad hätte sie.

Es folgten einige Monate relativer Zuversicht. Der Krebs war bekämpft, das Knie meiner Mutter wurde endlich besser, und ihr angeborener Optimismus kehrte wieder in ihre Briefe zurück. Sie berichtete, mein Vater habe bei einer Partie Bridge gewonnen: «Jetzt, wo er nicht mehr so zerstreut ist & weniger vorsichtig an das Spiel herangeht, ist er erstaunlich gut & und es ist so ungefähr das Einzige, was ihm Freude macht (& ihn wach bleiben lässt!).» Doch die Sorge meines Vaters um seine Gesundheit legte sich nicht; er hatte Bauchschmerzen, die seiner Überzeugung nach von einem Krebs herrührten. Nach und nach verlagerte sich das Gewicht der Geschichte, die mir meine Mutter erzählte, vom Persönlichen und Moralischen zum Psychiatrischen. «Während des letzten halben Jahrs haben wir so viele Freunde verloren, das ist schon ganz beunruhigend – zum Teil bestimmt wegen Dads Nervosität & Depressionen», schrieb sie im Februar 1992. Der Brief ging weiter:

> Dads Internist, Dr. Rouse, hat in Bezug auf die Magenbeschwerden ungefähr das festgestellt (alle klinischen Möglichkeiten hat er ausgeschlossen), was ich schon die

ganze Zeit gedacht habe. Dad ist 1. schrecklich nervös, 2. schrecklich depressiv & ich hoffe, Dr. Rouse verschreibt ihm ein Antidepressivum. Ich *weiß* doch, dass es dagegen etwas geben muss … Im letzten Jahr hat es beunruhigende, bedrückende Dinge in unserem Leben gegeben, das weiß ich sehr wohl, aber Dads Geisteszustand setzt ihm auch körperlich zu & wenn er schon nicht zur psychologischen Beratung geht (Vorschlag von Dr. Weiss), lässt er sich ja vielleicht Pillen geben oder was man eben gegen Nervosität & Depressionen braucht.

Eine Weile war «Nervosität & Depressionen» in ihren Briefen eine feststehende Wendung. Prozac schien meinen Vater aufzumuntern, doch die Wirkung blieb von kurzer Dauer. Schließlich willigte er im Juli 1992 zu meiner Überraschung ein, einen Psychiater aufzusuchen.

Mein Vater war der Psychiatrie gegenüber immer das Misstrauen in Person. Psychotherapie verstand er als einen Eingriff in die Privatsphäre, geistige Gesundheit als eine Frage von Selbstdisziplin und die zunehmend spitzen Vorschläge meiner Mutter, er solle doch einmal «mit jemandem reden», als Akte der Aggression – kleine Handgranaten der Schuldzuweisung, weil sie als Paar so unglücklich waren. Dass er freiwillig einen Fuß in eine Psychiatriepraxis setzte, war Ausdruck seiner Verzweiflung.

Im Oktober, als ich vor meiner Abreise nach Italien noch in St. Louis Station machte, fragte ich ihn nach seinen Besuchen bei dem Arzt. Er machte eine hoffnungslose Geste mit der Hand. «Er ist ungeheuer kompetent», sagte er. «Aber leider hat er mich abgeschrieben.»

Die Vorstellung, dass jemand meinen Vater abgeschrieben hatte, überstieg meine Kräfte. Von Italien aus schickte ich dem Psychiater einen dreiseitigen Appell, es sich noch einmal zu überlegen, doch während ich noch daran schrieb, brach zu Hause alles zusammen. «So ungern ich Dir das mitteile», schrieb meine Mutter in einem Brief, den sie mir nach Italien faxte, «Dads Zustand hat sich dramatisch verschlimmert. Medikamente gegen das Harnproblem, die ihm ein Urologe verschrieben hat, und gleichzeitig Medikamente gegen Depressionen und Nervosität, das hat ihn wieder umgehauen, und die Halluzinationen usw. waren schrecklich.» Sie waren ein Wochenende bei meinem Onkel Erv in Indiana gewesen, wo mein Vater, aus seiner vertrauten Umgebung gerissen, eine Nacht des Wahnsinns entfesselte, die darin kulminierte, dass mein Onkel ihn anbrüllte: *«Earl, Herrgott, ich bin dein Bruder Erv, wir haben früher mal in einem Bett geschlafen!»* Zurück in St. Louis, hatte mein Vater dann begonnen, gegen die pensionierte Dame zu wettern, Mrs. Pryble, die meine Mutter angestellt hatte, damit sie zwei Tage in der Woche, während sie selbst Besorgungen machte, bei ihm war. Er sah nicht ein, warum jemand bei ihm sein musste, und wenn er die Notwendigkeit dazu dann doch erkannte, sah er nicht ein, warum statt seiner Frau eine Fremde das tat. Er war ein klassischer «Sundowner» geworden, verdöste den Tag und tobte zu nachtschlafender Zeit.

Bald darauf folgte ein trübseliger Feiertagsbesuch, bei dem meine Frau und ich die Sache endlich meiner Mutter aus der Hand nahmen und ihr eine Altenpflegekraft vermittelten, und meine Mutter bekniete meine Frau und mich, meinen Vater so auf Trab zu halten, dass er nachts ohne einen psychotischen Anfall würde durchschlafen können, und mein Vater saß mit versteinerter Miene am Kamin oder erzählte finstere Geschichten aus seiner Kindheit, während meine Mutter sich wegen der Ausgaben, der untragbaren Ausgaben für die Pflegekraft sorgte. Aber soweit ich mich erinnere, redete auch da noch niemand von «Demenz». In allen Briefen, die meine Mutter an mich schrieb, kam das Wort «Alzheimer» genau einmal vor, und da bezog sie es auf eine alte Deutsche, für die ich einmal als Jugendlicher gearbeitet hatte.

Ich erinnere mich an meinen Argwohn und meine Verärgerung vor fünfzehn Jahren, als der Begriff «Alzheimer-Krankheit» allgemein gebräuchlich wurde. Ich sah darin ein weiteres Beispiel für die Pathologisierung des Menschseins, den neuesten Eintrag in die sich unablässig erweiternde Nomenklatur des Opfertums. Auf die Berichte meiner Mutter über meine alte Arbeitgeberin antwortete ich: «Was du da beschreibst, klingt mir ganz nach der Erika, wie sie ohnehin schon war, nur um einiges schlimmer, aber das sind doch noch nicht die Auswirkungen von Alzheimer, oder? Jeden Monat rege ich mich ein paar Minuten darüber auf, dass eine normale Geisteskrankheit modisch und falsch als Alzheimer diagnostiziert wird.»

Von meiner heutigen Warte aus verstehe ich, der ich mich jeden Monat ein paar Minuten darüber aufrege, was für ein selbstgerechter Dreißigjähriger ich mal war, mein Widerstreben, den Begriff «Alzheimer» auf meinen Vater anzuwenden, als Versuch, das Besondere des Earl Franzen vor dem Allgemeinen eines benennbaren Befunds zu schützen. Befunde haben Symptome; Symptome verweisen auf die organische Grundlage von allem, was wir sind. Sie verweisen auf das Gehirn als Klumpen Fleisch. Und wo ich eigentlich akzeptieren sollte, ja, das Gehirn ist ein Klumpen Fleisch, bewahre ich mir offenbar einen blinden Fleck, über den ich dann Geschichten lege, die die seelenartigeren Aspekte des Ichs betonen. Meinen leidenden Vater als Bündel organischer Symptome zu sehen würde mich dazu verleiten, den *gesunden* Earl Franzen (und mich) ebenfalls in symptomatischen Kategorien zu sehen – unsere geliebte Persönlichkeit auf eine endliche Reihe neurochemischer Koordinaten zu reduzieren. Wer will schon so eine Lebensgeschichte?

Noch jetzt ist mir unwohl, wenn ich Fakten über Alzheimer zusammentrage. Lese ich beispielsweise David Shenks Buch *The Forgetting: Alzheimer's: Portrait of an Epidemic*, werde ich daran erinnert, dass mein Vater, wenn er sich in seinem eigenen Viertel verlief oder auf der Toilette zu spülen vergaß, Symptome zeigte, die mit denen Millionen anderer an Alzheimer Erkrankter identisch sind. Es kann etwas Tröstliches haben, in so großer Gesellschaft zu sein, aber ich sehe mit Bedauern, wie bestimmten Irrtümern meines Vaters, etwa seiner Verwechslung meiner Mutter mit ihrer Mutter, die mir damals singulär und mystisch vorkam und aus der ich alle möglichen neuen Erkenntnisse über die Ehe meiner Eltern ableitete, die individuelle Bedeutung abgesprochen wird. Meine Vorstellung von der eigenen Persönlichkeit stellte sich als Illusion heraus.

Senile Demenz gibt es, seitdem Menschen die Mittel haben, sie zu dokumentieren. Solange die durchschnittliche Lebensspanne des Menschen kurz war und hohes Alter vergleichsweise selten, galt Senilität als natürliche Begleiterscheinung des Alterns – vielleicht als Ergebnis von Arteriosklerose im Gehirn. Der junge deutsche Neuropathologe Alois Alzheimer glaubte, Zeuge einer völlig neuen Spielart der Geisteskrankheit zu sein, als er 1901 eine einundfünfzigjährige Frau in seine Klinik aufnahm, Auguste D., die an bizarren Stimmungsschwankungen und schwerem Gedächtnisverlust litt und bei Alzheimers Voruntersuchung problematische Antworten auf seine Fragen gab:

«Wie heißen Sie?»
«Auguste.»
«Familienname?»
«Auguste.»
«Wie heißt Ihr Mann?»
«Ich glaube … Auguste.»

Als Auguste D. vier Jahre später in einer Anstalt starb, bediente sich Alzheimer jüngster Fortschritte in Mikroskopie und Gewebefärbung und erkannte auf Objektträgern mit dem Gehirngewebe die verblüffende duale Pathologie ihrer Krankheit: zahllose klebrig aussehende Klümpchen, die «Plaques», und zahllose Neuronen, die von «Knäueln» aus Neurofibrillen umschlossen waren. Alzheimers Entdeckungen stießen bei seinem Förderer Emil Kraepelin, damals Doyen der deutschen Psychiatrie, der sich mit Sigmund Freud und dessen psycholiterarischen Theorien über die Geisteskrankheit wissenschaftlich aufs heftigste auseinandersetzte, auf großes Interesse. Für Kraepelin lieferten Alzheimers Plaques und Knäuel willkommene klinische Beweise für seine Behauptung, Geisteskrankheit sei im Wesentlichen organisch bedingt. In seinem Standardwerk *Psychiatrie* nannte er Auguste D.s Leiden *Morbus Alzheimer*.

Sechzig Jahre nachdem Alois Alzheimer Auguste D. autopsiert hatte, wurde die Alzheimer-Krankheit weiterhin als medizinische Seltenheit ähnlich der Chorea Huntington geführt, obwohl Durchbrüche bei der Krankheitsprävention und -behandlung die Lebenserwartung in den entwickelten Ländern um fünfzehn Jahre verlängerten. David Shenk erzählt die Geschichte einer amerikanischen Neuropathologin namens Meta Naumann, die Anfang der fünfziger Jahre das Gehirn von 210 an seniler Demenz Erkrankten autopsierte und in einigen wenigen sklerotische Arterien, bei der Mehrheit jedoch Plaques und Knäuel fand. Das war der hieb- und stichfeste Beweis, dass Alzheimer weitaus verbreiteter war als bis dahin angenommen; doch Naumanns Arbeit hatte anscheinend niemanden überzeugt. «Sie meinten, Meta redet Unsinn», erinnerte sich ihr Mann.

Wissenschaftliche Kreise waren einfach noch nicht bereit, in Betracht zu ziehen, dass Altersdemenz mehr als nur eine Folge des Alterns sein könnte. Anfang der fünfziger Jahre waren «Senioren» noch keine ihrer selbst bewusste Größe, gab es noch nicht so viele der nun wie Pilze aus dem Boden schießenden Rentnersiedlungen in den warmen Staaten, keine gemeinnützigen Hilfsorganisationen für Menschen über 50, keinen Nachmittagstisch in Billigrestaurants; und diese gesellschaftliche Realität spiegelte sich im wissenschaftlichen Denken wider. Erst in den siebziger Jahren war die Zeit reif für eine Neubewertung der Altersdemenz. Wie Shenk ausführt, «lebten um diese Zeit schon so viele Menschen so lange, dass Senilität nicht mehr als normal oder akzeptabel hingenommen wurde». 1974 verabschiedete der amerikanische Kongress ein Gesetz zur Erforschung des Alterns und gründete das National Institute on Aging, für das bald jede Menge Gelder bereitstanden. Ende der Achtziger dann, auf dem Höhepunkt meiner Verärgerung über den klinischen Begriff und seine jähe Allgegenwart, hatte Alzheimer den gleichen gesellschaftlichen und medizinischen Stellenwert erreicht wie Herzinfarkt oder Krebs – und es gab die entsprechenden Forschungsmittel, um das zu dokumentieren.

Was mit Alzheimer in den siebziger und achtziger Jahren geschah, war nicht bloß ein diagnostischer Paradigmenwechsel. Die Anzahl von Neuerkrankungen ist rapide gestiegen. Da immer weniger Menschen durch einen Herzinfarkt umkommen oder an Infektionen sterben, erreichen mehr und mehr ein hohes Alter und werden dement. Alzheimer-Patienten in Pflegeheimen leben viel länger als andere Patienten, bei jährlichen Kosten von mindestens vierzigtausend Dollar pro Kopf; bis zu ihrer Einweisung bringen sie das Leben der Familienangehörigen, die mit ihrer Pflege betraut sind, zunehmend durcheinander. Schon heute haben fünf Millionen Amerikaner diese Krankheit, bis 2050 könnte die Zahl auf fünfzehn Millionen steigen.

Da mit chronischen Erkrankungen so viel Geld zu machen ist, investieren Pharmaunternehmen fieberhaft in ihre hauseigene Alzheimer-Forschung, während staatlich finanzierte Wissenschaftler Patente nur nebenher anmelden. Doch da das Wesen der Krankheit verborgen bleibt (ein funktionierendes Gehirn ist nicht sehr viel zugänglicher als der Mittelpunkt der Erde oder der Rand des Universums), kann niemand sicher sagen, welche Wege der Forschung zu wirksamen Behandlungen führen werden. Alles in allem scheint unter den Wissenschaftlern der Glaube vorzuherrschen, dass, wer noch unter fünfzig ist, einigermaßen guten Mutes davon ausgehen kann, wirksame Medikamente gegen Alzheimer zu bekommen, wenn er sie eines Tages braucht. Andererseits sagten vor zwanzig Jahren viele Krebsforscher voraus, dass es im Lauf von zwanzig Jahren ein Heilverfahren gegen Krebs geben werde.

David Shenk, der deutlich unter fünfzig ist, vertritt in *The Forgetting* allerdings den Standpunkt, ein Heilverfahren gegen senile Demenz könnte womöglich kein ungetrübter Segen sein. Beispielsweise schreibt er, eine besondere Auffälligkeit der Krankheit sei, dass die daran «Leidenden» mit fortschreitendem Verlauf oftmals immer weniger litten. Die Pflege eines Alzheimer-Patienten sei gerade deshalb so aufreibend repetitiv, weil der Patient das zerebrale Rüstzeug verloren habe, alles als Wiederholung zu erfahren. Shenk zitiert Patienten, die im Vergessen «etwas Wunderbares» sehen und von einer Steigerung ihrer sinnlichen Wahrnehmung berichten, da sie ein ewiges, vergangenheitsloses Jetzt bewohnen. Ist das Kurzzeitgedächtnis hin, weiß man nicht mehr, wenn man sich zu einer Rose beugt, um an ihr zu riechen, dass man an ebendieser Rose schon den ganzen Vormittag gerochen hat.

Wie der Psychiater Barry Reisberg schon vor zwanzig Jahren beobachtete, spiegelt der geistige Verfall eines Alzheimer-Patienten die neurologische Entwicklung eines Kindes im Rückwärtslauf. Die frühesten Fähigkeiten, die ein Kind ausbildet – den Kopf heben (im ersten bis dritten Monat), lächeln (im zweiten bis vierten Monat), sich ohne Hilfe aufsetzen (im sechsten bis zehnten Monat) –, sind die letzten, die ein Alzheimer-Patient verliert. Die Gehirnentwicklung bei einem heranwachsenden Kind wird durch einen Myelinisation genannten Prozess unterstützt, in dessen Verlauf eine Isolierschicht aus der fettigen Substanz Myelin die Axonverbindungen zwischen den Neuronen zunehmend verstärkt. Da die Regionen des kindlichen Gehirns, die als letzte reifen, die am wenigsten myelinisierten bleiben, sind sie offenbar diejenigen, die durch Alzheimer am leichtesten angegriffen werden. Der Hippokampus, der Kurzzeiterinnerungen zu Langzeiterinnerungen verarbeitet, myelinisiert sehr langsam. Deshalb sind wir nicht in der Lage, vor dem Alter von drei oder vier Jahren dauerhafte episodische Erinnerungen auszubilden, und deshalb finden sich die Alzheimer-Plaques und -Knäuel am Hippokampus zuerst. So erklärt sich die gespenstische Erscheinung der Patientin im mittleren Stadium, die weiterhin gehen und sich ernähren kann, sich aber von einer Stunde auf die andere an nichts erinnert. Das Kind in ihrem Innern ist kein innerliches mehr. Neurologisch betrachtet haben wir es hier mit einer Einjährigen zu tun.

Auch wenn Shenk tapfer versucht, im infantilen Befreitsein des Alzheimer-Patienten von Verantwortung und der kindlichen Konzentration auf das Hier und Jetzt einen Segen zu sehen, weiß ich doch, dass das Letzte, was mein Vater wollte, die Rückverwandlung in ein Baby war. Die Geschichten, die er von seiner Kindheit im Norden Minnesotas erzählte, waren (wie es den Erinnerungen eines Depressiven entspricht) vor allem schrecklich: brutaler Vater, ungerechte Mutter, endlose Hausarbeit, hinterwäldlerische Armut, Vertrauensbrüche in der Familie, schwere Unfälle. Mehr als einmal erzählte er mir nach seiner Pensionierung, die größte Freude in seinem Leben sei es gewesen, als Erwachsener mit anderen Männern zusammenzuarbeiten, die sein Können schätzten. Mein Vater war ein ungemein verschlossener Mensch, und in seinen Augen erfüllte Verschlossenheit den Zweck, das beschämende Innenleben eines Menschen vor den Blicken anderer zu verstecken. Konnte es da für ihn eine schlimmere Krankheit als Alzheimer geben? In den frühen Stadien löste sie die persönlichen Bindungen, die ihn vor den übelsten Konsequenzen seiner depressiven Isolation bewahrt hatten, mehr und mehr auf. In den letzten nahm sie ihm das Panzernde des Erwachsenseins, die Möglichkeiten und Mittel, das Kind in sich zu verbergen. Hätte er doch stattdessen einen Herzinfarkt gehabt.

Mögen Shenks Argumente für die Behauptung, dass Alzheimer etwas Gutes habe, auch wacklig sein, seine Kernthese ist weit schwerer abzutun: Senilität ist nicht nur eine Auslöschung von Sinn, sondern auch eine Quelle von Sinn. Für meine Mutter verstärkten und verkehrten die Verluste durch Alzheimer alte Muster ihrer Ehe. Mein Vater hatte sich immer geweigert, sich ihr zu öffnen, und nun *konnte* er es in zunehmendem Maße gar nicht mehr. Für meine Mutter blieb er derselbe Earl Franzen, der in seinem Zimmer sein Schläfchen hielt und nichts mitbekam. Paradoxerweise war sie es, die langsam und sicher ihr Ich verlor, indem sie mit einem Mann zusammenlebte, der sie mit ihrer Mutter verwechselte, jede Einzelheit vergaß, die er einmal von ihr gewusst hatte, und schließlich nicht einmal mehr ihren Namen sagte. Er, der immer darauf bestanden hatte, der Tonangebende in der Ehe zu sein, der Bestimmende, der erwachsene Beschützer der kindlichen Frau, er benahm sich jetzt wie das Kind. Jetzt hatte er unziemliche Ausbrüche, nicht mehr meine Mutter. Jetzt lotste sie ihn durch die Stadt, wie sie früher mich und meine Brüder durch die Stadt gelotst hatte. Aufgabe für Aufgabe nahm sie ihrer beider Leben in die Hand. Und auch wenn die «lange Krankheit» meines Vaters für sie eine furchtbare Anstrengung und Enttäuschung war, so bot sie doch die Gelegenheit, langsam in eine Autonomie hineinzuwachsen, die ihr nie gestattet gewesen war: die Gelegenheit, einige sehr alte Rechnungen zu begleichen.

Was mich betraf, so zwang mich die schiere Dauer der Alzheimer-Krankheit, nachdem ich das Ausmaß der Katastrophe erst mal akzeptiert hatte, zu einem unerwartet willkommenen engeren Kontakt mit meiner Mutter. Ich lernte, was ich sonst vielleicht nicht gelernt hätte, dass ich mich fest auf meine Brüder verlassen konnte und sie sich auch auf mich. Und seltsam, obwohl mir meine Intelligenz und mein gesunder Menschenverstand und mein Selbstwertgefühl immer viel bedeutet hatten, merkte ich, dass ich, indem ich mit ansah, wie mein Vater alle drei verlor, immer weniger ängstlich davor war, sie irgendwann selber zu verlieren. Ich wurde allgemein etwas weniger ängstlich. Eine dunkle Tür ging auf, und ich merkte, dass ich in der Lage war, hindurchzugehen.

Die fragliche Tür befand sich im dritten Stock des Barnes Hospital in St. Louis. Ungefähr sechs Wochen nachdem meine Frau und ich meiner Mutter die Pflegekraft vermittelt hatten und in den Osten der USA zurückgefahren waren, überredeten mein ältester Bruder und die Ärzte meinen Vater, sich im Krankenhaus untersuchen zu lassen. Sinn der Sache war, die ganzen Medikamente aus seinem Blutkreislauf zu schwemmen und zu sehen, womit wir es eigentlich zu tun hatten. Meine Mutter half ihm bei der Einweisung und verbrachte den Nachmittag damit, ihm sein Krankenzimmer herzurichten. Als sie, um etwas zu Abend zu essen, ging, war er wie immer halb abwesend, aber kaum war sie zu Hause, bekam sie Anrufe aus der Klinik, erst von meinem Vater, der verlangte, sie solle kommen und ihn aus «diesem Hotel» abholen, dann von den Krankenschwestern, die berichteten, er sei aufsässig geworden. Als sie am nächsten Morgen ins Krankenhaus kam, war er außer sich – von Sinnen, vollkommen ohne Orientierung.

Eine Woche später flog ich wieder nach St. Louis. Meine Mutter brachte mich vom Flughafen direkt zum Krankenhaus. Während sie mit den Schwestern sprach, ging ich ins Zimmer meines Vaters; er lag im Bett, hellwach. Ich sagte hallo. Er gestikulierte wild, ich solle still sein, und winkte mich zu seinem Kissen. Ich beugte mich über ihn, worauf er mich heiser flüsternd bat, leise zu sprechen, weil «die mithörten». Ich fragte ihn, wer «die» seien. Er konnte es mir nicht sagen, doch er ließ die Augen furchtsam rollend durchs Zimmer schweifen, so als hätte er «die» eben noch überall gesehen und wäre nun verblüfft über «ihr» Verschwinden. Als meine Mutter in der Tür erschien, vertraute er mir, noch leiser, an: «Ich glaube, die sind in deine Mutter gefahren.»

Meine Erinnerungen an die darauffolgende Woche sind im Wesentlichen ein Nebel, aus dem ein paar lebensverändernde Szenen herausragen. Ich ging täglich ins Krankenhaus und saß so viele Stunden bei meinem Vater, wie ich es aushalten konnte. Zu keinem Zeitpunkt reihte er zwei zusammenhängende Sätze aneinander. Die Erinnerung, die mir rückblickend am bedeutungsvollsten zu sein scheint, ist sehr eigenartig. Sie ist in ein traumähnliches, dämmriges Innenraumlicht getaucht, sie spielt sich in einem Krankenhauszimmer ab, dessen Schnitt und drangvolle Enge mir von jeder anderen Erinnerung her unbekannt sind, und sie kehrt wieder ohne die chronologischen Markierungen, die meine Erinnerungen normalerweise haben. Ich bin mir nicht einmal sicher, ob sie aus jener ersten Woche bei meinem Vater im Krankenhaus stammt. Und dennoch weiß ich genau, dass es keine Erinnerung an einen Traum ist. Alle Erinnerungen sind, wie die Neurowissenschaftler sagen, in Wirklichkeit Erinnerungen an Erinnerungen, aber meistens kommen sie uns nicht so vor. Die aber schon. Ich erinnere mich, mich zu erinnern: Mein Vater im Bett, meine Mutter sitzt daneben, ich stehe an der Tür. Wir führen ein bedrückendes Familiengespräch, wahrscheinlich darüber, wohin wir meinen Vater bringen sollen, wenn er aus dem Krankenhaus entlassen wird. Mein Vater verabscheut dieses Gespräch, vielmehr den geringen Anteil, dem er folgen kann. Schließlich ruft er mit leidenschaftlicher Emphase aus, so als hätte er genug von diesem Unsinn: «Ich habe deine Mutter *immer* geliebt. *Immer.*» Und meine Mutter vergräbt das Gesicht in den Händen und schluchzt.

Es war das einzige Mal, dass ich meinen Vater sagen hörte, er liebe sie. Bestimmt ist diese Erinnerung echt, weil die Szene mir schon damals ungeheuer bedeutungsvoll erschien, und dann schilderte ich sie meiner Frau und meinen Brüdern und baute sie in die Geschichte ein, die ich mir selbst über meine Eltern erzählte. In späteren Jahren, als meine Mutter darauf beharrte, mein Vater habe nie gesagt, er liebe sie, kein einziges Mal, fragte ich sie, ob sie sich nicht an das eine Mal im Krankenhaus erinnere. Ich wiederholte, was er gesagt hatte, und sie schüttelte unsicher den Kopf. «Kann sein», sagte sie. «Kann schon sein. Daran erinnere ich mich nicht.»

Meine Brüder und ich fuhren im Wechsel alle paar Monate nach St. Louis. Mein Vater erkannte mich jedes Mal als einen, über dessen Anblick er sich freute. Sein Leben im Pflegeheim schien ein endloser, quälender Traum zu sein, bevölkert von Schimären aus seiner Vergangenheit und von all den deformierten und hirngeschädigten Mitpatienten; seine Pfleger waren in dem Traum weniger Akteure als Störenfriede. Anders als viele der Patientinnen, die in einem Moment wie Kleinkinder heulten und im nächsten vor Vergnügen strahlten, wenn jemand sie mit einem Eis fütterte, weinte mein Vater in meiner Anwesenheit nie, und die Freude, die er an einem Eis hatte, kam mir stets wie die eines Erwachsenen vor. Er nickte mir vielsagend zu und lächelte wehmütig, wenn er mir irgendwelche Unsinnsplitter anvertraute, auf die ich mit einem Nicken reagierte, als hätte ich verstanden. Sein häufigstes, beinahe-kohärentes Thema war sein Wunsch, aus «diesem Hotel» herausgeholt zu werden, und dass er einfach nicht begreifen konnte, warum er nicht in einer kleinen Wohnung wohnte und sich von meiner Mutter pflegen ließ.

Im selben Jahr zu Thanksgiving fuhren meine Mutter, meine

Frau und ich ins Pflegeheim und brachten ihn samt Rollstuhl in meinem Volvo-Kombi nach Hause. Er war nicht mehr dort gewesen, seit er da noch gewohnt hatte, was zehn Monate her war. Wenn meine Mutter auf eine freudige Dankesbekundung von ihm gehofft hatte, wurde sie enttäuscht; inzwischen beeindruckte meinen Vater ein Ortswechsel nicht mehr als einen Einjährigen. Wir saßen am Kamin und machten aus einer gedankenlosen, schäbigen Gewohnheit Fotos von einem Mann, der, auch wenn er sonst nichts wusste, von einem unseligen Wissen darum erfüllt schien, was für ein klägliches Fotomotiv er abgab. Die Bilder anzusehen ist heute schrecklich für mich: Mein Vater hängt in seinem Rollstuhl wie eine abgesetzte Marionette, die Augen wild starrend, der Mund schlaff, die Brille, von Blitzlicht verschmiert, rutscht ihm fast von der Nase; das Gesicht meiner Mutter eine Maske halbwegs beherrschter Verzweiflung; und meine Frau und ich mit grotesk verzerrter Miene lächelnd, die Hände zu meinem Vater ausgestreckt. Am Esstisch breitete meine Mutter ein Badetuch über ihn und schnitt ihm seinen Truthahn in kleine Stückchen. Unablässig fragte sie ihn, ob er sich freue, zum Thanksgiving-Essen zu Hause zu sein. Er antwortete mit Schweigen, schweifenden Blicken, manchmal einem schwachen Achselzucken. Meine Brüder riefen an und wünschten ihm einen schönen Feiertag; und da, wie aus dem Nichts, kriegte er ein Lächeln und einen kräftigen Klang in seiner Stimme hin, konnte einfache Fragen beantworten, dankte beiden für den Anruf.

Auch dieser Teil des Abends war typisch Alzheimer. Weil Kinder die Regeln des gesellschaftlichen Umgangs sehr früh lernen, hält sich bei vielen Alzheimer-Patienten eine Befähigung zu Höflichkeitsgesten und vagen Anstandsfloskeln selbst dann noch, wenn da längst keine Erinnerungen mehr sind. Es war nicht weiter bemerkenswert, dass mein Vater mit den Feiertagsanrufen meiner Brüder (irgendwie) umgehen konnte. Wohl aber das, was danach passierte, nach dem Essen, vor dem Pflegeheim. Während meine Frau hineinlief, um einen Klinikrollstuhl zu organisieren, saß mein Vater neben mir und musterte das Hausportal, durch das er gleich wieder geschoben werden sollte. «Lieber gar nicht erst gehen», sagte er mit klarer, fester Stimme zu mir, «als wieder zurückmüssen.» Das war nicht vage; der Satz bezog sich unmittelbar auf die konkrete Situation und deutete stark darauf hin, dass mein Vater um sein größer gewordenes Elend und sein Eingebundensein in Vergangenheit und Zukunft wusste. Er bat, dass man ihm den Schmerz ersparen möge, wieder in Bewusstheit und Erinnerung zurückgezerrt zu werden. Und tatsächlich, am Morgen nach Thanksgiving und für den Rest unseres Besuchs war er wieder so verwirrt, wie ich ihn zuvor erlebt hatte, was er sagte, ein Kuddelmuddel wahlloser Silben, sein Körper ein einziges Gefuchtel.

Von den «Fenstern zum Sinn», die laut David Shenk von Alzheimer gewährt werden, ist für ihn das bedeutendste, dass der Tod hinausgezögert wird. Shenk vergleicht die Krankheit mit einem Prisma, das den Tod in ein Spektrum seiner ansonsten fest zusammengefügten Teile auffächert – den Tod der Unabhängigkeit, den Tod der Erinnerung, den Tod des Bewusstseins, den Tod der Persönlichkeit, den Tod des Körpers –, und bestätigt damit den gängigsten Tropus der Krankheit Alzheimer: dass sie deshalb so besonders traurig und erschreckend sei, weil dem Leidenden sein «Ich» lange vor dem Tod seines Körpers verloren geht.

In meinen Augen trifft das weitgehend zu. Als das Herz meines Vaters aufhörte zu schlagen, hatte ich schon viele Jahre um ihn getrauert. Und dennoch, wenn ich mir seine Geschichte vergegenwärtige, frage ich mich, ob die verschiedenen Tode wirklich so voneinander abgespalten werden können und ob Erinnerung und Bewusstsein tatsächlich ein so sicheres Anrecht darauf haben, der Hort der Individualität zu sein. Unablässig suche ich nach einem Sinn in den zwei Jahren, die auf den Verlust seines vermeintlichen «Ich» folgten, und unablässig finde ich ihn.

Vor allem anderen staune ich über das offenkundige Fortbestehen seines *Willens.* Ich bin außerstande, *nicht* zu glauben, dass er einen körperlichen Überrest seiner Selbstdisziplin, eine in den Sehnen wirksame Kraftreserve unterhalb von Bewusstsein und Erinnerung aufbot, als er sich zu der Bitte, die er mir vor dem Pflegeheim vortrug, aufraffte. Ebenso bin ich außerstande, *nicht* zu glauben, dass sein Zusammenbruch am folgenden Morgen, ähnlich dem Zusammenbruch in seiner ersten Nacht allein im Krankenhaus, eine Preisgabe jenes Willens war, ein Loslassen, ein Annehmen des Wahnsinns angesichts unerträglich werdender Gefühle. Auch wenn wir den Beginn seines Verfalls (volles Bewusstsein und klarer Verstand) und dessen Endpunkt (Vergessen und Tod) bestimmen können, war sein Gehirn doch nicht einfach eine computerartige Maschine, die allmählich und unaufhaltsam Amok lief. Während der Alzheimer'sche Abbauprozess einen stetigen Abwärtstrend wie den hier erwarten ließe,

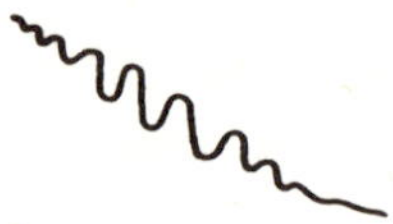

sah das, was ich vom Niedergang meines Vaters mitbekam, eher so aus:

Er hielt sein Kräfte, vermute ich, länger beisammen, als es ihm der Zustand seiner Neuronen eigentlich erlaubt hätte. Dann kollabierte er und stürzte tiefer, als es durch das Krankheitsbild wohl vorgegeben war, und aus freien Stücken blieb er auch tief da unten, an neunundneunzig von hundert Tagen. Was er *wollte* (in den frühen Jahren Distanz wahren, in den späteren loslassen), war ein integraler Bestandteil dessen, was er *war*. Und was *ich* will (Geschichten über das Gehirn meines Vaters, die nicht von einem Klumpen Fleisch handeln), ist ein integraler Bestandteil dessen, woran ich mich erinnern und was ich weitergeben möchte.

Eine der Geschichten, die ich nun also erzählen werde, während ich versuche, mir meine lange Blindheit seinem Zustand gegenüber zu verzeihen, ist die, dass er entschlossen war, diesen Zustand zu verbergen, und dass er sich über eine beachtlich lange Zeit die Charakterstärke bewahrte, das auch zu schaffen. Meine Mutter jedenfalls beteuerte immerzu, dass dem so war. Die Frau, mit der er zusammenlebte, konnte er nicht täuschen, egal, wie sehr er sie drangsalierte; wenn aber Söhne in der Stadt oder Gäste im Haus waren, konnte er sich aufraffen. Die wahre Erklärung für das Rätsel meines Aufenthalts bei ihm während der Krankenhauszeit meiner Mutter war wahrscheinlich weniger meine Blindheit als der zusätzliche Wille, den er aufbrachte.

Nach dem schlimmen Thanksgiving, als uns klargeworden war, dass er nie wieder nach Hause kommen würde, half ich meiner Mutter, seinen Schreibtisch durchzusehen. (Diese Freiheit nimmt man sich beim Durchsehen des Schreibtisches von einem Kind oder einem Toten.) In einer der Schubladen fanden wir Hinweise auf kleine, verdeckte Anstrengungen gegen das Vergessen. Da war ein Haufen Zettel, auf die er sich die Adressen seiner Kinder notiert hatte, eine Adresse pro Zettel, auf manchen dieselbe. Auf einen anderen Zettel hatte er die Geburtsdaten seiner älteren Söhne geschrieben – «Bob 13. 1. 48» und «TOM 15. 10. 50» –, und dann, in dem Bemühen, sich an meins zu erinnern (17. August 1959), hatte er Monat und Tag durchgestrichen und anhand der stehengebliebenen Daten geraten: «JON 13. 10. 49».

Denkwürdig auch die meiner Ansicht nach letzten Worte, die er, ein Vierteljahr vor seinem Tod, zu mir sagte. Ein paar Tage lang hatte ich ihn im Pflegeheim pflichtgemäße neunzig Minuten lang besucht und seinem Gebrummel über meine Mutter und seinen harmlosen Mutmaßungen über gewisse winzige Dinger zugehört, die er unbedingt auf den Ärmeln seines Pullovers und seiner Hose in Kniehöhe gesehen haben wollte. Nicht anders war er, als ich an meinem letzten Vormittag vorbeischaute, nicht anders, als ich ihn zu seinem Zimmer zurückschob und ihm mitteilte, dass ich jetzt abreisen würde. Da sah er zu mir auf und sagte – wieder, wie aus dem Nichts, war seine Stimme klar und fest: «Danke fürs Kommen. Schön, dass du dir Zeit genommen hast, mich zu besuchen.»

Höflichkeitsfloskeln? Ein Fenster zu seinem eigentlichen Ich? Ich habe wohl kaum die Wahl, an welche der beiden Deutungen ich glauben soll.

Da ich mich auf die Briefe meiner Mutter stütze, um den Verfall meines Vaters zu rekonstruieren, spüre ich den Schatten der undokumentierten Jahre nach 1992, in denen sie und ich längere Telefonate führten und uns nur noch ganz kurze Mitteilungen schrieben. Dass Platon in seinem *Phaidros* Schreiben als «Krücke der Erinnerung» bezeichnete, erscheint mir absolut genau: Ohne diese Briefe könnte ich die Geschichte meines Vaters nicht schlüssig erzählen. Doch wo Platon den Niedergang der mündlichen Überlieferung und den Gedächtnisschwund beklagt, den das Schreiben bewirke, bin ich am anderen Ende des Zeitalters des geschriebenen Worts beeindruckt von der Robustheit und Verlässlichkeit von Wörtern auf Papier. Die Briefe meiner Mutter sind wahrer und vollständiger als meine egozentrischen und voreingenommenen Erinnerungen; in dem geschriebenen Satz «er BRAUCHT Ablenkungen!» ist sie für mich lebendiger als in stundenlangen Videoaufnahmen oder in Stapeln von Fotos.

Der Wunsch, unauslöschlich aufzuzeichnen, Geschichten in unvergänglichen Wörtern niederzulegen, scheint mir verwandt mit der Überzeugung, dass wir mehr sind als unsere biologischen Prozesse. Ich frage mich, ob unsere gegenwärtige kulturelle Empfänglichkeit für die Verlockungen des Materialismus – unsere zunehmende Bereitschaft, die Psychologie als chemischen Vorgang, die Individualität als genetische Anlage und das Verhalten als Ergebnis früherer Erfordernisse der menschlichen Evolution zu verstehen – nicht unmittelbar mit dem postmodernen Wiederaufleben des Mündlichen und dem Schwinden des Schriftlichen verbunden ist: unserem ständigen Telefonieren, unserem flüchtigen E-Mailen, unserer unerschütterlichen Hingabe an die Flimmerkiste.

Habe ich erwähnt, dass auch mein Vater Briefe schrieb? Zumeist mit der Maschine, zumeist mit einer vorangestellten Entschuldigung für Tippfehler, kamen sie viel weniger häufig als die meiner Mutter. Einer der letzten ist vom Dezember 1987:

> Diese Jahreszeit ist immer schwierig für mich. Die ganze Schenkerei bereitet mir Unbehagen, weil ich zwar wirklich gern Sachen besorge, aber nicht die nötige Phantasie habe, die richtigen auszusuchen. Immer habe ich Angst, Sachen in einer falschen Größe oder in einer falschen Farbe zu kaufen oder eben etwas, was keiner braucht, und sehe die Probleme beim Zurückgeben oder beim Umtausch schon vor mir. Werkzeug kaufe ich gern, aber Bob machte mich darauf aufmerksam, dass es auch da Probleme gibt, als ich ihm nämlich aus irgendeinem Anlass einen hübschen kleinen, gut in der Hand liegenden Hammer schenkte, worauf er bemerkte, dass das jetzt schon der zweite oder dritte Hammer sei, danke, er brauche keinen mehr. Und dann noch das Problem mit den Geschenken für Deine Mutter. Sie ist so empfindsam, dass es mir in der Seele

wehtut, wenn ich ihr nichts Hübsches kaufe, aber sie hat uneingeschränkten Zugang zu meinem Girokonto. Ich habe ihr gesagt, sie soll sich doch selber was kaufen und dann behaupten, es ist von mir, damit sie bei diesem nachweihnachtlichen Gerede, «Sieh mal, was ich von meinem Mann bekommen habe!», mithalten kann. Aber den Betrug macht sie nicht mit. Also leide ich während dieser ganzen Zeit.

Nach 1989, als seine Konzentrationsfähigkeit in dem Maße, wie bei ihm «Nervosität & Depressionen» zunahmen, im Schwinden begriffen war, schrieb mein Vater überhaupt keine Briefe mehr. Meine Mutter und ich waren daher baff, als wir in der Schublade, in die er besagte Adressen und Geburtsdaten gelegt hatte, einen nicht abgeschickten Brief vom 22. Januar 1993 fanden – das war unvorstellbar spät, wenige Wochen vor seinem endgültigen Zusammenbruch. Der Brief steckte in einem Umschlag mit der Adresse meines Neffen Nick, der mit seinen sechs Jahren gerade angefangen hatte, selber Briefe zu schreiben. Womöglich schämte sich mein Vater, einen Brief abzuschicken, der, wie er wusste, nicht völlig logisch war; wahrscheinlicher aber war es angesichts des Zustands seines Hippokampus, dass er ihn einfach vergessen hatte. Der Brief, der für mich zum Symbol einer unsichtbar heroischen Willensanstrengung wurde, ist in einer winzigen Bleistiftschrift gehalten, die immerzu aus der Horizontalen schwenkt:

Lieber Nick,
vor ein paar Tagen haben wir Deinen Brief erhalten und uns darüber gefreut, wie gut Du Dich in der Schule machst, besonders in Mathe. Es ist wichtig, gut schreiben zu können, da die Fähigkeit, Ideen auszutauschen, darüber bestimmen wird, welchen Nutzen ein Land aus den Ideen anderer Länder ziehen kann.

Die meisten Deiner nächsten Verwandten können gut schreiben und haben mir dadurch eine Last von den Schultern genommen. Ich hätte lernen sollen, besser zu schreiben, aber es ist so schnell gesagt: Lass das mal Mom machen.
Ich weiß, dass meine Schrift nicht leicht zu lesen ist, aber ich habe Probleme mit den Nerven in meinen Beinen und ein Zittern in den Händen. Wenn ich mir ansehe, was ich geschrieben habe, glaube ich, dass Du wohl Schwierigkeiten haben wirst, es zu verstehen, aber mit ein wenig Glück könnte ich mit Dir in Kontakt bleiben.
Wir hatten einen Wetterumschwung von kalt und nass zu trocken und schönem blauem Himmel. Ich hoffe, es bleibt so. Sei weiter schön fleißig.
Viele Grüße,
Grandpa
PS: Danke für die Geschenke.

Herz und Lungen meines Vaters waren sehr kräftig, und meine Mutter bereitete sich schon auf zwei, drei weitere Jahre Endspiel vor, als er eines Tages, im April 1995, aufhörte zu essen. Vielleicht hatte er Schluckbeschwerden, vielleicht hatte er auch mit den letzten Fasern seines Willens beschlossen, seiner ungewollten zweiten Kindheit ein Ende zu setzen.

Als ich hinflog, war sein diastolischer Blutdruck bei 70. Wieder brachte meine Mutter mich vom Flughafen direkt zum Pflegeheim. Er lag unter einer dünnen Decke zusammengekauert auf der Seite, flach atmend, die Augen nicht ganz geschlossen. Seine Muskulatur hatte sich zurückgebildet, aber sein Gesicht war glatt und entspannt und beinahe vollkommen faltenfrei, und seine Hände, die sich überhaupt nicht verändert hatten, wirkten im Vergleich zum Rest von ihm eigentümlich groß. Schwer zu sagen, ob er meine Stimme erkannte, doch binnen Minuten nach meinem Eintreffen stieg sein Blutdruck auf 120 zu 90. Ich hatte damals die Sorge und habe sie noch heute, dass mein Kommen für ihn alles verschlimmerte: dass er den Punkt erreicht hatte, an dem er bereit war zu sterben, sich jedoch schämte, etwas so Privates oder Enttäuschendes vor einem seiner Söhne zu vollziehen.

Meine Mutter und ich richteten uns in einem Rhythmus aus Wachen und Warten ein; einer schlief, während der andere bei ihm saß. Stunde um Stunde lag mein Vater reglos da und arbeitete sich an den Tod heran, doch wenn er gähnte, war es *sein* Gähnen. Und auch sein Körper war, wie zurückgebildet auch immer, noch strahlend *seiner*. Selbst als die verbleibenden Teile seines Ichs noch kleiner und fragmentierter wurden, betrachtete ich ihn weiterhin hartnäckig als ein Ganzes. Noch immer liebte ich, ganz spezifisch und individuell, den Mann, der da in dem Bett gähnte. Und wie konnte ich aus dieser Liebe nicht Geschichten bilden – Geschichten eines Mannes, dessen Wille intakt genug geblieben war, dass er das Gesicht wegdrehte, wenn ich versuchte, ihm den Mund mit einem feuchten Lappen abzuwischen? Noch auf meinem Totenbett werde ich darauf beharren, dass mein Vater entschlossen war, so gut er konnte und auf seine eigene Weise zu sterben.

Wir wiederum waren entschlossen, dafür zu sorgen, dass er nicht allein war, wenn er starb. Vielleicht war genau das falsch, vielleicht wartete er nur darauf, allein gelassen zu werden. Wie auch immer, in der sechsten Nacht nach meiner Ankunft blieb ich wach und las einen seichten Roman von vorn bis hinten durch, während er dalag und atmete und immerzu tief gähnte. Eine Pflegerin kam, horchte seine Lunge ab und sagte, er habe wohl nie geraucht. Sie meinte, ich solle nach Hause gehen und mich schlafen legen, und bot an, eine bestimmte Pflegerin vom Stockwerk darunter heraufzuschicken, damit sie nach ihm sah.

Offensichtlich verfügte das Pflegeheim über einen hauseigenen Todesengel mit der besonderen Gabe, die Beinahe-Toten, nachdem deren Verwandte abends gegangen waren, davon zu überzeugen, dass es nun in Ordnung sei zu sterben. Ich lehnte das Angebot der Pflegerin ab und erwies ihm diesen Dienst selbst. Ich beugte mich über meinen Vater, der schwach nach Essigsäure roch, ansonsten aber sauber und warm war. Ich sagte ihm, wen er vor sich habe und dass mir alles recht sei, was er nun tun müsse, er solle nur loslassen und es tun.

Am späten Nachmittag kam ein starker, für St. Louis typischer Frühsommerwind auf. Ich machte mir gerade Rührei, als meine Mutter aus dem Pflegeheim anrief und sagte, ich solle schnell kommen. Ich weiß nicht, warum ich dachte, ich hätte jede Menge Zeit, aber bevor ich ging, aß ich noch die Eier mit Toast, und auf dem Parkplatz des Heims blieb ich eine Weile im Auto sitzen und drehte das Radio auf, weil gerade ein Song von Blues Traveler lief, zu der Zeit der große Hit. Kein Song hat mich je glücklicher sein lassen. Die großen Weißeichen, die das Heim umstanden, wiegten sich in dem starken Wind und wurden fahl. Mir war, als könnte ich vor Glück davonfliegen.

Und noch immer starb er nicht. Der Sturm erreichte das Pflegeheim am Abend und löschte alle Lichter bis auf die Notbeleuchtung, sodass meine Mutter und ich im Dunkeln saßen. Ungern erinnere ich mich, wie ungeduldig ich darauf wartete, dass die Atmung meines Vaters aufhörte, wie bereit ich war, endlich befreit von ihm zu sein. Ungern stelle ich mir vor, was er wohl empfand, als er so dalag, welche schwachen oder lebhaften sensorischen oder emotionalen Formen sein Todeskampf in seinem Kopf annahm. Aber ebenso ungern glaube ich, dass in seinem Kopf rein gar nichts vorging.

Gegen zehn Uhr, das Licht war gerade erst wieder angegangen und meine Mutter und ich berieten uns mit einer Pflegerin in der Tür seines Zimmers, sah ich, dass er die Hände an den Hals führte. Ich sagte: «Ich glaube, da passiert was.» Es war ein Todesröcheln: Sein Kinn hob sich, damit Luft in die Lunge strömte, nachdem sein Herz aufgehört hatte zu schlagen. Er schien sehr langsam und mit tiefer Zustimmung zu nicken. Und dann nichts mehr.

Nachdem wir ihm einen Abschiedskuss gegeben und die Formulare unterschrieben hatten, die zur Gehirnautopsie bevollmächtigten, nachdem wir durch überflutete Straßen gefahren waren, setzte sich meine Mutter in unsere Küche und nahm, untypisch für sie, den Jack Daniel's pur, den ich ihr anbot, an. «Jetzt weiß ich es», sagte sie, «wenn man tot ist, ist man richtig tot.» Das war nur zu wahr. Aber wegen des Zeitlupentempos, in dem Alzheimer voranschreitet, war mein Vater nicht viel toter als zwei Stunden, zwei Wochen oder zwei Monate davor. Wir hatten einfach den letzten der Teile verloren, aus denen wir ein lebendes Ganzes formen konnten. Es würde keine neuen Erinnerungen an ihn mehr geben. Die einzigen Geschichten, die sich nun erzählen ließen, waren die, die wir schon kannten.

(2001)

Riesenschlafzimmer

Privatsphäre, Privatsphäre, die neue amerikanische Obsession: verfochten als das fundamentalste aller Rechte, vermarktet als das erstrebenswerteste aller Güter und zweimal wöchentlich totgesagt.

Noch bevor Linda Tripp, Arbeitskollegin von Monica Lewinsky, die «Aufnahme»-Taste ihres Anrufbeantworters drückte, warnten uns Kommentatoren, «die Privatsphäre ist im Belagerungszustand», «es steht schlimm um die Privatsphäre», «die Privatsphäre, wie wir sie kennen, könnte es im Jahr 2000 nicht mehr geben». Sie sagen, sowohl Big Brother als auch sein kleiner Bruder, John Q. Public, beschatten mich mit Hilfe von Computernetzwerken. Sie machen mir weis, dass Sicherheitskameras, nicht größer als Spinnen, aus jeder dunklen Ecke blicken, dass verbiesterte Feministinnen Schlafzimmerverhalten und Klatsch überwachen, dass Gen-Detektive im Dienste der Verbrechensbekämpfung in der Lage sind, meine gesamte Persönlichkeit aus einem Speicheltröpfchen herauszusieden, und dass Voyeure gewöhnliche Camcorder mit einem Filter nachrüsten können, der sie befähigt, Leuten *durch die Kleidung hindurchzusehen.* Und schon kommt die Schmutzwasserflut aus dem Büro des Sonderermittlers Kenneth Starr, die durch die offiziellen und kommerziellen Kanäle schwappt und in das nationale Bewusstsein sickert. Der Skandal um Monica Lewinsky markiert, in den Worten des Philosophen Thomas Nagel, «den Höhepunkt einer desaströsen Erosion» der Privatsphäre; in den Worten der Autorin Wendy Kaminer ist er Ausdruck «der äußersten Missachtung von Privatsphäre und individueller Autonomie, wie sie in totalitären Regimen üblich ist». Verkörpert in der Person Kenneth Starrs, hat die «öffentliche» Sphäre die «private» endgültig überwältigt –

in Stücke gerissen, durchbohrt, niedergetrampelt, besetzt, rücksichtslos überrollt.

Die ganze Aufregung um die Privatsphäre ist nicht frei von den Schuldzuweisungen und der Paranoia der guten alten amerikanischen Hysterie, aber eine wesentliche Zutat fehlt: eine ernstlich alarmierte Öffentlichkeit. US-Amerikaner interessieren sich für die Privatsphäre nur abstrakt. Manchmal tut sich eine hinreichend informierte Bürgerschar zusammen, um sich zu wehren, etwa als Internet-Benutzer während der sogenannten Clipper-Chip-Debatte über staatliche Zugriffsmöglichkeiten auf verschlüsselte Datenkommunikation das Weiße Haus mit E-Mails bombardierten, und manchmal führt eine besonders empörende Nachricht zu einem nationalen Aufschrei, etwa als die Lotus Development Corporation eine CD-ROM mit Informationen zu den finanziellen Verhältnissen nahezu der Hälfte der Bevölkerung auf den Markt bringen wollte. Aber im Großen und Ganzen bleiben die Amerikaner, selbst angesichts massiver Einschnitte wie bei der Drogenbekämpfung, seltsam passiv. Ich bin da keine Ausnahme. Ich lese die Kommentare und versuche, mich aufzuregen, doch es geht nicht. Meistens stelle ich fest, dass ich das Gegenteil dessen empfinde, was die Privatsphären-Gurus von mir erwarten. Allein im letzten Monat ist das zweimal passiert.

An dem Samstagmorgen, an dem die *New York Times* den vollständigen Text des Starr-Berichts brachte, hatte ich, als ich da allein in meiner Wohnung saß und zu frühstücken versuchte, das Gefühl, dass nicht Clintons und auch nicht Lewinskys Privatsphäre verletzt wurde, sondern meine. Ich mag das ferne Schauspiel öffentlichen Lebens. Das Schauspiel und auch die Ferne. Nun sah ein Präsident seiner Amtsenthebung entgegen, und als guter Bürger hatte ich die Pflicht, mich über die Beweislage auf dem Laufenden zu halten, doch in diesem Fall bestanden die Beweise aus Gefummel, Gelutsche und wechselseitigem Selbstbetrug zweier Menschen. Was ich mit dieser Beweislage neben

Toast und Kaffee empfand, war kein vorgeschützter Abscheu, um ein heimliches Interesse am Schlüpfrigen zu tarnen; an dem Sex als solchem nahm ich keinen Anstoß; eine mögliche künftige Aushöhlung meiner Rechte machte mir kein Kopfzerbrechen; die Sorgen des Präsidenten teilte ich nicht in der emphatischen Weise, in der meine zu teilen er einmal behauptet hatte; die Enthüllung, dass öffentliche Amtsträger schlechte Dinge tun, stieß mich nicht ab; und obwohl ich Mitglied der Demokraten bin, war meine Empörung von anderer Art als meine Empörung darüber, dass die New York Giants, zu deren Fans ich mich zähle, die Möglichkeit, im vierten Viertel in Führung zu gehen, vergeigt hatten. Was ich empfand, empfand ich als Privatperson. Ich fühlte mich belästigt.

Ein paar Tage später bekam ich einen Anruf von einer meiner Kreditkartenfirmen, die mich bat, zwei kürzlich erfolgte Zahlungen an einer Tankstelle und eine in einem Baumarkt zu bestätigen. Heutzutage sind derlei Anfragen üblich, das aber war für mich die erste dieser Art, und einen Augenblick lang fühlte ich mich auf unheimliche Weise bloßgestellt. Gleichzeitig fühlte ich mich seltsam geschmeichelt, weil sich irgendjemand irgendwo für mich interessierte und sich die Mühe machte anzurufen. Nicht dass dem jungen Telefonisten etwas an mir persönlich gelegen hätte. Es klang, als läse er, was er sagte, aus einer laminierten Broschüre ab. Die Anstrengung, in einem Beruf hart arbeiten zu müssen, der ihm mit ziemlicher Sicherheit keinen Spaß machte, schien ihm die Zunge zu lähmen. Er versuchte, die Wörter herauszusprudeln, sie wie aus Verlegenheit oder Ärger darüber, wie wertlos sie im Grunde waren, schnell dahinzuhaspeln, doch immer wieder ballten sie sich zwischen seinen Zähnen, sodass er innehalten und sie, eines nach dem anderen, mit den Lippen nach draußen befördern musste. Es sei der Rechner, sagte er, der Rechner, der routinemäßig, äh, den Verwendungszweck der, na ja, der Belastungen erfasse …

und ob er mir heute Abend noch mit etwas anderem behilflich sein könne. Ich beschloss, es in Ordnung zu finden, wenn dieser junge Mensch durch meine Zahlungen scrollen und über die Bedeutung meiner beiden Tankfüllungen und meines Eimers Latexfarbe nachdenken wollte.

Und da liegt das Problem. An dem Samstagmorgen, als der Starr-Bericht veröffentlicht wurde, war meine Privatsphäre nach klassisch liberaler Auffassung absolut intakt. Ich war allein und unbeobachtet in meiner Wohnung, ungestört von Nachbarn, unerwähnt in den Nachrichten und frei in der Entscheidung, den Bericht, sofern ich wollte, zu überblättern und das Samstagskreuzworträtsel zu lösen, das angenehm *al dente* war, und dennoch verletzte die bloße Existenz des Berichts mein Verständnis von Privatsphäre so sehr, dass ich mich kaum überwinden konnte, die Zeitung anzufassen. Zwei Tage später wurde ich in meiner Wohnung von einem klingelnden Telefon aufgestört, gebeten, den Mädchennamen meiner Mutter auszuspucken, und mit der Nase darauf gestoßen, dass die digitalisierten Details meines Alltagslebens unter Beobachtung von Fremden standen, doch binnen fünf Minuten hatte ich diese ganze Episode aus meinem Gedächtnis getilgt. Ich glaubte meine Privatsphäre bedroht, als ich ganz offensichtlich sicher war, und glaubte mich sicher, als meine Privatsphäre ganz offensichtlich bedroht wurde. Und ich wusste nicht, warum.

Das Recht auf Privatsphäre – 1890 von Louis Brandeis und Samuel Warren als «das Recht, in Ruhe gelassen zu werden» definiert – scheint auf den ersten Blick im amerikanischen Alltag ein Grundprinzip zu sein. Es ist der Schlachtruf von Aktivisten für Abtreibung und Fortpflanzungsrechte, gegen Stalker, für das Recht, in Würde zu sterben, gegen eine nationale Datenbank im Bereich Gesundheitsfürsorge, für strengere Standards bei der Datenverschlüsselung, gegen Paparazzi, für die Unantastbarkeit privater E-Mails am Arbeitsplatz und gegen von Arbeitgebern verordnete Drogentests. Bei genauerem Hinsehen erweist sich die Privatsphäre jedoch als Lewis Carroll'sche Grinsekatze der Werte: ein sehr gewinnendes Lächeln, aber wenig Substanz.

Rein rechtlich ist der Begriff ein einziges Durcheinander. Die Verletzung der Privatsphäre ist der emotionale Kern vieler Vergehen, von sexueller Belästigung und Vergewaltigung bis hin zum Spannertum und Hausfriedensbruch, doch kein Strafgesetz verbietet sie als solche. Das amerikanische Zivilrecht unterscheidet sich von Staat zu Staat, folgt jedoch im Wesentlichen einer vierzig Jahre alten Studie des Rechtsgelehrten Dean William Prosser, der die Verletzung der Privatsphäre in vier Delikte gliederte: die *Störung* eines Rückzugsraums, das Öffentlichmachen *privater Tatsachen*, die nicht von berechtigtem öffentlichem Interesse sind, die Art von öffentlicher Darstellung, die einen in ein *falsches Licht* rückt, und die *Aneignung* von jemandes Namen oder Aussehen ohne dessen Zustimmung. Das ist eine wackelige Aufzählung von Delikten. Störung sieht ziemlich nach Hausfriedensbruch aus, falsches Licht nach Verleumdung und Aneignung nach Diebstahl, und der Schaden, der bleibt, wenn man diese hier irrelevanten Vergehen außer Acht lässt, ist in der Wendung «Zufügung von emotionalem Leid» so hervorragend ausgedrückt, dass es das Delikt der Verletzung der Privatsphäre fast überflüssig macht. Was die Privatsphäre in Wahrheit stützt, ist der klassische liberale Grundsatz persönlicher Freiheit oder Autonomie. Seit einigen Jahrzehnten sprechen viele Richter und Wissenschaftler lieber von einer «Privatsphäre» als von einer «Sphäre der Freiheit», doch das ist eine Akzentverschiebung, kein substantieller Unterschied: Es ist nicht die Schaffung einer neuen Rechtsauffassung, sondern die Umverpackung und Wiedervermarktung einer alten.

Egal, was man verkaufen will, ob Luxusimmobilien oder

Esperanto-Unterricht, es hilft, wenn man das lächelnde Wort «privat» an seiner Seite hat. Vergangenen Winter wurde mir als dem Inhaber einer Platinum Visa Card der Bank One die Mitgliedschaft bei PrivacyGuard® angeboten, einer Serviceleistung, die mich dem Prospekt zufolge, der sie anpries, «über die ganz persönlichen Daten *in Kenntnis setzt*, auf die Ihr Arbeitgeber, Ihre Versicherer, Kreditkartenunternehmen und Behörden Zugriff haben». Die ersten drei Monate bei PrivacyGuard® waren kostenlos, also unterschrieb ich. Was dann mit der Post kam, war Schreibarbeit: Umschläge und Antragsformulare zur Ermittlung gespeicherter Daten über meine Kreditwürdigkeit und andere Sachverhalte, dazu ein enttäuschend wenig hermachendes Notizbuch, in das ich die Ergebnisse meiner Anfragen eintragen sollte. Ich erkannte sofort, dass mir Angaben zu meinem, sagen wir, Verkehrssündenregister nicht wichtig genug waren, um einen Monat darauf zu warten; erst als ich bei PrivacyGuard® anrief, um meine Mitgliedschaft zu kündigen, und beinahe inständig gebeten wurde, es nicht zu tun, merkte ich, dass der ganze Sinn dieses «Services» darin bestand, meine Zeit und Energie dafür einzuspannen, die Verluste der Bank One durch Kreditkartenbetrügereien zu reduzieren.

Selbst Kernfragen, die die rechtliche Seite der Privatsphäre berühren, befassen sich nur selten mit dem tatsächlichen emotionalen Schaden unerwünschter Bloßstellung oder Störung. Ein nationaler Gesetzentwurf zum Schutz genetischer Daten beispielsweise beruht auf dem Gedanken, dass meine DNA mehr über meine Identität und künftige Gesundheit aussagt als anderes medizinisches Datenmaterial. In Wahrheit aber ist die DNA bislang nicht aufschlussreicher als ein Herzgeräusch, das Vorkommen von Diabetes in der Familie oder eine unmäßige Vorliebe für Buffalo-Chicken-Wings. Wie bei allen medizinischen Daten lässt einen die Gefahr, dass genetische Informationen durch Arbeitgeber und Versicherer missbraucht werden, frösteln, doch das streift die Kernfrage des Privaten nur am Rand; der vorrangige Schaden besteht in Dingen wie beruflicher Diskriminierung und höheren Versicherungsprämien.

In ähnlicher Weise dreht sich das Problem der Datensicherheit im Internet vornehmlich um praktische Erwägungen. Was amerikanische Aktivisten «elektronische Privatsphäre» nennen, heißt bei ihren europäischen Kollegen «Datenschutz». Unser Terminus ist aufregend; ihrer ist genau. Für den Fall, dass jemand es darauf anlegt, einem Nummer und Ablaufdatum der Kreditkarte zu entwenden, oder ein fieser Typ die neue Adresse seiner Exfreundin herauskriegen will, braucht man jenen strikten Schutz, den eine Verschlüsselung zu gewährleisten scheint. Telefoniert man dagegen mit einer Freundin oder einem Freund, braucht man nur das *Gefühl* von Privatsphäre.

Gesellschaftlich beinhaltet das Drama des Datenschutzes ungefähr das: Ein Hacker oder eine Versicherungsgesellschaft oder eine Telefonmarketing-Firma erlangt Zugriff auf eine sensible Datenbank, die Wachhunde des Gemeinwohls schlagen an, und eine neue Firewall wird hochgezogen. So wie die meisten Leute ziemliche Angst vor Krankheitserregern haben, die Virologie aber den Zentren für Seuchenschutz überlassen, interessieren sich die meisten Amerikaner einigermaßen für das, was mit Privatsphäre zu tun hat, überlassen die ernsthafte Überwachungsarbeit jedoch Experten. Unser Problem ist nun, dass diese Wächter eine Sprache der Panikmache sprechen und für sie Privatsphäre nicht einer von vielen konkurrierenden Werten ist, sondern der eine, der alle anderen aussticht.

Der Schriftsteller Richard Powers erklärte unlängst in einem Kommentar in der *Times*, dass Privatsphäre eine «schwindende Illusion» sei und der Kampf um die Verschlüsselung digitaler Kommunikation sich daher als ebenso «folgenträchtig» erweise wie der Kalte Krieg. Powers definiert «das Private» als «jenen Teil des Lebens, der nicht erfasst wird», und in den digitalen Fußstapfen, die wir jedes Mal hinterlassen, wenn wir etwas anweisen, sieht er das Nahen «jenes Augenblicks, da jeder Tag eines Menschen zum Bloomsday wird, in allen Einzelheiten aufgezeichnet und mit ein paar flinken Tastenanschlägen darstellbar». Natürlich macht die Vorstellung Angst, das Rätsel unserer Identität könnte auf eine endliche Abfolge von Daten reduziert werden. Dass aber Powers Kreditkartenbetrug und abgehörte Handygespräche ernstlich mit einem thermonuklearen Ernstfall vergleichen kann, zeigt in erster Linie, wie ansteckend die Angst vor dem Verlust der Privatsphäre ist. Wo ist es denn «registriert», was Powers oder sonst jemand denkt, sieht, sagt, hofft, plant, träumt und peinlich findet? Ein digitaler *Ulysses*, der aus nichts anderem als einer Liste der Einkäufe seines Helden und anderer Verrichtungen besteht, die sich dokumentieren lassen, beliefe sich auf höchstens vier Seiten: War an Leopold Blooms Tag wirklich nicht mehr passiert?

Wenn Amerikaner ihre Privatsphäre tatsächlich opfern, so tun sie dies wegen handfester Vorteile in den Bereichen Gesundheit, Sicherheit und Effizienz. Die meisten legalen Eingriffe – Meldung HIV-Infizierter, Durchleuchtung am Flughafen, Preisgabe der Identität verurteilter Sexualstraftäter in ihrer Nachbarschaft, Alkoholkontrollen im Straßenverkehr, Dopingtests im Hochschulsport, Gesetze zum Schutz des ungeborenen Lebens, Gesetze zum Schutz der Natur, Messung von Autoabgasen, Leibesvisitation in Bezirksgefängnissen, selbst Kenneth Starrs Enthüllung präsidialer Verderbtheit – sind im Grunde Maßnahmen zum Schutz des Gemeinwohls. Überwachungskameras am Washington Square lehne ich ab, die in U-Bahnhöfen begrüße ich. Das Risiko, dass jemand mein Maut-Konto anzapft, erscheint mir erträglich gering, verglichen mit dem Plus an Bequemlichkeit. Ebenso das Risiko, dass ein Klatschblatt mich zum Opfer des Ersten Verfassungszusatzes, insbesondere der Pressefreiheit macht; bei zweihundertsiebzig Millionen Bewohnern dieses Landes tendiert das Risiko eines Einzelnen, vor der ganzen Nation entblößt zu werden, gegen null.

Der Rechtsgelehrte Lawrence Lessig hat die Amerikaner als «einfältig» bezeichnet, weil sie derartige Berechnungen anstellen und sich damit in die, wie er das nennt, «Sowjetisierung» des Privatlebens fügen. Das Seltsame an der Privatsphäre ist jedoch, dass wir sie, einfach indem wir sie voraussetzen, zumeist auch herstellen können. Eine meiner Nachbarinnen im Wohnblock gegenüber verbringt viel Zeit damit, vor dem Spiegel ihre Poren zu untersuchen, und ich sehe sie, so wie sie gewiss auch manchmal mich sehen kann. Doch unsere jeweilige Privatsphäre bleibt so lange intakt, wie keiner von uns *spürt*, dass er gesehen wird. Wenn ich eine Postkarte mit der amerikanischen Post verschicke, ist mir recht vage bewusst, dass Postbedienstete sie lesen können, sie vielleicht laut lesen, vielleicht sogar darüber lachen, und dennoch entsteht mir kein Schaden, es sei denn, ich habe das Pech, dass irgendwo im Land ein Zusteller, den ich kenne, die Postkarte sieht, sich an die Stirn schlägt und sagt: «O Mann, den kenn ich doch.»

Unsere Angst vor dem Verlust der Privatsphäre ist nicht bloß übertrieben. Sie gründet auch auf einem Trugschluss. Ellen Alderman und Caroline Kennedy fassen in ihrem Buch *The Right to Privacy* die herkömmliche Überzeugung der Privatsphärenverfechter wie folgt zusammen: «Es gibt weniger Privatsphäre als früher.» Diese Behauptung ist so oft, in so vielen Büchern, Leitartikeln und Talkshow-Studios, aufgestellt oder als Grundkonsens vorausgesetzt worden, dass die Amerikaner jetzt, egal, wie passiv sie in ihrem Verhalten sind, bei Umfragen pflichtschuldigst angeben, sie seien um den Erhalt der Privatsphäre sehr besorgt. Von nahezu jeder historischen Perspektive aus betrachtet, ist diese Behauptung jedoch bizarr.

Um 1890 lebte der typische Amerikaner in einer Kleinstadt unter Bedingungen nahezu panoptischer Überwachung. Nicht nur wurde jede Anschaffung von der Registrierkasse «registriert», sie wurde es auch von den Augen und in der Erinnerung der Ladenbesitzer, die ihn kannten, seiner Eltern, seiner Frau und seiner Kinder. Er konnte nicht einmal zum Postamt gehen, ohne dass seine Nachbarn jeden seiner Schritte verfolgten und ergründeten. Wahrscheinlich schlief er in jungen Jahren mit seinen Geschwistern und womöglich auch mit seinen Eltern in einem Bett. War er nicht gerade wohlhabend, war sein Fortbewegungsmittel – ein Zug, ein Pferd, seine Beine – entweder ein kommunales, oder es setzte ihn den Blicken anderer aus.

In der Vorstadt und im Speckgürtel, wo der typische Amerikaner heute lebt, bewohnen kleine Kernfamilien riesige Häuser, in denen jeder sein eigenes Zimmer und manchmal auch Badezimmer hat. Selbst verglichen mit den Vorstädten der sechziger und siebziger Jahre, als ich aufwuchs, bietet die zeitgenössische Eigentumswohnung oder bewachte Siedlung ein bemerkenswertes Maß an Anonymität. Dass man seine Nachbarn kennt, ist nicht mehr die Regel. Die Gemeinden sind immer häufiger virtuell, ihre Einwohner entweder gesichtslos oder darauf bedacht, ihr Gesicht, mit dem sie sich in der Öffentlichkeit zeigen, unter Kontrolle zu haben. Die Fortbewegungsmittel sind weitgehend privat: Die neuesten Geländewagen sind groß wie ein Wohnzimmer und verfügen über Telefon, CD-Player und Fernseher; hinter den getönten Scheiben eines jener hohen, mobilen PrivacyGuard®-Einheiten der Ich-sehe-dich-aber-du-siehst-michnicht-Art kann man im Schlafanzug oder Lakritzbikini sitzen, ohne dass es jemand mitbekommt oder interessiert. Mag sein, dass die Regierung sich in die Familie ein wenig stärker einmischt als vor hundert Jahren (Sozialarbeiter schauen bei Alten und Armen vorbei, das Gesundheitsamt verlangt Impfungen, die Polizei zieht Erkundigungen wegen Gewalt in der Ehe ein), aber diese

Einmischungen sind nicht annähernd so stark wie die Kleinstadtschnüffeleien, die sie ersetzt haben.

Das «Recht, in Ruhe gelassen zu werden»? Es wird nicht ausgehöhlt, es explodiert. Es ist die *Essenz* der modernen amerikanischen Architektur, Landschaft, Fortbewegung, Kommunikation und herrschender politischer Philosophie. Der wahre Grund dafür, dass Amerikaner in puncto Privatsphäre so apathisch sind, ist so schlagend, dass man sich ducken muss: Wir *ertrinken* geradezu in Privatsphäre.

Bedroht ist daher nicht der private Bereich. Bedroht ist der öffentliche. Viel Wesens wurde darum gemacht, dass die Starr-Untersuchung auf künftige Bewerber um ein öffentliches Amt abschreckend wirken könnte (nur Eiferer und Nullen würden sich noch bewerben), aber das ist bloß die halbe Wahrheit. Die öffentliche Sphäre Washingtons gehört, da sie ja öffentlich ist, jedem. Wir alle sind angehalten, mit unserer Stimme, unserem Patriotismus, unserem Einsatz und unserer Meinung daran teilzuhaben. Das kollektive Gewicht einer Bevölkerung ermöglicht uns den Glauben an die öffentliche Sphäre als etwas, das größer, beständiger und ehrwürdiger ist, als jeder verschlampte Einzelne es in seinem privaten Umfeld sein kann. Doch so wie ein einziger Heckenschütze auf einem Kirchturm die Straßen einer ganzen Stadt leerfegen kann, kann diesen Glauben auch ein einziger fetter Skandal erschüttern.

Wenn Privatsphäre die Erwartung, nicht gesehen zu werden, voraussetzt, ist das, was den öffentlichen Raum definiert, die Erwartung, dass man gesehen wird. Mein «Verständnis von Privatsphäre» basiert darauf, dass das Öffentliche aus dem Privaten *und* das Private aus dem Öffentlichen herausgehalten wird. Eine Art Border Collie jault gequält in mir auf, wenn ich den Eindruck habe, die Grenze zwischen den beiden ist verletzt worden. Deshalb ist die Verletzung eines öffentlichen Raums, vom Empfinden her, der Verletzung der Privatsphäre ganz ähnlich. Ich gehe an einem Mann vorbei, der am helllichten Tag auf den Gehsteig pinkelt (Lieferwagenfahrer können in ihrer «Das muss raus»-Philosophie des Blasenmanagements besonders selbstgerecht sein), und obwohl der Mann mit dem klaffenden Hosenladen scheinbar der ist, dessen Privatsphäre durch das Pinkeln verletzt wird, bin ich doch derjenige, der den Übergriff verspürt. Flitzer, sexuelle Belästiger und Felliererinnen am Pier und Redenschwinger im Bus attackieren alle gleichermaßen unser Verständnis des «Öffentlichen», indem sie sich entblößen.

Da eine richtig schwerwiegende Entblößung in der Öffentlichkeit heutzutage als Synonym für einen Auftritt im Fernsehen angesehen wird, könnte man daraus folgern, dass ein vom Fernsehen übertragener Raum der öffentlichste überhaupt ist. Vieles aber, was Leute im Fernsehen zu mir sagen, würde an einem wirklich öffentlichen Ort – auf einer Geschworenenbank beispielsweise oder auch nur auf einem Gehsteig in der Stadt – niemals geduldet. Das Fernsehen ist eine riesige, verästelte Erweiterung der Milliarden Wohn- und Schlafzimmer, in denen es konsumiert wird. In der U-Bahn hört man kaum jemanden laut über, sagen wir, Inkontinenz sprechen, im Fernsehen dagegen geschieht das seit Jahren. Das Fernsehen kennt keine Scham, und ohne Scham kann es keine Unterscheidung zwischen Öffentlichem und Privatem geben. Letzten Winter schaute mir eine Moderatorin in die Augen und bezeichnete im Ton einer nahen Verwandten einen Wurf Babys in Iowa als «Amerikas sieben süße Kleine». Schon vor fünfundzwanzig Jahren war es ziemlich seltsam, Dan Rathers Berichte über Watergate zwischen Werbespots für Geritol und Aspirin zu hören, so als wäre Nixons bevorstehender Rücktritt irgendwo in meinem Medizinschrank angesiedelt. Heute, aufgereiht zwischen Werbung für Promise-Margarine und Nobelkreuzfahrten, sind auch die Nachrichten ein beflecktes Cocktailkleid – ist das Fernsehen die Schlafzimmerbühne und sonst nichts.

Derweil ist Zurückhaltung zu einer veralteten Tugend geworden. Bereitwillig wird heute über Krankheiten, Miete, Antidepressiva gesprochen. Bei der ersten Verabredung wird die sexuelle Vorgeschichte breitgetreten, am legeren Freitag infiltrieren Birkenstock-Schlappen und abgeschnittene Jeans das Büro, Telearbeit verlegt das Sitzungszimmer ins Schlafzimmer, «softeres» modernes Bürodesign verlegt das Schlafzimmer ins Sitzungszimmer, Verkäufer reden Kunden einseitig mit Vornamen an, Kellner bringen mir mein Essen erst, wenn ich eine persönliche Beziehung zu ihnen aufgebaut habe, synthetische Telefonansagestimmen betonen das «ich» in «Bedaure, aber *ich* kann Sie mit der von Ihnen gewählten Nummer nicht verbinden», und in einer besonders grotesken Begriffsverwirrung bezeichnen Cyberenthusiasten geätzte Silikonplättchen, mit denen ein unrasierter «Teilnehmer» im Schneidersitz auf dem zerwühlten Bett kommunizieren kann, als «öffentliches Forum». Die vernetzte Welt eine Bedrohung der Privatsphäre? Sie ist das hässliche Schaustück einer auftrumpfenden Privatsphäre.

Ein wirklich öffentlicher Raum ist der, wo jeder Bürger willkommen und das rein Private entweder ausgeschlossen oder zurückgedrängt ist. Ein Grund für den Anstieg der Publikumszahlen in Kunstmuseen während der letzten Jahre ist, dass man Museen noch immer in dieser Weise als öffentlich wahrnimmt. Nach all den zerwühlten Betten – wie herrlich der vorgeschriebene Anstand und die Stille, das Fehlen eines dreisten Konsumismus. Wie schön das Promenieren, das Sehen und Gesehenwerden. Jeder braucht zuweilen eine Promenade – einen Ort, wo er hin kann, wenn man der Welt zeigen will (nicht der kleinen Welt der Freunde und Familie, sondern der großen, der echten), dass man einen neuen Anzug hat oder verliebt ist oder plötzlich merkt, dass man volle zwei Zentimeter größer ist, wenn man die Schultern nicht hängen lässt.

Leider ist der rein öffentliche Raum eine nahezu verschwundene Kategorie. Wir haben noch den Gerichtssaal und die Geschworenenliste, Pendlerzüge und Busbahnhöfe, hier und da die Hauptstraße einer Kleinstadt, die auch wirklich eine Hauptstraße und keine Einkaufszeile ist, bestimmte Cafés, bestimmte Flaniermeilen in der Stadt. Ansonsten ist für den erwachsenen Amerikaner der einzige halbwegs öffentliche Raum die Arbeitswelt. Dort, besonders in den höheren Büroetagen, werden Kleider- und Verhaltensordnungen routinemäßig durchgesetzt und persönliche Enthüllungen unter Strafe gestellt; noch immer ist dort Förmlichkeit die Regel. Doch diese Rituale erstrecken sich nur auf Firmenangestellte, und selbst die werden, wenn sie sich als alt, behindert, obsolet oder outsourcebar entpuppen, leicht abgestoßen und somit aufs zerwühlte Bett verbannt.

Die letzte große, trutzige Bastion des öffentlichen Lebens in den Vereinigten Staaten ist Washington, D.C. Daher mein Gefühl, dass etwas entweiht wurde, als der Starr-Bericht hereinplatzte. Daher das Gefühl, bedrängt zu sein. Der Bericht war sehr wohl eine Störung der Privatsphäre: Ein Privatleben drang brutal in den öffentlichsten aller öffentlichen Räume ein. In den Nachrichten über Washington will ich keinen Sex sehen. Sex ist überall sonst, wohin ich sehe – in Fernsehserien, im Internet, auf Schutzumschlägen, in Autowerbespots, auf den Reklametafeln am Times Square. Kann es denn nicht einen Bereich in der nationalen Landschaft geben, in dem es nicht ums Schlafzimmer geht? Wir alle wissen, dass in den Hinterzimmern der Macht Sex vorkommt, Sex hinter dem Prunk und Pomp, Sex unter den Roben der Justiz; aber können wir uns nicht wie Erwachsene benehmen und so tun, als verhielte es sich anders? So tun, als würde nicht etwa «keiner hinsehen», sondern *jeder*?

Seit zwei Jahrzehnten nun preisen Wirtschaftsführer und Politiker fast des gesamten politischen Spektrums, Gingrichs Republikaner ebenso wie Clintons Demokraten, die Vorzüge der Privatisierung öffentlicher Einrichtungen an. Doch welches bessere

Wort kann es für die Lewinsky-Affäre und die ihr nachfolgende Flut von Enthüllungen (die Untreue Helen Chenoweths, Dan Burtons, Henry Hydes) als «Privatisierung» geben? Jeder, der sich gefragt hat, wie ein privatisiertes Präsidentenamt wohl aussehen würde, kann sich nun, dank Mr. Starr, ein Bild davon machen.

In Denis Johnsons Kurzgeschichte «Beverly Home» verbringt der junge Erzähler seine Tage mit der Arbeit in einem Pflegeheim für Schwerbehinderte, unter denen ein besonders bedauernswerter Patient ist, der nie Besuch bekommt:

> Krumm und schief hing er im Rollstuhl, bezwungen von unablässigen Krämpfen, und stierte an der eignen Nase vorbei auf seine verknoteten Finger. Dieser Zustand war ganz plötzlich über ihn gekommen. Niemand besuchte ihn. Seine Frau ließ sich von ihm scheiden. Er sei erst dreiunddreißig, hat er, glaube ich, gesagt, aber es war nur schwer zu verstehen, was er von sich erzählte, weil er genaugenommen gar nicht mehr reden konnte, bloß wieder und wieder die Lippen um die sich vorreckende Zunge spannte und ächzte.
> Für ihn war alle Verstellung vorbei! Er war uneingeschränkt und sichtlich fertig mit der Welt. Während wir andern uns weiter was vormachen.

In einem von Küste zu Küste reichenden, plüschig ausgelegten Riesenschlafzimmer könnten wir alle einfach nur fertig mit der Welt sein und uns die Mühe sparen, uns zu verstellen. Aber wer will schon in einer Welt der Pyjamapartys leben? Die Privatsphäre verliert ihren Wert, wenn es nichts gibt, wovon sie sich abgrenzen lässt. «Während wir andern uns weiter was vormachen» – und das ist auch gut so. Das Bedürfnis, ein öffentliches Gesicht aufzusetzen, ist so grundlegend wie das Bedürfnis nach einer Privatsphäre, in der wir es ablegen können. Wir brauchen ein Zuhause, das nicht wie ein öffentlicher Raum ist, und einen öffentlichen Raum, der nicht wie das Zuhause ist.

Wenn ich samstagabends die Third Avenue entlanggehe, spüre ich, dass mir etwas genommen worden ist. Um mich herum beugen sich attraktive junge Menschen mit geschäftiger Miene über ihre StarTacs und Nokias, als befühlten sie einen schmerzenden Zahn oder rückten ein Hörgerät zurecht oder betasteten einen gezerrten Muskel; direkt am Körper getragene Technologie sieht neuerdings wie eine Körperbehinderung aus. Gehsteige sind für mich eigentlich nur der Ort des Sehens und Gesehenwerdens, doch selbst diese bescheidene Vorstellung wird von Handy-Benutzern mit ihrer unwillkommenen Privatsphäre durchkreuzt. Sie sagen Sachen wie: «Sollen wir dazu Couscous essen?», und: «Ich bin grad auf dem Weg zu 'nem Videoladen.» Sie brechen kein Gesetz, indem sie diese Frühstückstischgespräche in den Äther schicken. Es gibt kein PublicityGuard, dessen Mitglied ich zum Schutz vor dem Überhandnehmen des Privaten werden könnte, kein teures Öffentliches-Leben-Reservat, in dem ich Zuflucht fände. Abgeschiedenheit, sei es in einer Suite im Plaza oder einer Hütte in den Catskills, ist vergleichsweise mühelos zu haben. Die Privatsphäre ist als Gut wie auch als Recht geschützt; öffentliche Foren sind es weder als das eine noch das andere. Wie alte, unberührte Wälder sind sie selten und unersetzbar und sollten von jedermann treuhänderisch verwaltet werden. Die Aufgabe, sie zu erhalten, wird allerdings desto schwieriger, je fordernder, zerstreuender und einschüchternder der private Sektor ist. Wer hat schon die Zeit und die Kraft, für den öffentlichen Bereich einzutreten? Welches rhetorische Großaufgebot wäre der amerikanischen Vergötterung der «Privatsphäre» gewachsen?

Wenn ich nach Einbruch der Dunkelheit in meine Wohnung

zurückkehre, mache ich nicht gleich Licht. Im Lauf der Jahre ist das bei mir zu einer reflexhaften Vorsichtsmaßnahme geworden, da ich Nachbarn, die sich unbeobachtet wähnen, nicht dadurch erschrecken möchte, dass ich mein Wohnzimmer mit Licht durchflute, auch wenn die einzige Tätigkeit, bei der ich sie überrasche, offenbar fernsehen ist.

Meine hautbewusste Nachbarin und ihr Mann sind heute Abend zu Hause und machen sich anscheinend für eine Party zurecht. Die Frau, von der ein vertikaler Streifen zwischen Jalousie und Fensterrahmen sichtbar ist, trägt einen Bademantel und eine Haarspange und sitzt vor einem Spiegel. Der Mann, die Haare glatt gestriegelt, in Anzughose und weißem T-Shirt, steht im anderen Zimmer neben dem Sofa und sieht in einer Haltung fern, die ich als unbeteiligt deute. Dann verschwindet die Frau im Schlafzimmer. Der Mann zieht sich ein weißes Hemd an, bindet sich eine Krawatte um und hockt sich im Damensitz auf die Armlehne der Couch, noch immer fernsehend, nun interessierter. Die Frau kommt in einem trägerlosen gelben Kleid zurück und sieht wie ein völlig anderes Wesen aus. Wie schön, diese Verwandlung! Wie schön der Unterschied zwischen privat und öffentlich! Ich sehe ein flinkes Hantieren mit Schmuck, Jacken und Handtäschchen, und dann wagt sich das Paar, nun ganz in Schale geworfen, hinaus in die Welt.

(1998)

Wozu der Aufwand?
(Der *Harper's*-Essay)

Meine Verzweiflung über den amerikanischen Roman setzte im Winter 1991 ein, als ich nach Yaddo flüchtete, die Künstlerkolonie im Staat New York, um die letzten beiden Kapitel meines zweiten Buchs zu schreiben. Kurz davor hatten meine Frau und ich uns getrennt, und ich führte ein Leben selbstauferlegter Einsamkeit in New York City, verbrachte lange Arbeitstage in einem kleinen weißen Zimmer, packte gemeinsamen Besitz aus zehn Jahren zusammen und unternahm nächtliche Spaziergänge auf Straßen, in denen zu gleichen Teilen Russisch, Hindi, Koreanisch und Spanisch gesprochen wurde. Doch selbst im tiefsten Queens erreichten mich Nachrichten übers Fernsehen und meine abonnierte *Times*. Das Land bereitete sich ekstatisch auf einen Krieg vor, und die einschlägigen Phrasen lieferte George Bush: «Es geht um lebenswichtige Prinzipien.» Wegen der neunundachtzigprozentigen Zustimmungsrate für Bush, aber auch wegen des nahezu vollständigen Ausbleibens öffentlich formulierter Kriegsskepsis erschienen mir die Vereinigten Staaten hoffnungslos losgelöst von jeglicher Realität – gefangen in einem Traum vom Ruhm durch die Massakrierung gesichtsloser Iraker, einem Traum von nie versiegenden Ölquellen für stundenlange Pendlerfahrten, einem Traum von der Aufhebung historischer Gesetze. Also träumte ich von Flucht. Ich wollte mich vor Amerika verstecken. Doch als ich dann in Yaddo eintraf und erkannte, dass es kein Refugium war – die *Times* kam täglich, und die anderen Kolonisten unterhielten sich unablässig über Patriot-Raketen und die gelben Denkt-an-die-kämpfende-Truppe-Schleifen –, fand ich zunehmend, dass ich eigentlich ein Kloster brauchte.

Eines Nachmittags stieß ich in der kleinen Bibliothek von

Yaddo auf Paula Fox' Kurzroman *Was am Ende bleibt* und las ihn. «Sie würde problemlos davonkommen!» ist die Hoffnung, die die Hauptfigur des Romans, Sophie Bentwood, erfüllt, eine kinderlose, mit einem konservativen Anwalt unglücklich verheiratete Frau aus Brooklyn. Sophie übersetzte früher einmal französische Romane; jetzt ist ihre Stimmung so gedrückt, dass sie sie kaum noch lesen kann. Gegen den Rat ihres Mannes Otto hat sie einer streunenden Katze Milch gegeben, und die Katze hat ihr diese Freundlichkeit damit vergolten, dass sie ihr in die Hand gebissen hat. Sogleich fühlt Sophie sich «lebensgefährlich verwundet» – sie wurde «grundlos» gebissen, genau wie Josef K. in *Der Prozess* grundlos verhaftet wird –, doch als die Schwellung ihrer Hand zurückgeht, ist sie ganz ausgelassen vor Hoffnung, dass ihr die Tollwutspritze erspart bleibt.

Sie will «davonkommen», und zwar nicht nur mit ihrer maßlosen Freundlichkeit der Katze gegenüber. Sie möchte auch ohne Konsequenzen die mit dem Prix Goncourt ausgezeichneten Romane lesen und *omelettes aux fines herbes* essen können – in einer Straße, wo Obdachlose in ihrem eigenen Erbrochenen liegen, und in einem Land, das einen schmutzigen Krieg in Vietnam führt. Sie möchte, dass ihr der Schmerz erspart bleibt, sich eine Zukunft jenseits von ihrem Leben mit Otto vorzustellen. Sie möchte weiterträumen. Doch die Logik des Romans lässt das nicht zu. Stattdessen wird sie gezwungen, zwischen dem Persönlichen und dem Gesellschaftlichen eine Parallele zu ziehen:

> *Mein Gott, wenn ich tollwütig bin, dann bin ich genauso wie die Welt da draußen*, sagte sie laut und verspürte eine außerordentliche Erleichterung – so, als hätte sie endlich herausgefunden, was ein Gleichgewicht schaffen könne zwischen der Abfolge ruhiger, ziemlich unausgefüllter Tage, die sie in diesem Haus verbrachte, und jenen Vorzeichen, die die Finsternis am Rande ihrer eigenen Existenz aufhellten.

Was am Ende bleibt, 1970 unter dem Titel *Desperate Characters* erschienen, endet mit einem Akt prophetischer Gewalt. Unter der Last seiner sich auflösenden Ehe zusammenbrechend, nimmt Otto Bentwood ein Tintenfass von Sophies Schreibsekretär und schleudert es an die Schlafzimmerwand. Die Tinte, mit der seine juristischen Bücher und ihre Übersetzungen geschrieben worden sind, bildet nun einen unleserlichen Fleck. Die schwarzen Linien an der Wand sind sowohl Zeichen des Verhängnisses als auch Vorboten einer außerordentlichen Erleichterung, das Ende einer fiebrigen Isolation.

Durch die Gleichsetzung einer bröckelnden Ehe mit einer bröckelnden Gesellschaftsordnung sprach *Was am Ende bleibt* genau die Ambivalenzen an, die ich in jenem Januar erlebte. War es gut oder war es schrecklich, dass meine Ehe in die Brüche ging? Und war der Kummer, den ich verspürte, die Folge einer inneren Krankheit der Seele, oder wurde er mir von der Krankheit der Gesellschaft auferlegt? Dass außer mir noch jemand anders an diesen Ambivalenzen gelitten und am Ende des Tunnels Licht gesehen hatte – dass Fox' Buch veröffentlicht und aufbewahrt worden war; dass ich Gesellschaft, Trost und Hoffnung in etwas finden konnte, das ich beinahe wahllos aus einem Regal gezogen hatte –, war für mich wie ein Vorgang religiöser Gnade.

Doch während ich als Leser durch die Lektüre von *Was am Ende bleibt* gerettet wurde, verzweifelte ich als Autor von Romanen an der Frage, ob und wie sich das Persönliche mit dem Gesellschaftlichen verbinden ließ. Der Leser, der heute zufällig auf *Was am Ende bleibt* stößt, wird über die Fremdheit der Bentwood'schen Welt ebenso verblüfft sein wie über ihre Vertrautheit. Ein Vierteljahrhundert seitdem hat die Kulturkrise, die Paula Fox registrierte, eher noch bestätigt und verstärkt. Doch von dem, was uns nun Kern jener Krise zu sein scheint – der triviale Aufstieg des Fernsehens, die elektronische Fragmentierung des öffentlichen Diskurses –, ist im Roman noch nichts zu sehen.

Für die Bentwoods war Kommunikation gleichbedeutend mit Büchern, einem Telefon und Briefen. Da strömten die dunklen Vorzeichen nicht ununterbrochen durch einen Kabelkonverter oder ein Modem; sie waren erst vage erahnt, an den Rändern der Existenz. Ein Tintenfass, heute viel zu heimelig, war 1970 als Symbol noch denkbar.

In einem Winter, in dem jeder Haushalt in Amerika von der gespenstischen TV-Präsenz Peter Arnetts in Bagdad und Tom Brokaws in Saudi-Arabien heimgesucht wurde – einem Winter, in dem die Bewohner jener Haushalte weniger Individuen zu sein schienen als ein kollektiver Algorithmus für die Umwandlung von medialem Hurrapatriotismus in eine neunundachtzigprozentige Zustimmungsrate –, drängte sich mir der Gedanke auf, dass Otto Bentwood, bräche er heute zusammen, den Bildschirm seines Schlafzimmerfernsehers eintreten würde. Das aber wäre an der Sache vorbeigegangen. Otto Bentwood, gäbe es ihn in den Neunzigern überhaupt, würde nicht zusammenbrechen, weil die Welt ihn gar nicht mehr berühren würde. Als ein unverhohlen elitärer Mensch, als Inkarnation des gedruckten Wortes und echter Einzelgänger gehört er einer Spezies an, die so gefährdet ist, dass sie im Zeitalter medialer Demokratie praktisch nicht zählt. Jahrhundertelang hat Tinte in Form gedruckter Romane unverwechselbare Individuen in bedeutungsvolle Erzählzusammenhänge eingebunden. Was aber Sophie und Otto in der prophetischen schwarzen Sauerei an ihrer Schlafzimmerwand sahen, war das Zerfließen allein schon der Ahnung einer literarischen Figur. Kein Wunder also, dass die beiden verzweifelt waren. Die sechziger Jahre waren noch nicht zu Ende, und sie hatten keine Ahnung, was sie ereilt hatte.

Es war eine Belagerung im Gange – schon seit langer Zeit, aber die Belagerten selbst waren die Letzten, die sie ernst nahmen.

Aus *Was am Ende bleibt*

Als ich 1981 vom College abging, hatte ich vom Tod des Gesellschaftsromans noch nichts gehört. Ich wusste nicht, dass Philip Roth die Autopsie schon lange vorher durchgeführt hatte, indem er die «amerikanische Wirklichkeit» als etwas beschrieb, was «abstumpft … krank macht … erbost und letztlich … sogar die eigene karge Einbildungskraft in Schwierigkeiten bringt. Die Realität übertrifft unablässig unsere künstlerischen Talente …» Ich liebte die Literatur und eine Frau, zu der ich mich teilweise deshalb hingezogen fühlte, weil sie eine hervorragende Leserin war. Ich hatte jede Menge Vorbilder für die Art von kompromisslosem Roman, den ich schreiben wollte. Ich hatte sogar ein Vorbild für einen kompromisslosen Roman, der ein großes Publikum erreicht hatte: *Catch 22*. Joseph Heller hatte einen Weg gefunden, die Realität dadurch zu übertreffen, dass er den Widersinn der modernen Kriegsführung Metapher für die umfassende Denaturierung der amerikanischen Wirklichkeit sein ließ. Sein Buch war so tief ins nationale Bewusstsein eingedrungen, dass mein *Webster's Ninth Collegiate Dictionary* nicht weniger als fünf Bedeutungsnuancen für den Titel nannte. Dass seit *Catch 22* kein anspruchsvoller Roman die Kultur auch nur annähernd so stark beeinflusst hatte, so wie auch kein Thema seit dem Vietnamkrieg so viele entfremdete junge Amerikaner hatte elektrisieren können, wurde leicht übersehen. Am College hatte mir der Marxismus den Kopf verdreht, und ich glaubte, dass der «Monopoly-Kapitalismus» (wie wir ihn nannten) so sehr von «Negativfaktoren» (wie wir sie nannten) bestimmt war, dass ein Schriftsteller die Amerikaner mit der Nase darauf stoßen konnte, sofern er seine subversiven Bomben in eine hinreichend verführerische Romanhandlung packte.

Ich begann mit meinem ersten Buch als Zweiundzwanzigjähriger, der davon träumte, die Welt zu verändern. Ich beendete es, als ich sechs Jahre älter war. Die eine winzige welthistorische Hoffnung, an die ich mich noch klammerte, war die auf einen Auftritt bei KMOX Radio, der «Stimme von St. Louis», deren lange, tiefschürfende Autoreninterviews ich immer bei meiner Mutter in der Küche gehört hatte. Mein Roman *Die 27ste Stadt* handelte von der Unschuld einer Stadt im Mittleren Westen – handelte von St. Louis und den hochfliegenden Ambitionen der Kommune in einer Zeit der Apathie und des Niedergangs –, und ich freute mich auf eine Dreiviertelstunde mit einem der Moderatoren der Nachmittagstalkrunden, der, so dachte ich, die Themen aus mir herauslocken würde, die ich im Buch nur angedeutet hatte. Den wütenden Anrufern, die wissen wollen würden, warum ich St. Louis hasste, wollte ich mit der tapferen Stimme von jemandem, der seine Naivität verloren hat, erklären, dass das, was für sie wie Hass aussehe, in Wahrheit trotzige Liebe sei. Unter den Zuhörern wäre auch meine Familie: meine Mutter, die das Romanschreiben für eine gesellschaftlich verantwortungslose Tätigkeit hielt, und mein Vater, der hoffte, er werde eines Tages das *Time*-Magazin aufschlagen und mich darin besprochen sehen.

Erst als *Die 27ste Stadt* vorlag, das war 1988, wurde mir bewusst, wie naiv ich noch immer war. Das obsessive Interesse der Medien an meinem jugendlichen Alter überraschte mich. Ebenso das Geld. Hochgejubelt von optimistischen Verlegern, die meinten, eine im Wesentlichen düstere, sperrige Romanhandlung mit Unterhaltungselementen werde sich irgendwie millionenfach verkaufen, erhielt ich genug, um mein nächstes Buch schreiben zu können. Die größte Überraschung aber – der wahre Indikator dafür, wie wenig ich meine eigene, in der *27sten Stadt* ausgesprochene Warnung beherzigt hatte – war, dass mein kulturkritischer Roman daran scheiterte, auf die Kultur einzuwirken. Ich hatte provozieren wollen; stattdessen bekam ich sechzig ins Leere gehende Rezensionen.

Mein Auftritt bei KMOX sprach für sich. Der Moderator war ein solider Mensch mit Whiskey-Nase und herzzerreißend über den Schädel gekämmter Tolle, der offensichtlich nicht über das zweite Kapitel hinausgelangt war. Unter dem Galgenmikro strich er über die Romanseiten, als hoffte er, die Handlung transdermal zu resorbieren. Er stellte mir Fragen, die mir jeder stellte: Was ist das für ein Gefühl, wenn man so gute Besprechungen bekommt? (Ein großartiges, sagte ich.) Ist der Roman autobiografisch? (Nein, sagte ich.) Was ist das für ein Gefühl, wenn man im Rahmen einer schicken Lesetour in seine Heimatstadt St. Louis zurückkehrt? Irgendwie enttäuschend. Aber das sagte ich nicht. Ich hatte schon gemerkt, dass das Geld, der Hype, die Fahrt in der Stretch-Limousine zu einem Fototermin für *Vogue* nicht einfach zusätzliche Leistungen waren. Sie waren der Hauptpreis, der Trost dafür, dass man einer Kultur nichts mehr bedeutete.

Um wie viel weniger ein Roman dem durchschnittlichen Amerikaner heute genau bedeutet, verglichen mit der Zeit des Erscheinens von *Catch 22*, lässt sich unmöglich beurteilen. Doch einem ehrgeizigen Jungautor kann nicht entgehen, dass in einer kürzlich von *USA Today* veröffentlichten Umfrage zum Thema «Vierundzwanzig Stunden im kulturellen Leben eines Amerikaners» einundzwanzigmal das Fernsehen genannt wurde, achtmal das Kino, siebenmal Popmusik, viermal das Radio und einmal Literatur *(Die Brücken von Madison County).* Oder dass Zeitschriften wie *The Saturday Review*, die zu Joseph Hellers Zeiten noch haufenweise Romane unter die Lupe nahmen, völlig von der Bildlfäche verschwunden sind. Oder dass die *New York Times Book Review* heute pro Woche gerade noch zwei ausführliche

Literaturbesprechungen bringt (vor fünfzig Jahren war das Literatur/Sachbuch-Verhältnis eins zu eins).

Der einzige amerikanische Durchschnittshaushalt, den ich gut kenne, ist der, in dem ich aufgewachsen bin, und ich kann berichten, dass mein Vater, der keine Bücher las, dennoch halbwegs wusste, wer James Baldwin und John Cheever waren, weil das Magazin *Time* sie auf seinem Titelblatt zeigte, und *Time* war für meinen Vater in Sachen Kultur die Autorität schlechthin. In den vergangenen zehn Jahren hat das Magazin, dessen roter Rand zweimal das Gesicht von James Joyce umrahmte, Porträts von Scott Turow und Stephen King auf dem Titelblatt gehabt. Das sind ehrbare Autoren, aber niemand bezweifelt, dass sie nur ihrer fetten Verträge wegen auf dem Cover waren. Heute ist der Dollar der Maßstab kultureller Autorität, und ein Presseerzeugnis wie die *Time*, die vor nicht allzu langer Zeit noch den Anspruch hatte, den Geschmack des ganzen Landes zu prägen, hat heute im Großen und Ganzen die Funktion, ihn abzubilden.

Das literarische Amerika, in dem ich mich nach der Veröffentlichung der *27sten Stadt* wiederfand, hatte eine merkwürdige Ähnlichkeit mit dem St. Louis meiner Jugend: einer einstmals bedeutenden Stadt, die durch die Abwanderung weißer Bevölkerungsteile und den Bau von Superhighways ausgehöhlt und lahmgelegt worden war. Rings um den daniederliegenden Stadtkern anspruchsvoller Literatur gab es blühende neue Vorstädte der Massenunterhaltung. Reste der alten Lebendigkeit des Zentrums konzentrierten sich nun in den schwarzen, hispanischen, asiatischen, schwulen und frauenbewegten Gemeinschaften, die die Strukturen der abwandernden weißen, heterosexuellen und männlich bestimmten Kultur übernommen hatten. *Master of Fine Arts*-Programme boten den Geringbeschäftigten Wohnungen und öffentlich geförderte Arbeit an, ein paar ausgeflippte, ins Stadtleben vernarrte Künstler hausten noch in alten Lagerhäusern, und unternehmungslustige Literaturfreunde konnten bei sich zu Hause weiterhin bestimmten gutbewachten Kulturdenkmälern Wochenendbesuche abstatten – dem Tempel Toni Morrisons, dem Orchester John Updikes, dem Faulkner-Haus, dem Wharton-Museum und dem Mark-Twain-Park.

Anfang der neunziger Jahre lag ich ebenso danieder wie der Stadtkern der Literatur. Mein zweiter Roman, *Schweres Beben*, war die lange, komplizierte Geschichte einer in einer Welt der moralischen Umbrüche lebenden Familie aus dem Mittleren Westen, und statt meine Bomben wieder in einem mit Ironie und Understatement wattierten Umschlag zu verschicken, wie ich es in *Die 27ste Stadt* getan hatte, warf ich nun rhetorische Molotowcocktails. Doch das Ergebnis war dasselbe: erneut ein Zeugnis mit Einsen und Zweien von den Rezensenten, die an die Stelle der Lehrer getreten waren, deren Lob ich in früheren Jahren ebenso gesucht wie als unbefriedigend abgetan hatte, dazu ordentlich Geld und die Grabesstille der Bedeutungslosigkeit. Unterdessen waren meine Frau und ich in Philadelphia wieder zusammengekommen. Zwei Jahre lang waren wir, auf der Suche nach einer schönen, erschwinglichen Bleibe, in der wir uns nicht als Fremde fühlten, in drei Zeitzonen herumgesprungen. Nach diesem erschöpfenden Hin und Her hatten wir schließlich ein zu teures Haus in einer ebenfalls daniederliegenden Stadt gemietet. Dass es uns dann weiter schlechtging, schien ohne jeden Zweifel zu bestätigen, dass es für Schriftsteller auf der Welt eben *keinen* Ort gab.

In Philadelphia begann ich, wenig hilfreiche Berechnungen anzustellen, indem ich die Anzahl der Bücher, die ich im Jahr davor gelesen hatte, mit der Anzahl der Jahre multiplizierte, die ich voraussichtlich noch leben würde, und das dreistellige Resultat weniger als einen Hinweis auf die Sterblichkeit verstand (obwohl mich die Erkenntnisse an dieser Front nicht gerade aufheiterten) denn als ein Maß für die Unvereinbarkeit der langsamen Lesearbeit mit der Hyperkinese modernen Lebens. Plötzlich schien es mir, als entschuldigten sich die Freunde, die früher gern gelesen hatten, nicht einmal mehr dafür, damit aufgehört zu haben. Eine junge Bekannte, die Englisch im Hauptfach studiert hatte, antwortete auf meine Frage, was sie gerade lese: «Du meinst, *linear*? Also von vorn bis hinten?»

Literatur und Markt hatten noch nie viel füreinander übrig. Die Konsumwirtschaft will Produkte, die hoch im Kurs stehen, sich schnell abnutzen oder für regelmäßige Verbesserungen geeignet sind und mit jeder Verbesserung einen marginalen Zuwachs an Nutzen bringen. Für eine solche Wirtschaft ist etwas Neues, das etwas Neues bleibt, nicht nur ein minderwertiges Produkt; es ist ein *antithetisches* Produkt. Ein Klassiker der Literatur ist preiswert, unbegrenzt wiederverwendbar und, was das Schlimmste ist, nicht zu verbessern.

Nach dem Zusammenbruch der Sowjetunion hatte sich die amerikanische Volkswirtschaft darangemacht, ihre Gewinne zu konsolidieren, ihre Märkte zu erweitern, ihre Profite zu sichern und ihre wenigen noch verbliebenen Kritiker zu zermürben. 1993 sah ich die Anzeichen der Konsolidierung überall. Ich sah sie in den dickleibigen Mini-Vans und breithüftigen Geländewagen, die den Pkw als das bevorzugte Fahrzeug der Vorstadt abgelöst hatten – diese Rangers und Land Cruisers und Voyagers waren die wahre Beute eines Krieges, der geführt wurde, damit das amerikanische Benzin seinen Spottpreis behielt, eines Krieges, der als tausend Stunden langes Infomercial für Hochtechnologie daherkam, eines vom Privatfernsehen angezettelten Verbraucherkrieges. Ich sah, dass der Laubbläser den Rechen verdrängte. Ich sah, dass CNN Reisende in den Wartehallen von Flughäfen und Käufer in den Schlangen vor Supermarktkassen in Geiselhaft nahm. Ich sah, dass der 486er Chip den 386er ersetzte und seinerseits vom Pentium ersetzt wurde, sodass der Preis, den Laptops für Einsteiger kosteten, trotz größerer Stückzahlen nie unter tausend Dollar fiel. Ich sah, dass die Football-Mannschaft der Penn State University die Blockbuster Bowl gewann.

Doch noch während ich für das Lesen von Literatur eintrat, überkam mich eine solche Depression, dass ich nach dem Abendessen kaum mehr etwas anderes tun konnte, als mich vor den Fernseher zu hauen. Wir hatten keinen Kabelanschluss, trotzdem fand ich immer etwas Gutes: ein Spiel der Phillies gegen die Padres, der Eagles gegen die Bengals, Serien wie *M*A*S*H, Cheers* und *Homicide.* Aber je mehr ich fernsah, desto schlechter ging es mir natürlich. Wenn man Romane schreibt und nicht mal *selber* Lust zum Lesen hat, wie kann man dann von anderen erwarten, dass sie die Bücher von einem lesen? Ich glaubte, lesen zu *sollen*, genauso wie ich glaubte, einen dritten Roman schreiben zu *sollen*. Und zwar nicht irgendeinen dritten Roman. Es war lange eine vorgefasste Meinung von mir gewesen, dass es eine Romanhandlung bereichert, wenn man die Figuren in einem dynamischen gesellschaftlichen Umfeld ansiedelt, und dass die Größe des Genres in seiner Eigenschaft besteht, die Spanne zwischen privater Erfahrung und öffentlichem Kontext zu überbrücken. Und welchen lebendigeren Kontext konnte es schon geben als das Fernsehen, das diese Spanne kleiner werden ließ?

Allerdings war ich beim dritten Buch wie gelähmt. Ich überlud die Handlung, dehnte sie, um immer noch mehr jener Realitätspartikel in ihr unterzubringen, die sich beim Unternehmen «Literaturverfassen« aufdrängen. Das klare, schöne, anspielungsreiche Werk, das ich schreiben wollte, quoll über von Themen. Ich hatte mich schon in die Pharmakologie und das Fernsehen und die Rassenfrage und das Gefängnisleben und in ein weiteres Dutzend Fachsprachen der heutigen Zeit eingearbeitet; wie sollte ich den Internet-Boom und den Dow Jones satirisch darstellen und gleichzeitig der Komplexität von Figuren und Schauplätzen Raum lassen? Angst wächst in der Kluft zwischen einem sich immer mehr in die Länge ziehenden Romanprojekt und den immer kürzer werdenden Intervallen des kulturellen Wandels: Wie entwirft man ein Boot, das zumindest so lange auf der Geschichte schwimmt, wie es dauert, es zu bauen? Der Autor von Romanen hat seinen Lesern immer mehr zu sagen, während sie immer weniger Zeit zum Lesen haben: Woher nimmt man die Kraft, auf eine Kulturkrise einzuwirken, wo doch die Krise gerade in der Unmöglichkeit besteht, auf die Kultur einzuwirken? Es war eine unglückliche Zeit. Ich fing an zu glauben, dass mit dem Modell des Romans als einer Form des «kulturellen Engagements» etwas nicht stimmte.

Im neunzehnten Jahrhundert, als Dickens, Darwin und Disraeli untereinander ihre Werke lasen, war der Roman das vorherrschende Medium gesellschaftlicher Belehrung. Einem neuen Buch von Thackeray oder William Dean Howells wurde ähnlich entgegengefiebert wie heute dem Start eines Kinofilms am Jahresende.

Der entscheidende, naheliegende Grund für den Niedergang des Gesellschaftsromans ist der, dass die modernen Technologien viel eher dazu taugen, die Gesellschaft zu belehren. Fernsehen, Rundfunk und Fotos sind lebendige Medien des Augenblicks. Auch der Zeitungsjournalismus ist infolge von Truman Capotes *Kaltblütig* zu einer lebensfähigen, schöpferischen Alternative zum Roman geworden. Weil Fernsehen und Nachrichtenmagazine über ein großes Publikum verfügen, können sie es sich leisten, in kurzer Zeit gewaltige Informationsmengen zusammenzutragen. Nur wenige ihre Arbeit sehr ernsthaft betreibende Romanautoren können einen Kurztrip nach Singapur oder auch die Menge an Fachberatung bezahlen, die Fernsehserien wie *Emergency Room* und *NYPD Blue* den Anstrich von Authentizität verleiht. Der durchschnittlich begabte Autor, der, sagen wir, über die Misere illegaler Einwanderer berichten will, wäre töricht, den Roman als Vehikel zu wählen. Ebenso der Autor, der aktuelle Empfindlichkeiten verletzen möchte. Philip Roths Buch *Portnoys Beschwerden*, von dem selbst meine Mutter genug gehört hatte, um es zu missbilligen, war wahrscheinlich der letzte amerikanische Roman, der auf dem Radarschirm des republikanischen Senators Bob Dole als Albtraum von Verderbtheit erscheinen konnte. Die Baudelaires der Gegenwart sind Hiphop-Künstler.

Das Wesen der Literatur ist einsame Arbeit: die Arbeit des Schreibens, die Arbeit des Lesens. Ich kann Sophie Bentwood genau kennen und von ihr ebenso ungezwungen sprechen wie von einer guten Freundin, weil ich meine eigenen Erfahrungen mit Angst und Entfremdung in mein Bild von ihr habe einfließen lassen. Würde ich sie nur durch ein Video von *Desperate Characters* kennen (für Shirley MacLaine, die sie in dem Kinostreifen von 1971 spielte, war er ein Vehikel für sie selbst), bliebe Sophie eine «andere», abgetrennt von mir durch den Bildschirm, auf dem ich sie gesehen hätte, durch die Oberflächlichkeit von Literaturverfilmungen, durch MacLaines Starpräsenz. Allenfalls hätte ich das Gefühl gehabt, Shirley MacLaine ein bisschen besser zu kennen.

Doch Shirley MacLaine ein bisschen besser zu kennen, das ist es, was das Land vor allem will. Wir leben in einer Tyrannei des Faktischen. Die täglich neu ans Licht kommenden Geschichten über O.J. Simpson, Timothy McVeigh und Bill Clinton haben eine intensive Bildpräsenz, die unser nicht vom Fernsehen ausgestrahltes Leben in eine untergeordnete Schattenwelt verbannt. Um ihren Anspruch auf unsere Aufmerksamkeit zu rechtfertigen, sind die Massen- und Infomedien gezwungen, im täglichen, ja stündlichen Rhythmus etwas «Neues» anzubieten. Auch wenn gute Romanschriftsteller nicht bewusst auf Trendsuche gehen, verspüren doch viele die Verpflichtung, zeitgenössische Themen zu berücksichtigen, und auf einmal sehen sie sich einer Kultur gegenüber, in der fast alle Themen fast allzeit abgegessen sind. Eine Autorin, die über Gesellschaftliches erzählen will, das nicht nur 1996, sondern auch 1997 noch wahr ist, kann um handfeste kulturelle Bezugspunkte verlegen sein. Was relevant ist, während sie den Roman entwirft, erweist sich, wenn er erst geschrieben, umgeschrieben, gedruckt, ausgeliefert und gelesen ist, mit hoher Wahrscheinlichkeit als passé.

Nichts davon hindert Kulturkritiker – in Sonderheit Tom Wolfe –, Romanautoren den Verzicht auf Gesellschaftsbeschreibungen vorzuwerfen. Das Auffälligste an Wolfes 1989 geschriebenem Manifest für den «Neuen Gesellschaftsroman», auffälliger noch als seine gespenstische Unkenntnis der zahlreichen, zwischen 1960 und 1989 veröffentlichten hervorragenden gesellschaftskritischen Romane, war sein Versäumnis zu erklären, warum sein idealer «Autor neuer Gesellschaftsromane» keine Drehbücher für Hollywood schreiben sollte. Es lohnt also, noch einmal festzuhalten: So wie die Kamera der anspruchsvollen Porträtmalerei einen Pflock durchs Herz trieb, hat das Fernsehen dem Roman als Sozialreportage den Garaus gemacht. Wahrhaft engagierte Romanautoren finden sicher noch Risse in dem Monolithen, in die sie ihre Kletterhaken schlagen können. Das aber tun sie in dem Wissen, dass sie sich nicht mehr, wie einstmals Howells und Sinclair und Stowe, auf ihr Material, sondern nur noch auf ihr eigenes Empfinden verlassen dürfen, und in der Erwartung, dass niemand ihre Bücher noch als etwas Neues liest.

So viel jedenfalls erkannte Philip Roth im Jahr 1961. Ausgehend von der Beobachtung, dass «das Gefühl, nicht wirklich im eigenen Land zu leben – wie es in *Life* dargestellt ist oder wie man es wahrnimmt, wenn man zur Haustür hinausgeht –, für einen Autor fiktionaler Texte ein ernstes Berufshandicap sein muss», fragte er recht wehmütig: «Was wird also sein Thema sein? Etwa die Landschaft um ihn herum?» In den Jahren seitdem hat sich das Rad allerdings noch weiter gedreht. Unser Veralten hat nicht mehr nur damit zu tun, dass das Fernsehen die Rolle des Neuigkeitenübermittlers an sich gerissen hat, und ist weit tiefer begründet als durch die Verdrängung des Imaginierten durch das Faktische. Flannery O'Connor, die um dieselbe Zeit schrieb, als Roth seine Bemerkungen machte, betonte in *Mystery and Manners*, das «Geschäft der Literatur» sei es, «Mysterien durch Gewohnheiten auszudrücken». Wie die Poetik, die Poe von seinem «Raben» ableitete, schmeichelt O'Connors These vor allem ihrem eigenen Werk, trotzdem besteht kaum ein Zweifel, dass «Mysterien» (wie sich der Mensch dem Sinn des Daseins entzieht oder stellt) und «Gewohnheiten» (die grundlegenden Mechanismen menschlichen Verhaltens) schon immer die primären Themen eines Schriftstellers waren. Was den Autor von Romanen heute mit Schrecken erfüllt, ist die Erkenntnis, dass der Technologie-Konsumismus, der unsere Welt beherrscht, speziell darauf abzielt, diesen beiden Themen die Grundlage zu nehmen.

O'Connors Antwort auf das Problem, das Roth formulierte, nämlich dass es in der nationalen Medienlandschaft wenig gebe, das Romanautoren als ihr *eigenes* betrachten könnten, bestand in dem Verweis darauf, dass die beste amerikanische Literatur immer die regionale gewesen sei. Das war insofern etwas ungeschickt, als ihr Idol der kosmopolitische Henry James war. Was sie jedoch meinte, war, dass die Literatur vom Besonderen lebt und dass die Gewohnheiten in einer bestimmten Region schon immer besonders fruchtbaren Boden für diejenigen boten, die sie beschrieben.

An der Oberfläche zumindest floriert der Regionalismus nach wie vor. An Universitäten ist es heutzutage sogar «in» zu behaupten, es gebe kein Amerika mehr, sondern nur Amerikas, und dass das Einzige, was eine schwarze, lesbische New Yorkerin und einen Baptisten aus Georgia noch verbinde, die englische Sprache und die Veranlagung zur Einkommenssteuer seien.

Wahrscheinlicher aber ist, dass die Frau aus New York und der Mann aus Georgia jeden Abend die *Letterman*-Show sehen, sich beide damit herumschlagen, für sich eine Krankenversicherung zu finden, beide einen Job haben, der durch die Arbeitsplatzverlagerung ins Ausland bedroht ist, beide in Discountmärkte gehen, um für ihre Kinder *Pocahontas*-Artikel zu kaufen, beide von der Fernsehwerbung in den Zynismus getrieben werden, beide Lotto spielen, beide von einer Viertelstunde Ruhm träumen, beide gegen ihre Depressionen einen Serotonin-Wiederaufnahmehemmer schlucken und beide in Uma Thurman verknallt sind und deswegen ein schlechtes Gewissen haben. Die Welt der Gegenwart ist so beschaffen, dass die ergiebigen Nebendramen lokaler Gewohnheiten von einem einzigen Hauptdrama ersetzt wurden, dem Drama nämlich, dass das regional Spezifische einem kommerziellen Einerlei erliegt. Der amerikanische Autor hat es heute mit einem kulturellen Totalitarismus zu tun, analog dem politischen Totalitarismus, mit dem zwei Generationen von Ostblockautoren zu kämpfen hatten. Das zu ignorieren birgt das Risiko, der Nostalgie zu frönen. Dagegen anzugehen aber bringt die Gefahr mit sich, eine Literatur zu schreiben, die auf ein und derselben These endlos herumreitet: der Technologie-Konsumismus ist eine Höllenmaschine, der Technologie-Konsumismus ist eine Höllenmaschine …

Ebenso entmutigend ist das Schicksal der «Gewohnheiten» im allgemeineren Sinn des Wortes. Grobheit, Verantwortungslosigkeit, Doppelzüngigkeit und Dummheit sind Eigenheiten tatsächlicher menschlicher Interaktion: der Stoff von Gesprächen, die Ursache schlafloser Nächte. Doch in der Welt der Konsumwerbung und der Konsumkäufe ist das Böse nie etwas Moralisches. Böse sind hohe Preise, Unbequemlichkeit, mangelnde Auswahl, das Fehlen von Privatsphäre, Sodbrennen, Haarausfall, rutschige Straßen. Das ist nicht weiter überraschend, da die einzigen Probleme, für deren Lösung es zu werben lohnt, Probleme sind, die sich durch Geldausgeben beheben lassen. Gegen das Problem schlechter Gewohnheiten aber kann kein Geld an – den Dauerquassler im abgedunkelten Kino, die gönnerhafte Schwägerin, den egoistischen Bettgefährten –, es sei denn dadurch, dass Geld einem Zuflucht in eine atomisierte Privatsphäre gewährt. Und eine solche Privatsphäre ist genau das, worauf das Amerikanische Jahrhundert hinausläuft. Erst gab es die massenhafte Abwanderung in die Vorstädte, dann die Perfektionierung der Unterhaltungsmöglichkeiten zu Hause und schließlich die Schaffung virtueller Gemeinschaften, deren markanteste Eigenheit darin besteht, dass die Interaktion in diesem Rahmen vollkommen freiwillig ist – in dem Augenblick beendbar, in dem das dort Erlebte den Chatter nicht mehr zufriedenstellt.

Dass all diese Tendenzen infantilisieren, ist schon vielerorts beschrieben worden. Seltener bemerkt wurde, in welcher Art und Weise sie sowohl unsere Ansprüche an Unterhaltung verändern (das Buch muss dem Leser etwas geben, nicht der Leser dem Buch) als auch den Inhalt dessen, was uns unterhalten soll. Das Problem für den Schriftsteller ist nicht einfach nur, dass der Durchschnittsmann oder die Durchschnittsfrau von Angesicht zu Angesicht so wenig Zeit mit seinen beziehungsweise ihren Mitmenschen verbringt; schließlich gibt es eine reiche Tradition des Briefromans, und Robinson Crusoes Lebensumstände ähneln der Vereinzelung des vorstädtischen Singles von heute immer mehr. Das eigentliche Problem ist, dass das gesamte Leben des Durchschnittsmannes oder der Durchschnittsfrau zunehmend auf eine Vermeidung derjenigen Konflikte hin angelegt ist, von denen die Literatur, die sich ja vor allem mit Gewohnheiten beschäftigt, immer gezehrt hat.

Hier nun haben wir es wirklich mit etwas zu tun, was auf das Veralten aller anspruchsvollen Künste hindeutet. Stellen wir uns vor, das menschliche Dasein ist durch einen Schmerz definiert: den Schmerz, dass wir, jeder Einzelne, nicht der Mittelpunkt des

Universums sind und dass unsere Wünsche immerzu die Mittel übersteigen, sie zu erfüllen. Wenn wir in Religion und Kunst die seit eh und je gängigsten Methoden sehen, mit diesem Schmerz zurechtzukommen, was wird dann, wenn unsere technischen und ökonomischen Systeme und sogar unsere kommerzialisierten Religionen so verfeinert werden, dass sie jeden von uns zum Mittelpunkt seines eigenen Universums aus Wahlmöglichkeiten und Erfüllungen werden lassen, aus der Kunst? Die Antwort der Literatur auf den Stachel schlechter Gewohnheiten ist, sie ins Lächerliche zu ziehen. Der Leser lacht mit dem Autor, fühlt sich mit dem Stachel weniger allein. Das ist ein heikles Verfahren, und es erfordert einiges an Arbeit. Aber wie kann die Literatur mit einem System konkurrieren – schauen Sie erst aufs Display, bevor Sie einen Anruf entgegennehmen; gehen Sie per Modem aus; verschaffen Sie sich das Geld, um ausschließlich in jener privatisierten Welt verkehren zu können, in der Arbeitnehmer, wollen sie ihre Stelle nicht verlieren, höflich sein müssen –, das einem den Stachel schon von vornherein erspart?

Auf lange Sicht wird der Zusammenbruch des Kommunitarismus wohl alle möglichen hässlichen Folgen haben. Auf kurze Sicht jedoch, in diesem Jahrhundert ungeheurer Prosperität und Gesundheit, fordert er von den alten Methoden, mit diesem Schmerz zurechtzukommen, in hohem Maß Tribut. Empfindet einer Einsamkeit, Sinnlosigkeit und Verlust – Empfindungen, die die gesellschaftliche Atomisierung hervorrufen mag und die unter O'Connors Oberbegriff Mysterien zusammengefasst werden können –, genügt es schon, das als Krankheit abzustempeln. Eine Krankheit hat Ursachen: eine anormale Gehirnchemie, sexuellen Missbrauch in der Kindheit, Staatskneteschnorren, das Patriarchat, gesellschaftliche Dysfunktion. Sie hat auch Heilmittel: Antidepressiva wie Zoloft, Traumatherapie, den republikanischen «Contract with America» zur moralischen Erneuerung des Kongresses, Multikulturalismus, das World Wide Web. Selbst eine Teilbehandlung oder eine endlose Abfolge von Teilbehandlungen, die nichts bewirken, oder auch nur der Trost, der darin liegt zu wissen, dass man eine Krankheit hat – alles ist besser als ein Mysterium. Die Wissenschaft hat das Mysterium der Religion schon seit langem im Visier. Aber erst als die angewandte Wissenschaft in Gestalt der Technologie sowohl die Nachfrage nach Literatur als auch den gesellschaftlichen Kontext veränderte, in dem Literatur geschrieben wird, bekamen wir Schriftsteller die Folgen deutlich zu spüren.

Selbst jetzt, selbst wenn ich meine Hoffnungslosigkeit vorsichtig in der Vergangenheitsform formuliere, fällt es mir schwer, mich zu all diesen Zweifeln zu bekennen. In Verlagskreisen werden Bekenntnisse zu Zweifeln weithin als «Gejammer» angesehen – womit gemeint ist, dass Kulturelles betreffende Klagen von Autoren, deren Bücher sich nicht verkaufen, erbärmlich und selbstsüchtig sind, jene von Autoren, deren Bücher sich verkaufen, dagegen etwas Unhöfliches haben. Für Menschen, die ihre Privatsphäre so sehr schützen und so überaus konkurrenzbewusst sind wie Autoren, wäre stummes Leiden wohl der sicherste Weg. Wie sehr einen ungute Gefühle auch plagen, ist es doch das Beste, Zuversicht auszustrahlen und zu hoffen, dass sie ansteckend ist. Wenn ein Schriftsteller öffentlich erklärt, der Roman sei dem Untergang geweiht, kann man Gift darauf nehmen, dass sein neues Buch nicht gut läuft; für seinen Ruf ist das, als würde er blutend in haiverseuchtem Gewässer schwimmen.

Noch schwerer fällt es zuzugeben, wie depressiv ich war. In dem Maß, wie das soziale Stigma der Depression abnimmt, nimmt das ästhetische Stigma zu. Es ist ja nicht nur so, dass die Depression bis zur Banalität hin modern geworden ist. Es ist das Gefühl, dass wir in einer vereinfachend binären Kultur leben:

Entweder man ist gesund, oder man ist krank, entweder man funktioniert, oder man funktioniert nicht. Und wenn einem gerade diese Planierung des Möglichkeitenfeldes Depressionen bereitet, neigt man dazu, sich der Teilnahme an dieser Planierung zu verweigern, indem man sich selbst als depressiv bezeichnet. Man beschließt zu denken, dass die Welt krank ist und dass die widerständige Weigerung, in einer solchen Welt zu funktionieren, von Gesundheit zeugt. Man ergibt sich einem, wie der Kliniker sagt, «depressiven Realismus». Davon singt auch der Chor in *König Ödipus*: «Ihr Menschengeschlechter, ach! / Euch, die leben im Lichte, wie / Zähl ich ähnlich dem Nichts euch! / Denn welcher der Sterblichen / Nimmt ein größeres Glück dahin, / Als soviel ihm der Wahn verleiht, / bis er vom Wahn hinabsinkt?» Schließlich ist man nur Protoplasma, und eines Tages ist man tot. Die Aufforderung, die Depression zu überwinden, sei es durch Medikamente oder Therapie oder Willensanstrengung, hat etwas von der Aufforderung, allen düsteren Einsichten in Korruptheit und Infantilismus und Selbsttäuschung der schönen neuen McWelt den Rücken zu kehren. Dabei sind diese Einsichten das einzige Vermächtnis eines Autors von Gesellschaftsromanen, der die Welt nicht lediglich in ihren Details, sondern in ihrem Wesen darstellen möchte, der das moralisch blinde Auge des virtuellen Wirbelsturms beleuchten will und glaubt, der Mensch verdiene etwas Besseres als eine Zukunft äußerst preiswert elektronischer Kuppeleien, die schon heute für ihn ausgeheckt werden. Statt zu sagen: *Ich habe Depressionen*, will man sagen: *Ich habe recht!*

Aber alle erkennbaren Anzeichen deuten darauf hin, dass man ein Mensch geworden ist, mit dem ein anderer unmöglich zusammenleben kann und nur ungern redet. Und da man als Schriftsteller zunehmend das Gefühl hat, man sei einer der letzten verbliebenen Bastionen sowohl des depressiven Realismus als auch der Fundamentalkritik an der Therapiegesellschaft, die diesen depressiven Realismus widerspiegelt, wird die Bürde, die der eigenen Kunst auferlegt wird, doch aber bitte Neuigkeiten zu überbringen, erdrückend. Man fragt sich: Wozu überhaupt der Aufwand, diese Bücher zu schreiben? Ich kann doch nicht so tun, als hörte der Mainstream auf das, was ich zu überbringen habe. Ich kann doch nicht so tun, als unterwanderte ich etwas, schließlich hat jeder Leser, der in der Lage ist, meine subversiven Botschaften zu entziffern, sie gar nicht mehr nötig (und die aktuelle Kunstszene erinnert einen ständig daran, wie albern die Sache wird, wenn Künstler anfangen, offene Türen einzurennen). Jede wie auch immer geartete Vorstellung, anspruchsvolle Literatur sei *gut für uns*, liegt mir völlig quer, weil ich nicht glaube, dass es gegen alles, was schlecht ist an der Welt, ein Heilmittel gibt, und selbst wenn ich es glaubte, wie käme ich, der ich mich doch als der Kranke fühle, dazu, es zu verabreichen? Auf jeden Fall ist es schwierig, in Literatur Medizin zu sehen, wenn Lesen vor allem dazu beiträgt, die deprimierende Entfremdung vom Mainstream noch zu verstärken; früher oder später wird der Therapien zugängliche Leser das Lesen für die eigentliche Krankheit halten. Sophie Bentwood beispielsweise steht die Prozac-Kandidatin ins Gesicht geschrieben. Egal, wie erhaben oder komisch ihre Qualen sind, egal, wie zutiefst menschlich sie im Lichte dieser Qualen wirkt – ein Leser, der sie mag, wird sich bestimmt die Frage stellen, ob ein Besuch beim Therapeuten für sie nicht vielleicht das Beste wäre.

Letztlich wehre ich mich auch deshalb gegen die Vorstellung von Literatur als Ausdruck einer edlen höheren Berufung, weil sich das Elitedenken nicht gut mit meinem amerikanischen Naturell verträgt und weil, selbst wenn mein Glaube an Mysterien mich nicht veranlassen würde, Überlegenheitsgefühlen zu misstrauen, mein Glaube an Gewohnheiten es mir schwerfallen ließe, meinem Bruder, der Michael Crichton gut findet, zu erklären, dass das, was ich mache, schlicht *besser* ist als das von Crichton. Nicht einmal die französischen Poststrukturalisten mit ihrer philosophisch unangreifbaren Feier der «Lust am Text» können mir da heraushelfen, weil ich weiß, dass das, was mir – egal wie metaphorisch reich und sprachlich raffiniert *Was am Ende bleibt* auch ist – bei meiner ersten Lektüre vor allem auffiel, nicht die aufreizend freudvolle Kette endloser Assoziationen war, sondern das an dem Roman Kohärente und geradezu mörderisch Zwingende. Ich weiß, es gibt einen Grund dafür, dass ich gern las und auch gern schrieb. Aber jede Entschuldigung und gar Verteidigung scheint sich im Zuckerwasser der zeitgenössischen Kultur aufzulösen, und binnen kurzem wird es einem dann auch noch schwerfallen, morgens aufzustehen.

Zwei schnelle Verallgemeinerungen über Schriftsteller: Wir fragen lieber nicht zu sehr nach, wenn es um unser Lesepublikum geht, und wir mögen die Sozialwissenschaften nicht. Irgendwie unangenehm also, dass der Leuchtturm in der Düsternis – die Person, die unwissentlich am meisten dazu beigetragen hat, dass ich als Schriftsteller wieder vorangekommen bin – ausgerechnet eine Sozialwissenschaftlerin war, die das Lesepublikum anspruchsvoller Literatur in Amerika erforschte.

Shirley Brice Heath ist MacArthur-Fellow, Ethnolinguistin und Professorin für Englisch und Linguistik in Stanford; sie ist eine elegante, twiggyhafte, weißhaarige Dame ohne erkennbare Smalltalk-Toleranz. Die gesamten achtziger Jahre hindurch suchte sie Orte auf, die sie «erzwungene Übergangszonen» nannte – Orte, an denen Menschen ohne Zugriff aufs Fernsehen und andere Wohlbefinden erzeugende Beschäftigungen zeitweilig festgehalten sind. Sie benutzte öffentliche Nahverkehrsmittel in siebenundzwanzig verschiedenen Städten. Sie schlich auf Flughäfen herum (zumindest bevor es dort CNN gab). Sie ging mit ihrem Notizblock in Buchhandlungen und Seebäder. Jedes Mal, wenn sie Leute «substantielle Werke der Literatur» (also mehr oder weniger die bessere Taschenbuchbelletristik) lesen oder kaufen sah, bat sie sie um einige Minuten ihrer Zeit. Sie besuchte Sommer-Schriftstellertreffen und Creative-Writing-Seminare, um Epheben zu befragen. Sie interviewte Schriftsteller. Vor drei Jahren interviewte sie mich, und vergangenen Sommer aß ich mit ihr in Palo Alto zu Mittag.

Soweit Schriftsteller überhaupt über ihr Publikum nachdenken, stellen wir uns gern ein «allgemeines Publikum» vor – eine große, eklektische Gemeinschaft einigermaßen gebildeter Menschen, die durch hinreichend positive Rezensionen oder hinreichend aggressives Marketing dazu bewogen werden können, sich ein gutes, anspruchsvolles Buch zu gönnen. Wir geben uns richtig Mühe zu ignorieren, dass unter Erwachsenen mit einer ähnlichen Bildung und ähnlich komplizierten Lebensläufen manche viele Romane lesen, andere dagegen wenige oder gar keine.

Heath ist dieser Umstand aufgefallen, und obwohl sie mir gegenüber betonte, dass sie mitnichten jeden in Amerika befragt habe, räumt das Ergebnis ihrer Recherche mit dem Mythos vom allgemeinen Publikum nachhaltig auf. Damit sich ein Mensch dauerhaft für Literatur interessiert, sagte sie, müssten zwei Dinge gegeben sein. Erstens müsste die Angewohnheit, qualitativ hochstehende Literatur zu lesen, in Kindheit und Jugend «stark vorgeprägt» worden sein. Mit anderen Worten, eines oder beide Elternteile müssten anspruchsvolle Bücher gelesen und das Kind ermuntert haben, dies ebenfalls zu tun. An der Ostküste stellte Heath diesbezüglich große Schichtenunterschiede fest. Eltern in privilegierten Schichten ermuntern zum Lesen aus einer Haltung heraus, die Louis Auchincloss «Anspruch» nennt: Genauso, wie ein zivilisierter Mensch in der Lage sein sollte, Kaviar und einen guten Burgunder zu schätzen, sollte er in der Lage sein, Gefallen an Henry James zu finden. In anderen Landesteilen ist die Zugehörigkeit zu einer bestimmten Schicht von geringerer Bedeutung, insbesondere im protestantischen Mittleren Westen, wo Literatur als eine Art geistige Übung angesehen wird. In Heaths Worten: «Ein Teil der Übung, ein guter Mensch zu sein, besteht darin, die Freizeit nicht leichtfertig zu nutzen. Man muss durch Arbeitsethos *und* weise Nutzung der Mußezeit Rechenschaft über sich ablegen können.» In den hundert Jahren nach dem Bürgerkrieg gab es im Mittleren Westen Tausende kleinstädtischer Literaturgesellschaften, in denen, wie Heath herausfand, die Frau eines Hausmeisters ebenso aktiv war wie eine Arztgattin.

Doch ein lesender Elternteil genügt nicht, um einen lebenslang begierig Lesenden hervorzubringen. Heath zufolge müssen junge Leser auch einen Menschen finden, mit dem sie ihr Interesse teilen können. «Ein Kind, das sich das Lesen angewöhnt, wird zunächst unter der Decke mit einer Taschenlampe lesen», sagte sie. «Wenn die Eltern klug sind, verbieten sie es dem Kind und ermuntern es so dazu. Oder es tun sich zwei Leseratten zusammen, und diese beiden halten das vor anderen geheim. Lesefreundschaften kann man aber auch noch am College schließen. Besonders an der Highschool wird man dafür, Leser zu sein, sozial geächtet. Viele, die als Kinder ohne Austausch gelesen haben, kommen ans College und entdecken auf einmal: ‹Wahnsinn, hier gibt's ja auch noch andere, die lesen.›»

Während Heath ihre Funde vor mir ausbreitete, erinnerte ich mich, wie sehr ich mich gefreut hatte, in der Unterstufe zwei Freunde zu finden, mit denen ich über J. R. R. Tolkien sprechen konnte. Außerdem ging mir durch den Kopf, dass es für mich heute nichts Anziehenderes gibt als eine Frau, die liest. Aber dann fiel mir auf, dass ich Heaths erste Voraussetzung gar nicht erfüllte. Ich sagte ihr, ich könne mich nicht erinnern, dass in meiner Kindheit auch nur einer meiner Eltern je ein Buch gelesen habe, es sei denn beim Vorlesen.

Ohne sich aus dem Konzept bringen zu lassen, antwortete

Heath: «Ja, da gibt es doch noch die zweite Art von Leser. Das sind die sozial Isolierten – Kinder, die sich schon im frühen Alter ganz anders vorkommen als alle anderen um sie herum. Das in einem Interview herauszufinden ist sehr, sehr schwierig. Keiner gibt gern zu, dass er als Kind sozial im Abseits stand. So jemand überträgt das Gefühl, anders zu sein, in eine Phantasiewelt. Diese Welt aber ist eine Welt, die man mit keinem teilen kann – weil sie ja phantasiert ist. Daher ist für so jemanden der wichtigste Dialog der mit den *Autoren* der Bücher, die er liest. Auch wenn sie nicht da sind, werden sie zur Gemeinschaft.»

Der Stolz zwingt mich an dieser Stelle, einen Unterschied zwischen jungen Literaturlesern und jungen Nerds zu machen. Der klassische Nerd, der sich in Fakten, Technik oder Zahlen einrichtet, zeichnet sich nicht durch eine übertragene Geselligkeit, sondern eine *Anti*-Geselligkeit aus. Natürlich, Lesen ähnelt nerdigen Beschäftigungen darin, dass es eine Angewohnheit ist, die von einem Gefühl der Isolation lebt und es noch verstärkt. Doch als Kind «sozial isoliert» zu sein verdammt einen nicht automatisch zu Mundgeruch und ungeschicktem Partyverhalten als Erwachsener. Tatsächlich kann es einen sogar hypersozial werden lassen. Nur verspürt man eben an einem bestimmten Punkt ein nagendes, beinahe reumütiges Bedürfnis, allein zu sein und zu lesen – die Verbindung zu dieser anderen Gemeinschaft wiederherzustellen.

Heath zufolge ist unter Lesern des sozial isolierten Typus (sie nennt sie auch «Resistenz»-Leser) die Wahrscheinlichkeit, Schriftsteller zu werden, viel größer als bei denen des Vorpräge-Typus. Wenn das Kommunikationsmedium in der Kindheit Literatur war, liegt es nahe, dass man als erwachsener Literat Literatur für sein Verbundenheitsgefühl weiterhin als wesentlich erachtet. Was als antisoziales Naturell «bedeutender» Autoren wahrgenommen wird, sei es nun das Exilantentum von James Joyce oder J.D. Salingers Einsiedlertum, lässt sich in hohem Maße auf die soziale

Isolation zurückführen, die nötig ist, um eine Phantasiewelt zu bewohnen. Heath blickte mir in die Augen und sagte: «Sie sind ein sozial isoliertes Individuum, das verzweifelt mit einer überzeugenden Phantasiewelt kommunizieren will.»

Ich wusste, dass sie mich trotz der Anrede «Sie» eigentlich nicht persönlich meinte. Dennoch war mir, als blickte sie mir tief in die Seele. Und das Hochgefühl, das mich überkam, als sie mich mit unpoetischen Polysyllaba beiläufig beschrieb, war für mich die Bestätigung, dass diese Beschreibung zutraf. Ganz einfach als das erkannt zu werden, was ich war, ganz einfach nicht missverstanden zu werden: das hatte sich mir mit einem Mal als Grund enthüllt, warum ich schrieb.

Im Frühjahr 1994 war ich ein sozial isoliertes Individuum, dessen verzweifelter Wunsch es vor allem war, ein wenig Geld zu verdienen. Nachdem meine Frau und ich uns zum letzten Mal getrennt hatten, unterrichtete ich an einem kleinen geisteswissenschaftlichen College literarisches Schreiben, und obwohl ich viel zu viel Zeit daran verschwendete, machte mir die Arbeit Spaß. Das Können und der Ehrgeiz meiner Studenten, die noch gar nicht geboren gewesen waren, als die Satire-Show *Rowan & Martin's Laugh-In* erstmals ausgestrahlt wurde, feuerten mich an. Dass mehrere meiner besten Schreiber allerdings geschworen hatten, nie wieder einen Literaturkurs zu belegen, bedrückte mich. An einem Abend berichtete ein Student, in seinem Kurs über zeitgenössische Literatur hätten sie eine ganze Stunde lang die Frage diskutieren müssen, ob die Romanautorin Leslie Marmon Silko homophob sei oder nicht. An einem anderen Abend, ich kam gerade in den Seminarraum, schütteten sich drei Studentinnen über den utopisch-feministischen Roman, den sie für ein Oberseminar «Frauen und Literatur» lesen mussten, vor Lachen aus.

Der therapeutische Optimismus, der heute in Amerikanistik-Seminaren wütet, will Romane unbedingt in zwei Schubladen sortieren: «Krankheitssymptome» (kanonische Werke aus der Dunklen Zeit vor 1950) und «Medizin für eine glücklichere und gesündere Welt» (Werke von Frauen und nichtweißen oder nichtheterosexuellen Autoren). Dabei sind die zeitgenössischen Schriftsteller, deren Werk von der akademischen Welt ein derart optimistischer Nutzen zugeschrieben wird, nur selten dafür verantwortlich zu machen. Dass der amerikanische Roman noch immer kulturelle Autorität – einen Reiz über das Akademische hinaus, eine Relevanz in Alltagsgesprächen – hat, ist weitgehend das Verdienst von Frauen. Sachkundige Buchhändler schätzen, dass siebzig Prozent aller Literatur von Frauen gekauft wird, und deswegen ist es vielleicht kein Wunder, dass in den letzten Jahren so viele Crossover-Romane – Bücher, die zugleich gut und erfolgreich sind – von Frauen geschrieben wurden: Da gibt es fiktive Mütter, die einen nüchternen Blick auf ihre Kinder werfen, im Werk von Jane Smiley und Rosellen Brown; fiktive Töchter, die ihren chinesischen Müttern (Amy Tan) oder Chippewa-Großmüttern (Louise Erdrich) zuhören; eine fiktive freigelassene Sklavin im Gespräch mit dem Geist ihrer Tochter, die sie umgebracht hat, um sie vor der Sklaverei zu bewahren (Toni Morrison). Das Düstere dieser Romane ist keine politische Düsternis, die sich durch das Erhellende der zeitgenössischen Kritischen Theorie vertreiben ließe; es ist das Düstere von Leiden, für die es keine schnelle Heilung gibt.

Der gegenwärtige Erfolg der Romane von Frauen und kulturellen Minderheiten zeigt, wie chauvinistisch es ist, die Lebendigkeit der amerikanischen Literatur an der Qualität des herkömmlichen Gesellschaftsromans zu messen. Man könnte sogar sagen, die literarische Kultur des Landes sei *gesünder*, weil sie sich von der Mainstream-Kultur abgekoppelt habe, ja dass eine allgemeine «amerikanische» Kultur kaum mehr als ein Instrument der

Perpetuierung einer weißen, männlichen, heterosexuellen Elite gewesen sei und ihr Niedergang der gerechte Lohn einer überlebten Tradition. (Joseph Hellers Darstellung von Frauen in *Catch 22* beispielsweise ist so peinlich, dass ich gezögert habe, das Buch meinen Studenten zu empfehlen.) Gut möglich, dass Amerika sich inzwischen als so weit gefächert und zersplittert erlebt, dass kein einzelner «Gesellschaftsroman» eines Dickens oder Stendhal es auch nur annähernd spiegeln könnte; vielleicht braucht es dazu jetzt zehn Romane aus zehn verschiedenen kulturellen Perspektiven.

Bedauerlicherweise gibt es auch Anzeichen dafür, dass junge Autoren sich heute in ihrer ethnischen oder geschlechtlichen Identität eingesperrt fühlen – eine Kultur, in der das Fernsehen uns konditioniert hat, einzig die authentische Selbstauskunft zu akzeptieren, ermutigt sie nicht gerade, über Grenzen hinweg zu sprechen. Und das Problem wird noch verschärft, wenn Schriftsteller ihr Heil in universitären Creative-Writing-Kursen suchen. Die typische kleine Literaturzeitschrift, herausgegeben von angehenden *Masters of Fine Arts*, die wissen, dass angehende *Masters of Fine Arts* deshalb Manuskripte einreichen, weil sie, um einen Lehrauftrag zu bekommen oder wieder zu bekommen, publizieren müssen, enthält garantiert in jeder Ausgabe Variationen über drei Kurzgeschichtenthemen: «Meine interessante Kindheit», «Mein interessantes Leben in einer College-Stadt» und «Mein interessantes Jahr im Ausland». An Hochschulen lehrende Schriftsteller haben die wichtige Funktion, Literatur um ihrer selbst willen zu unterrichten, und manche bringen während des Semesters auch gute eigene Arbeiten hervor, doch als Leser denke ich wehmütig an die Zeit zurück, als noch mehr Schriftsteller in Großstädten gelebt und gearbeitet haben. Ich beklage den Rückzug ins Ich und den Niedergang des Großleinwandromans aus demselben Grund, aus dem ich den Aufstieg der Vorstädte beklage: Ich mag es, wenn sich maximale Vielfalt und maximale Kontraste in einem einzigen erregenden Erlebnisrahmen drängen. Obwohl die Sozialreportage heute weniger der ausdrückliche Zweck eines Romans als vielmehr ein zufälliges Nebenprodukt ist – Shirley Heaths Beobachtungen bestätigen, dass anspruchsvolle Leser nicht um der Belehrung willen lesen –, mag ich Romane, die lebendig und vielseitig sind wie eine Stadt.

Der Wert von Shirley Heaths Arbeit und der Grund, warum ich sie so ausführlich zitiere, ist, dass sie sich der Mühe unterzogen hat, etwas empirisch zu untersuchen, was noch niemand untersucht hat, und dass sie das Problem des Lesens mit einem Vokabular beschreibt, das neutral genug ist, um in unserem wertfreien Kulturmilieu zu bestehen. Leser sind nicht «besser» oder «gesünder» oder, umgekehrt, «kränker» als Nichtleser. Wir gehören nur zufällig einer ziemlich seltsamen Gemeinschaft an.

Für Heath ist ein kennzeichnendes Merkmal von «substantiellen Werken der Literatur» die *Unvorhersehbarkeit.* Zu dieser Definition gelangte sie, nachdem sie herausgefunden hatte, dass die meisten der anspruchsvollen Leser, die sie interviewte, es waren Hunderte, auf die eine oder andere Weise in ihrem Leben mit Unvorhergesehenem zurechtkommen mussten. Therapeuten und Geistliche, die sich Menschen mit Problemen annehmen, neigen zur Lektüre schwerer Kost. Ebenso diejenigen, deren Leben nicht den Weg genommen hat, der ihnen zugedacht war: Koreaner aus der Händlerkaste, die keine Händler geworden sind, Ghetto-Jugendliche, die aufs College gehen, sich offen zu ihrem Schwulsein bekennende Männer aus konservativen Familien, Frauen, deren Leben vollkommen anders verläuft als das ihrer Mütter. Diese letzte Gruppe ist besonders groß. Heute gibt es Millionen von Amerikanerinnen, deren Leben dem, das sie sich nach dem Vorbild ihrer Mütter vermutlich für sich ausgemalt haben, in keiner Weise ähnelt, und alle sind sie nach Heaths Theorie potenziell empfänglich für substantielle Literatur.

Bei ihren Interviews stellte Heath die «weitgehende Übereinstimmung» unter anspruchsvollen Lesern fest, dass Literatur «‹einen besseren Menschen aus mir macht›». Sie beeilte sich, mir zu versichern, dass anspruchsvolle Literatur die Menschen keineswegs nach Art von Lebenshilfe geradebiegt, sondern vielmehr «so auf ihre jeweiligen Lebensumstände einwirkt, dass sich die Leser mit ihnen auseinandersetzen müssen. Und indem sie sich mit ihnen auseinandersetzen, erleben sie sich als immer komplexer und besser in der Lage, mit ihrer Unfähigkeit, ein völlig vorhersehbares Leben zu führen, klarzukommen.» Wieder und wieder sagten ihr Leser das Gleiche: «Durch Lesen bewahre ich mir einen Sinn für etwas *Substantielles* – meine ethische Ganzheit, meine intellektuelle Ganzheit. ‹Substanz› ist mehr als ‹dieses gewichtige Buch›. Das Buch da zu lesen gibt *mir* Substanz.» Diese Substanz, fügte Heath hinzu, werde am häufigsten durch Sprache übermittelt und als etwas Bleibendes aufgefasst. «Und deshalb», sagte sie, «bieten Computer das einem Leser nicht.»

Nahezu übereinstimmend beschrieben Heaths Gesprächspartner substantielle Werke der Literatur als, wie sie sagte, «einzigen Raum, in dem für den gemeinen Bürger Hoffnung besteht, die ethischen, philosophischen und soziopolitischen Dimensionen des Lebens, die überall sonst so vereinfachend dargestellt werden, in den Griff zu kriegen. Beispielsweise müssen wir uns seit Agamemnon mit einem Loyalitätskonflikt zwischen Familie und Staat auseinandersetzen. Und gute literarische Werke sind solche, die sich weigern, einfache Antworten auf diesen Konflikt zu geben, Dinge schwarz-weiß zu malen, die Guten gegen die Bösen zu stellen. Sie sind all das, was die Pop-Psychologie nicht ist.»

«Auch Religionen sind gewissermaßen substantielle Werke der Literatur», sagte ich.

Sie nickte. «Genau das sagen die Leser: Gute Literatur zu lesen sei, als lese man einen besonders dichten Abschnitt eines religiösen Texts. Religion und guter Literatur ist gemein, dass sie keine Antworten geben, dass in ihnen nichts abgeschlossen ist. Die Sprache literarischer Werke offenbart bei jedem neuen Lesen etwas anderes. Aber Unvorhersehbarkeit heißt keineswegs, dass alles relativ sei. Vielmehr ist sie Folge der Beharrlichkeit, mit der Schriftsteller immer wieder auf fundamentale Probleme zurückkommen. Familie versus Staat, Ehefrau versus Geliebte.»

«Leben versus Sterbenmüssen», sagte ich.

«Richtig», sagte Heath. «Natürlich hat die Unvorhersehbarkeit der Literatur auch etwas Vorhersehbares. Es ist das, was alle substantiellen Werke gemein haben. Und an *diese* Vorhersehbarkeit klammern sich, wie sie mir sagen, die Leser – an das Gefühl, in diesem großen menschlichen Unternehmen in Gesellschaft zu sein.»

«Ein Freund von mir sagt unablässig, Lesen und Schreiben drehten sich letztlich um Alleinsein. Allmählich glaube ich das auch.»

«Ums Nichtalleinsein, ja», sagte Heath, «aber auch darum, gar nicht erst an sich heranzulassen, dass es keinen Ausweg gibt – keinen Sinn des Daseins. Der Sinn liegt in der Kontinuität, im Fortbestehen der großen Konflikte.»

Auf dem Rückflug von Palo Alto in einer erzwungenen Übergangszone, begleitet von Angehörigen der TWA-Belegschaft, die im Besitz des Unternehmens war, lehnte ich den Kopfhörer für den Film *Die Brady Family* und einen einstündigen Spezialausschnitt von *E!* ab, schaute dann aber trotzdem hin. Ohne Ton wurde der Ausschnitt von *E!* zu einer Enthüllung der Hydraulik falschen Lächelns. Er bescherte mir eine Epiphanie des Nichtauthentischen und weckte in mir den Appetit auf die ungezwungenen Emotionen einer Literatur, die nicht versucht, mir etwas anzudrehen. Auf meinem Schoß lag aufgeschlagen Janet Frames Roman über ein Irrenhaus, *Gesichter im Wasser*: keine schöntuerischen, dafür seltsam treffende Sätze, an denen mein Blick erst haften blieb, als der stumme Bildschirm vor mir nach zweieinhalb Stunden endlich schwarz wurde.

> Arme Noeline, die darauf wartete, dass Dr. Howell ihr einen Antrag machte, obwohl die einzigen Worte, die er je an sie gerichtet hatte, die waren: Wie geht es Ihnen? Wissen Sie, wo Sie sind? Wissen Sie, warum Sie hier sind? – Sätze, die sich unter normalen Umständen schwerlich als Beweis von Zuneigung verstehen ließen. Doch wenn man krank ist, findet man sich auf einem neuen Wahrnehmungsfeld wieder, auf dem man eine Ernte von Interpretationen einbringt, die dann zum täglichen Brot werden, der einzigen Nahrung, die man hat. Sodass Noeline, als Dr. Howell schließlich die Beschäfigungstherapeutin heiratete, auf die Station für Geistesgestörte verlegt wurde.

Von einem Roman zu erwarten, dass er die Last unserer gesamten gestörten Gesellschaft trägt – dass er bei der Lösung unserer gegenwärtigen Probleme hilft –, scheint mir ein spezifisch amerikanischer Irrglaube zu sein. Sätze von einer solchen Authentizität zu schreiben, dass man in ihnen Zuflucht finden kann: Reicht das denn nicht? Ist das nicht sehr viel?

Vor gerade mal vierzig Jahren, als das Erscheinen von Hemingways *Der alte Mann und das Meer* ein nationales Ereignis war, galten Kino und Radio noch als «minderwertige» Unterhaltung. In den fünfziger und sechziger Jahren, als Kino zum «Film» wurde und als solcher ernst genommen werden wollte, wurde das

Fernsehen zur neuen minderwertigen Unterhaltung. In den siebziger Jahren entwickelte sich, mit den Watergate-Anhörungen und der Sitcom *All in the Family*, auch das Fernsehen zu einem wesentlichen Bestandteil kulturellen Bildungsguts. Der gebildete New Yorker, der 1945 pro Jahr noch fünfundzwanzig anspruchsvolle Romane las, hat heute vielleicht noch Zeit für fünf. Da dem Romanpublikum die Leserschicht des Vorpräge-Typus wegbricht, ist das, was übrig bleibt, im Wesentlichen der harte Kern der Resistenzleser, die lesen, weil sie lesen müssen.

Dieser harte Kern ist eine sehr kleine Kostbarkeit, die sich eine sehr große Anzahl tätiger Schriftsteller teilen muss. Um sich ein dauerhaftes Einkommen zu sichern, muss ein Schriftsteller auch auf der Fünf-Bücher-Liste einer ganzen Menge Leser des Vorpräge-Typus stehen. In Erwartung dieses Jackpots bekommt jedes Jahr eine Handvoll guter Schriftsteller einen sechs- oder gar siebenstelligen Vorschuss (was den launigen Anhängern des Glaubens «Die amerikanische Literatur boomt!» Munition liefert), und ein paar von ihnen schaffen es tatsächlich in die Charts. E. Annie Proulx' Roman *Schiffsmeldungen* hat sich in den letzten beiden Jahren beinahe eine Million Mal verkauft; *Grenzgänger* von Cormac McCarthy, 1994 im Bereich gebundener Bücher der bestverkaufte literarische Roman, erreichte auf der Bestsellerliste von *Publisher's Weekly* Platz einundfünfzig. (Auf Platz fünfzig stand *Star Trek. Die Verurteilung.*)

Anthony Lane hat unlängst in zwei Essays im *New Yorker* demonstriert, dass die meisten Romane auf der gegenwärtigen Bestsellerliste zwar nichtssagend, vorhersehbar und schlecht geschrieben sind, die Bestseller von vor fünfzig Jahren allerdings ebenfalls nichtssagend, vorhersehbar und schlecht geschrieben waren. Die Essays zertrümmern nützlicherweise die Vorstellung eines Goldenen Prä-TV-Zeitalters, in dem die amerikanischen Massen noch die Nase in literarische Meisterwerke steckten; Lane stellt klar, dass der literarische Geschmack breiter Leserschichten in diesem Land im Lauf eines halben Jahrhunderts nicht schlechter geworden ist. Was sich dagegen *verändert* hat, ist die wirtschaftliche Seite des Buchverlegens. Der größte Bestseller von 1955, *Marjorie Morningstar*, verkaufte sich in den Buchhandlungen hundertneunzigtausendmal. 1994 wurde in einem Land mit nahezu verdoppelter Bevölkerungszahl John Grishams *Die Kammer* über drei Millionen Mal verkauft. Das Verlagswesen ist heute eine Hollywoodtochter und der Kassenschlager-Roman ein massenmarktfähiges Gut, ein tragbarer Fernseherersatz.

Das Fortbestehen eines Marktes für Literatur wirkt sich auf die Schriftsteller disziplinierend aus, da er uns an unsere Unterhaltungspflicht erinnert. Wenn aber Universitäten für ambitionierte Schriftsteller eine Szylla sind, dann ist das Wesen des modernen amerikanischen Markts – die Einteilung der Künstler in Superstars, Stars und Nobodys, die klarsichtige Erkenntnis, dass nichts den Verkauf eines Produkts so befördert wie eine Persönlichkeit – wahrhaft eine Charybdis. Dem, der das geeignete Temperament dazu hat, kann es gelingen, sich erfolgreich mit Ironie zu vermarkten, indem er sich über das Marketing lustig macht. Nicht von ungefähr ist das literarische Thema des jungen Autors Mark Leyner die Selbstvermarktung des jungen Autors Mark Leyner; ganze drei Mal war er schon in der *Letterman*-Show. Doch den meisten Schriftstellern bereitet die Vermarktung des von Natur aus privaten Lesevorgangs durch eigene Imagepflege – auf Lesereise, in Radio-Talkrunden, auf Tüten und Kaffeebechern des Buchkaufhauses Barnes & Noble – einiges Unbehagen. Der Autor, für den das gedruckte Wort über allem anderen steht, ist eo ipso eine wenig telegene Persönlichkeit, und wenn wir uns erinnern, wie viele unserer von der Kritik geschätzten älteren Schriftsteller in einem Land, in dem Medienpräsenz gesucht wird wie der Heilige Gral, beschlossen haben, ihre Privatsphäre zu schützen, so ist das aufschlussreich. Salinger, Roth, McCarthy, Don DeLillo, William Gaddis, Anne Tyler, Thomas Pynchon,

Cynthia Ozick und Denis Johnson – sie alle geben kaum oder gar keine Interviews, unterrichten oder touren, wenn überhaupt, wenig und lehnen es in manchen Fällen sogar ab, sich fotografieren zu lassen. Zweifellos spielen hier diverse Heath'sche Dramen der sozialen Isolation hinein. Doch für manche dieser Schriftsteller ist öffentliche Zurückhaltung ein integraler Bestandteil ihres künstlerischen Credos.

In Gaddis' erstem Roman *Die Fälschung der Welt* (1955) ruft ein Alter Ego des Autors aus: «Was wollen sie denn von dem Mann, was ihnen nicht schon sein Werk gegeben hat? Was erwarten sie denn? Was ist noch übrig von ihm, wenn er sein Werk getan hat? Was ist der Künstler überhaupt, wenn nicht der Abfall seines Werks? der menschliche Scherbenhaufen, der ihm folgt?» Nachkriegsschriftsteller wie Gaddis und Pynchon und Nachkriegskünstler wie Robert Frank haben diese Fragen ganz anders beantwortet als Norman Mailer und Andy Warhol. 1954, noch bevor das Fernsehen das Radio als vorherrschendes Medium ablösen sollte, erkannte Gaddis, dass der Künstler, der es wirklich ernst damit meint, sich einer Kultur des verfälschten, massenhaft vermarkteten Bilds zu widersetzen, sich auch widersetzen muss, selbst zum verfälschten Bild zu werden, sogar um den Preis einer gewissen Obskurität, egal, wie reizvoll und subversiv die Eigenwerbung auf kurze Sicht auch sein mag.

In dem Versuch, Gaddis' Beispiel zu folgen, hielt ich mich lange streng daran, meine Arbeit für sich sprechen zu lassen. Nicht dass ich mit Einladungen bombardiert worden wäre, aber ich weigerte mich zu unterrichten, Rezensionen für die *Times* zu schreiben, übers Schreiben zu schreiben, auf Partys zu gehen. In einer Zeit des Persönlichkeitskults empfand ich es als Betrug, mich außerliterarisch zu äußern; es implizierte einen mangelnden Glauben an die Tauglichkeit der Literatur zu Verständigung und Selbstausdruck und trug somit, wie ich meinte, dazu bei, die allgemeine Abkehr vom Imaginierten und Hinwendung zum Faktischen zu beschleunigen. Mein Weltbild war eins der schweigsamen Helden und geselligen Verräter.

Schweigen ist jedoch nur dann ein nützliches Statement, wenn irgendwo jemand erwartet, dass man seine Stimme erhebt. In den neunziger Jahren schien Schweigen ausschließlich zu gewährleisten, dass ich auch ja allein war. Schließlich dämmerte mir, dass die Verzweiflung, die ich über den Zustand des Romans empfand, weniger das Resultat meiner Veralterung als vielmehr meiner Isolation gewesen ist. Eine Depression äußert sich als Realismus gegenüber der Fäulnis der Welt im Allgemeinen und der des eigenen Lebens im Besonderen. Doch Realismus ist lediglich eine Maske für das tatsächliche Wesen der Depression, die alles umfassende Entfremdung von den Mitmenschen. Je überzeugter man ist, einzig man selbst habe Einblick in die Fäulnis, desto größer wird die Angst, sich auf die Welt einzulassen, und je weniger man sich auf die Welt einlässt, desto tückischer smileygesichtig erscheint einem der Rest der Menschheit, weil er sich weiterhin darauf einlassen kann.

Für diese Entfremdung waren Schreibende und Lesende schon immer anfällig. Die Teilhabe an der virtuellen Gemeinschaft des gedruckten Wortes erfordert schließlich, dass man allein ist. Doch die Entfremdung wird noch tiefer, drängender und gefährlicher, wenn diese virtuelle Gemeinschaft nicht mehr dicht bevölkert und verkehrsreich ist; wenn die rettende Kontinuität der Literatur an sich unter elektronischen und akademischen Beschuss gerät; wenn die individuelle Entfremdung zu einer universellen wird und der Wirtschaftsteil über eine Verschwörung der Welt nicht bloß gegen einen selbst, sondern gegen alle Gleichgesinnten berichtet und der Preis des Schweigens offenbar nicht mehr Obskurität, sondern völliges Vergessenwerden ist.

Ich sehe ein, dass jemandem, der bekenntnishaft für eine überregionale Zeitschrift schreibt, vielleicht ein wenig die Glaubwürdigkeit fehlt, wenn er behauptet, für einen Schriftsteller, der nach dem *Sputnik* geboren worden sei, stelle echte Einsiedelei einfach keine Alternative dar, weder psychisch noch finanziell. Mag sein, dass ich zu einem geselligen Verräter geworden bin. Aber seit ich meinen Büchern verspätet aus dem Haus gefolgt bin, ein wenig journalistisch gearbeitet habe und mich sogar auf Partys habe blicken lassen, kommt es mir weniger so vor, als würde ich mich der Welt bekannt machen, als dass ich die Welt mir bekannt mache. Kaum war ich aus meiner Verzweiflungsblase herausgetreten, erkannte ich, dass nahezu jeder, dem ich begegnete, viele meiner Befürchtungen teilte und dass andere Schriftsteller sie sogar *alle* teilten.

Früher, als literarisches Leben und Kultur noch Synonyme waren, konnte man auf eine Weise allein sein, wie man in Städten allein sein konnte, wo man immer, Tag und Nacht, den Trost der Menge vor der Tür fand. Im Zeitalter der Vorstädte, in dem die steigenden Fluten der elektronischen Kultur aus jedem Lesenden und jedem Schreibenden eine Insel gemacht haben, könnte es sein, dass wir uns gegenseitig aktiver der Existenz einer Gemeinschaft versichern müssen. Ich habe Creative-Writing-Seminaren wegen der, wie mir es schien, falschen Geborgenheit in ihnen immer misstraut, so wie ich auch den Buchclubs misstraut habe, weil sie Literatur wie ein bitteres Kreuzblütlergemüse behandeln, das man nur mit einem Löffel Geselligkeit hinunterkriegt. Seitdem ich meine Fühler nach meinem eigenen Gemeinschaftssinn ausstrecke, misstraue ich beiden ein bisschen weniger. Das besondere Ansehen des Romans im neunzehnten und frühen zwanzigsten Jahrhundert verstehe ich als historischen Zufall – es gab eben keine Konkurrenz. Jetzt schrumpft die Distanz zwischen Autor und Leser. Statt olympischer Gestalten, die zu den Massen tief unten sprechen, gibt es für jeden von uns die passende Diaspora. Lesende und Schreibende sind vereint in dem Bedürfnis, allein zu sein, sind vereint in ihrem Streben nach Substanz in einer Zeit stetig zunehmender Flüchtigkeit: in ihrer Hinwendung nach innen, mittels des gedruckten Worts, um aus dem Alleinsein herauszutreten.

Eine der Lieblingsvorstellungen der Cybervisionäre ist, die literarische Kultur sei antidemokratisch – die Lektüre guter Bücher vornehmlich eine Beschäftigung müßiggängerischer Weißer –, und unsere Republik werde darum gesünder sein, wenn sie sich ganz dem Computer überlasse. Wie Shirley Heaths Recherchen (oder auch nur gelegentliche Besuche in einer Buchhandlung) verdeutlichen, lügen die Cybervisionäre. Lesen ist eine ethnisch nicht zuzuordnende gesellschaftsskeptische Tätigkeit. Die reichen weißen Männer, die heutzutage leistungsstarke Laptops haben, sind die augenfälligste Elite dieses Landes. Das Wort «elitär» ist der Stock, mit dem sie diejenigen prügeln, für die der Erwerb technischer Geräte mit Leben nichts zu tun hat.

Dass Misstrauen oder blanker Hass gegen das, was wir heute «Literatur» nennen, schon immer eine Eigenheit von Sozialvisionären gewesen ist, seien es nun Plato oder Stalin oder die zeitgenössischen Technokraten des freien Markts, kann uns zu der Ansicht führen, dass Literatur eine Funktion über die Unterhaltung hinaus hat, nämlich die einer Spielart gesellschaftlicher Opposition. Schließlich entfachen Romane manchmal eine politische Debatte oder werden zum Gegenstand davon. Und da der eine bescheidene Gefallen, um den ein Schriftsteller die Gesellschaft bittet, die Freiheit des Ausdrucks ist, sind die Dichter und Schriftsteller eines Landes oft diejenigen, die in Zeiten religiösen oder politischen Fanatismus zur Stimme des Gewissens werden müssen. Besonders stark ist die oppositionelle Aura der Literatur in Amerika, wo der geringe Status der Kunst dazu beiträgt, dass aus kindlichen Resistenzlesern höchst entfremdete erwachsene Schriftsteller werden. Mehr noch: Da Geldverdienen in unserer

Kultur schon immer von zentraler Bedeutung war und Großverdiener selten besonders interessant sind, finden sich die unvergesslichsten Figuren der US-amerikanischen Literatur von jeher eher am Rand der Gesellschaft angesiedelt: Huck Finn und Janie Crawford, Hazel Motes und Tyrone Slothrop. Nicht zuletzt wird eine oppositionelle Haltung in einem Alter ausgebildet, in dem schon der Griff zu einem Roman nach dem Essen eine Art kulturelles *Je refuse!* ist.

Allzu leicht wird daher vergessen, wie häufig gute Künstler zu allen Zeiten betont haben, dass, um mit Auden zu sprechen, «Kunst nichts bewirkt». Allzu leicht gelangt man von dem Wissen, dass der Roman eine Wirkung haben *kann*, zu der Überzeugung, dass der Roman eine Wirkung haben *muss*. Nabokov fasste das politische Programm, das sich von jedem Schriftsteller unterschreiben lässt, ziemlich treffend zusammen: keine Zensur, gute Allgemeinbildung, keine Porträts von Staatsoberhäuptern, die größer sind als eine Briefmarke. Gehen wir auch nur einen Schritt darüber hinaus, streben unsere Vorstellungen schon radikal auseinander. Was sich als der uns alle einende Glaube herausdestilliert, ist nicht, dass der Roman etwas verändern, sondern dass er etwas *bewahren* kann. Das, was bewahrt wird, hängt vom jeweiligen Schriftsteller ab; es kann etwas so Privates wie «Meine interessante Kindheit» sein. Doch in dem Maße, wie die Massenkultur das Land durch immer mehr Zerstreuung fasziniert, werden die Hürden selbst für Autoren, deren oberstes Ziel es ist, einen Lehrauftrag zu ergattern, immer höher. Ob sie sich darüber Gedanken machen oder nicht: Schriftsteller bewahren eine Tradition der präzisen, ausdrucksstarken Sprache, die Kunst, durch Oberflächen hindurch in Inneres zu blicken, vielleicht die Einsicht, dass private Erfahrung und öffentlicher Kontext sich unterscheiden und doch durchdringen, vielleicht Mysterien, vielleicht Gewohnheiten. Vor allem aber bewahren sie eine Gemeinschaft von Lesenden und Schreibenden, und die Mitglieder dieser Gemeinschaft erkennen einander daran, dass ihnen nichts auf der Welt als einfach erscheint.

Shirley Heath gebraucht das nüchterne Wort «Unvorhersehbarkeit», um diese Komplexitätsgewissheit zu beschreiben; Flannery O'Connor nannte es «Mysterien». In *Was am Ende bleibt* formuliert Paula Fox es so: «Im Panzer des Alltagslebens und seinen flüchtigen Kompromissen vor sich hin zu funktionieren war Anarchie.» Für mich ist das Wort, das die Sicht des Schriftstellers auf die Welt am besten trifft, *tragisch*. In Nietzsches Beschreibung der «Geburt der Tragödie», die als Theorie, warum die Menschen traurige Geschichten mögen, nach wie vor ziemlich unschlagbar ist, wird eine anarchische «dionysische» Einsicht in die Düsternis und Unvorhersehbarkeit des Lebens mit einer «apollinischen» Klarheit und Schönheit der Form so verknüpft, dass sich daraus eine Erfahrung herleitet, die in ihrer Intensität religiös ist. Selbst für Menschen, die an nichts glauben, was sie nicht mit eigenen Augen sehen können, vermag die formalästhetische Darstellung menschlichen Elends (auch wenn wir Schriftsteller leider zu Recht wegen unseres allzu freizügigen Gebrauchs des Worts verspottet werden) erlösend zu sein.

In *König Ödipus* lassen sich verschiedene Lehren finden – «Höre auf Orakel» etwa oder «Erwarte das Unerwartete» oder «Heirate in Eile, bereue mit Weile» –, und dass es sie gibt, nährt in uns den Glauben an eine Ordnung, die dem Universum zugrunde liegt. Aber was Ödipus menschlich macht, ist, dass er natürlich nicht auf das Orakel hört. Und obwohl Sophie Bentwood zweieinhalbtausend Jahre später nicht versuchen «sollte», sich von der tollwütigen Gesellschaft um sie herum abzuschotten, versucht sie es natürlich doch. Dann allerdings, schreibt Fox, passiert das: «Wie rasch wurde die Hülse des Erwachsenenlebens, seine *Wichtigkeit*, durch den Stoß von etwas zertrümmert, was ganz plötzlich wirklich und dringend und absurd war.»

Ich hoffe, es ist klargeworden, dass ich mit «tragisch» so ungefähr jede Literatur meine, die mehr Fragen aufwirft, als sie beantwortet: in der ein Konflikt nicht in Geschwätz ertrinkt. (Der verlässlichste Hinweis auf eine tragische Perspektive in einem literarischen Werk ist der Humor.) Anspruchsvolle Literatur tragisch zu nennen hat den Sinn, die große Kluft zu betonen zwischen ihr und den Phrasen des Optimismus, die unsere Kultur so stark durchdringen. Die notwendige Lüge eines jeden erfolgreichen Regimes, auch des beschwingten Techno-Korporatismus, unter dem wir heute leben, ist die, dass das Regime die Welt hat besser werden lassen. Der tragische Realismus hält die Erkenntnis wach, dass Verbesserungen immer ihren Preis haben, dass nichts ewig währt, dass das Gute auf der Welt, wenn überhaupt, das Schlechte nur ganz knapp überwiegt. Vermutlich hatte die Kunst schon immer einen besonders dürftigen Einfluss auf die Vorstellungskraft der Amerikaner, weil unserem Land so wenig Schreckliches widerfahren ist. Die einzige echte Tragödie, die uns ereilt hat, war die Sklaverei, und wahrscheinlich ist es kein Zufall, dass ausgerechnet die Südstaatenliteratur auffallend reich ist und viele Genies hervorgebracht hat. (Man vergleiche damit die Literatur der sonnigen, fruchtbaren, friedlichen Westküste.) Wenigstens an der Oberfläche besteht die Geschichte Amerikas für die große weiße Mehrheit aus Erfolg und nochmal Erfolg. Der tragische Realismus hält den Zugang zum Morast hinter dem Traum vom Auserwähltsein offen – zu der menschlichen Mühsal hinter den Annehmlichkeiten der Technik, zum Schmerz hinter der popkulturellen Narkose: zu all den dunklen Vorzeichen an den Rändern unserer Existenz.

> Menschen ohne Hoffnung schreiben nicht nur keine Romane, sondern, und das trifft die Sache genauer, sie lesen auch keine. Nichts nehmen sie länger in Augenschein, denn dazu fehlt ihnen der Mut. Wer dabei ist zu verzweifeln, verweigert jede Art von Erfahrung, und der Roman ist natürlich eine Möglichkeit, Erfahrungen zu machen.
>
> *Flannery O'Connor*

Eine Depression ist, wenn sie klinisch ist, keine Metapher. Sie ist vererbbar, und man weiß, dass sie auf Medikamente und Therapie anspricht. Wie sehr man auch glauben mag, dass im Dasein eine Krankheit steckt, für die es keine Heilung gibt, wird man, wenn man depressiv ist, früher oder später kapitulieren und sagen: Ich will einfach nicht mehr, dass es mir so schlechtgeht. Der Übergang vom depressiven zum tragischen Realismus – vom Gelähmtwerden durch Düsternis zum Getragenwerden durch Düsternis – scheint somit eigenartigerweise den Glauben an die Möglichkeit einer Heilung vorauszusetzen. Diese «Heilung» aber vollzieht sich alles andere als direkt.

Die frühen neunziger Jahre verbrachte ich gefangen in einer doppelten Singularität. Nicht nur fand ich, dass ich anders war als alle anderen um mich herum; ich fand auch, dass die Zeit, in der ich lebte, grundlegend anders war als jede, die es davor gegeben hatte. Die Arbeit daran, eine tragische Perspektive wiederzuerlangen, beinhaltete für mich daher ein zweifaches Ziel: die Wiederannäherung an eine Gemeinschaft der Lesenden und Schreibenden sowie die Rückgewinnung eines Geschichtsbewusstseins.

Es ist möglich, ein allgemeines Bewusstsein für das Düstere von Geschichte zu haben, ja der mystischen dionysischen Überzeugung zu sein, dass das Spiel erst vorbei ist, wenn's vorbei ist, ohne über ein hinreichend apollinisches Verständnis der Details zu verfügen, um dessen Tröstungen zu genießen. Noch vor einem

Jahr wäre es mir beispielsweise nicht eingefallen zu behaupten, dieses Land sei schon «immer» vom Kommerz bestimmt worden.* Ich sah einzig und allein die Hässlichkeit der kommerziellen Gegenwart, und natürlich wetterte ich gegen den Verrat an einem früheren Amerika, das in meiner Vorstellung wahrhaftiger, weniger käuflich, dem Unternehmen Literatur gegenüber weniger feindselig eingestellt gewesen war. Doch wie lächerlich kann das Selbstmitleid von Schriftstellern am Ende des zwanzigsten Jahrhunderts sein, gemessen am Leben von, sagen wir, Herman Melville. Wie vertraut sein Leben nämlich ist: der erste Roman, der seinen Ruf begründet, dann die schmerzliche Entdeckung, wie wenig seine Vision dem herrschenden Geschmack zusagt, das um sich greifende Gefühl, in einer rührseligen Republik keinen Platz zu haben, die furchtbaren Geldnöte, die Abwendung seines Verlegers, der desaströse kommerzielle Misserfolg seines besten und ambitioniertesten Werks, die angebliche Geisteskrankheit (seine Melancholie, seine *Depression*) und schließlich der Rückzug ins Schreiben ausschließlich für sich selbst.

Bei der Lektüre von Melvilles Biographie wünschte ich mir, er hätte ein Vorbild gekannt von einem wie ihm selbst aus einem früheren Jahrhundert, damit er den Fluch als weniger singulär empfunden hätte. Auch wünschte ich, er hätte sich während all seiner Mühen, Lizzie und die Kinder zu ernähren, sagen können: Ach, wenn es zum Schlimmsten kommt, kann ich doch immer noch Schreibkurse geben. Zu seinen Lebzeiten verdiente Melville an seinen Büchern ungefähr 10500 Dollar. Nicht einmal heute läuft es für ihn besser. Auf dem Titelblatt des zweiten Bandes von Melvilles gesammelten Werken in der ersten Auflage

* Ich weiß, dass das ein bitteres Geständnis ist und die Tatsache, dass ich mich, ohne jemals einen einzigen Kurs in amerikanischer Geschichte oder amerikanischer Literatur zu belegen, durchs College gemogelt habe, als Entschuldigung kaum taugt.

stand, in der Library of America, in 24-Punkt-Auszeichnungsschrift der Name HERMAN MEVILLE.

Vergangenen Sommer, als ich begann, mich mit der amerikanischen Geschichte vertraut zu machen, und mit Lesenden und Schreibenden sprach und über den Heath'schen «sozial Isolierten» nachdachte, reifte in mir die Erkenntnis, dass meine Befindlichkeit keine Krankheit, sondern eine Wesensart war. Wie konnte ich mich denn *nicht* entfremdet fühlen? Schließlich war ich ein *Lesender.* Meine Wesensart hatte die ganze Zeit auf mich gewartet, und nun hieß sie mich willkommen. Auf einmal wurde mir bewusst, wie ungeheuer hungrig ich danach war, eine imaginierte Welt zu erschaffen und zu bewohnen. Der Hunger war wie eine Einsamkeit, an der ich langsam starb. Wie konnte ich nur glauben, ich müsste mich heilen, um in die «wirkliche» Welt zu passen? Ich brauchte keine Heilung, und die Welt brauchte auch keine; das Einzige, was der Heilung bedurfte, war mein Verständnis von meinem Platz in ihr. Ohne dieses Verständnis – ohne das Wissen, der wirklichen Welt *anzugehören* – war es unmöglich, in einer imaginierten Welt zu funktionieren.

Im Zentrum meines Verzweifelns am Zustand des Romans hatte das gestanden: ein Konflikt zwischen einem «Stelle dich endlich der Kultur und bereichere den Mainstream»-Gefühl und meinem Wunsch, über mir besonders am Herzen liegende Dinge zu schreiben, mich in die Figuren und Orte, die ich liebte, zu verlieren. Schreiben, aber auch Lesen waren zu einer grimmigen Pflicht geworden, und bedenkt man die jämmerliche Bezahlung, gibt es wirklich keinen Grund, das eine wie das andere zu tun, wenn man keinen Spaß daran hat. Sobald ich meine vermeintliche Verpflichtung gegenüber der Chimäre Mainstream über Bord geworfen hatte, ging es mit meinem dritten Buch wieder voran. Heute bin ich verblüfft darüber, dass ich mir so lange so wenig zugetraut habe, dass ich einem so erdrückenden Zwang erlegen bin, ausdrücklich gegen all die Kräfte anzugehen, die das

Vergnügen am Lesen und Schreiben ausmachen: als hätte ich, indem ich meine kleine Gegenwelt bevölkerte und ausstaffierte, das größere Gesellschaftsbild außer Acht lassen können, selbst wenn ich es gewollt hätte.

Während ich über all das grübelte, kam ein Brief von Don DeLillo, dem ich in meiner Not geschrieben hatte. Hier ein Auszug aus dem, was er mir antwortete:

> Der Roman ist das, was Romanautoren zu einer bestimmten Zeit schreiben. Wenn wir den großen Gesellschaftsroman nicht innerhalb der nächsten fünfzehn Jahre schreiben, bedeutet das möglicherweise, dass sich unsere Sicht der Dinge in einer Weise verändert hat, die eine solche Arbeit für uns weniger zwingend sein lässt – wir hören aber nicht auf zu schreiben, weil der Markt ausgetrocknet ist. Der Schriftsteller folgt nicht, er führt. Die Dynamik hängt nicht etwa von der Größe des Publikums ab, sondern von der Einstellung des Schriftstellers. Und wenn der Gesellschaftsroman – sei es auf Sparflamme – lebt, wenn er in den Ritzen und Nischen der Kultur überdauert, wird er vielleicht ernster genommen: als ein gefährdetes Spektakel. Ein reduzierter Kontext, aber einer, der intensiver ist. Schreiben ist eine Form persönlicher Freiheit. Es befreit uns von der Massenidentität, die wir um uns herum entstehen sehen. Letztlich werden Schriftsteller nicht schreiben, um geächtete Helden irgendeiner Subkultur zu sein, sondern vor allem, um sich selbst zu retten, um als Individuen zu bestehen.

DeLillo schrieb noch ein Postskriptum: «Wenn ernsthaftes Lesen gegen null geht, heißt das wahrscheinlich, dass das, worüber wir reden, wenn wir das Wort ‹Identität› benutzen, am Ende ist.»

Das Seltsame an diesem Postskriptum ist, dass ich es nicht

ohne ein Aufwallen von Hoffnung lesen kann. Der tragische Realismus hat den paradoxen Effekt, seine Anhänger in bedingte Optimisten zu verwandeln. «Ich fürchte sehr», schrieb O'Connor einmal, «dass für den Schriftsteller die Tatsache, dass wir immer die Armen auf unserer Seite haben, ein Quell der Befriedigung ist, denn das bedeutet im Wesentlichen, dass er immer einen finden kann, der so ist wie er. Die Armut, mit der er sich beschäftigt, ist eine Armut, die für den Menschen grundlegend ist.» Selbst wenn Silicon Valley es schafft, jeden amerikanischen Haushalt mit einem Virtual-Reality-Helm auszustatten, selbst wenn ernsthaftes Lesen gegen null geht – eine hungrige Welt jenseits unserer Landesgrenzen, eine Staatsverschuldung, angesichts deren die übers Fernsehen Regierenden kaum mehr als die Hände ringen können, sowie die guten alten apokalyptischen Reiter des Krieges, der Krankheit und der Umweltzerstörung bleiben uns erhalten. Wenn das Realeinkommen weiter sinkt, werden die in «Meine interessante Kindheit» beschriebenen Vorstädte nicht viel Schutz bieten. Und wenn es dem Multikulturalismus gelingt, aus uns eine Nation unabhängiger und starker Stämme zu machen, wird jeder Stamm seiner tröstlichen Opferrolle beraubt und gezwungen sein, sich der menschlichen Begrenztheit als dem zu stellen, was sie ist: eine Gegebenheit des Lebens. Die Geschichte ist das tollwütige Ding, vor dem wir uns, wie Sophie Bentwood, alle verstecken möchten. Doch es gibt keine Blase, die auf Dauer nicht platzt. Ob das gut oder schlecht ist, bewerten die tragischen Realisten nicht. Sie stellen es einfach dar. Eine Generation zuvor konnte Paula Fox, indem sie genau hinsah, in einem zerschellten Tintenfass Verderben ebenso wie Rettung sehen. Damals endete die Welt, sie endet noch immer, und ich bin froh, dass ich wieder ein Teil von ihr bin.

(1996)

Auf dem Postweg verloren

Der Niedergang der Chicagoer Post begann, bevor die Öffentlichkeit die ersten Anzeichen sehen konnte: bevor sich an jeder Ecke der Stadt die untoten Briefe erhoben, um das schuldige Management heimzusuchen – hundert Säcke monatealter Post im Lieferwagen eines Zustellers in der North Side, hundert Kilo neue Post, die unter einem Viadukt in der South Side brannte, über fünfzehnhundert Poststücke, die in einem flachen Grab unter einer Veranda in der West Side vor sich hin moderten, und eine Wagenladung Briefe und Pakete in den Wandschränken der Vorstadtwohnung eines Chicagoer Postboten. Der Niedergang begann am Donnerstag, dem 20. Januar 1994, gegen zwei Uhr nachmittags, als eine Frau namens Debra Doyle den Betriebsleiter ihres Postamts anrief und ihm sagte, ihre Familie habe seit dem vergangenen Donnerstag keine Post mehr erhalten.

Im Lauf der Jahre hatte Debra Doyle eingesehen, dass sie vom Postamt Uptown, das für ihr Wohngebiet zuständig war, nur schlechten Service erwarten durfte. Zwei- und dreitägige Zustellpausen überraschten sie nicht mehr. Aber eine ganze Woche ohne Post, auch wenn es eine sehr kalte Januarwoche war, fand sie doch extrem. Am Telefon erklärte ihr der Betriebsleiter Thomas Nichols, seine Zusteller könnten die Post nicht ausliefern, weil die Lieferwagen nicht ansprängen. Er sagte, wenn sie ihre Post haben wolle, müsse sie sie eben selbst bei ihm im Postamt abholen. Vielleicht glaubte Nichols nicht, dass Doyle sich bei diesen Minusgraden tatsächlich aus dem Haus wagen würde, doch nachdem sie mit ihm gesprochen hatte, ging sie sofort zu ihrem Auto.

Die Bevölkerung im Zuständigkeitsbereich des Chicagoer

Postamts Uptown ist in ihrer Vielfalt so etwas wie eine Enzyklopädie der Stadtbewohner im heutigen Amerika. Berufstätige wie Rentner wohnen in Hochhäusern oder großen Anwesen am Michigan-See, Obdachlose und Drogensüchtige treiben sich in der Lawrence Avenue und Bryn Mawr Avenue herum, und zu beiden Seiten der Hochbahn teilen sich asiatische und osteuropäische Einwanderer die kleinen Straßen mit alteingesessenen Mittelschicht-Chicagoern wie Debra Doyle. Jahrelang war das Einzige, das diese Leute gemein hatten, die Postleitzahl 60640 – das und die Unannehmlichkeiten, die sie immer dann, wenn sie aufs Postamt Uptown mussten, erwarteten. Die Schalterhalle roch wie ein U-Bahnsteig. Die Angestellten schienen keine anderen Freuden im Leben zu kennen, als in Stoßzeiten Kaffeepause zu machen und Päckchen mit der Aufschrift «Zerbrechlich» meterweit in Säcke zu schleudern. Die Kunden veranschlagten eine Stunde, wenn sie ein Paket abholen gingen.

Als Debra Doyle die Filiale betrat, fragte sie nach Nichols. Man sagte ihr, er sei nicht im Haus. Misstrauisch wählte sie vom Münztelefon in der Schalterhalle aus die Nummer des Postamts. Es meldete sich Nichols. Was dann folgte, war eine archetypische Chicagoer Szene: eine zornige Postkundin stellt einen ausweichenden, unfreundlichen Betriebsleiter zur Rede. Solche Szenen endeten bestenfalls mit dem Versprechen, in Zukunft einen besseren Service zu gewährleisten; schlimmstenfalls damit, dass der Leiter dem Kunden Obszönitäten an den Kopf warf.

An jenem Nachmittag aber, als Doyle und Nichols am Telefon aneinandergerieten, schritt eine große, energische Frau in die Schalterhalle der Filiale Uptown und fragte, ob sie behilflich sein könne. Sie stellte sich als Gayle Campbell vor. Doyle erklärte ihr das Problem, worauf Campbell in einen hinteren Raum verschwand. Wenige Minuten später kehrte sie mit Doyles Post einer ganzen Woche wieder. Sie gab ihr auch die Nummern ihres Piepsers und ihres Anschlusses zu Hause und forderte sie auf, sie anzurufen, sollte sie weiteren Ärger mit der Zustellung haben. Dann verschwand sie wieder nach hinten.

Der United States Postal Service, der umfassende Zustelldienst des Landes für Briefpost, hat ein Problem mit Großstädten. Im vergangenen Winter, als Doyle und Campbell aufeinandertrafen, fanden achtundachtzig Prozent aller nationalen Haushalte ihren Postdienst «gut», «sehr gut» oder «hervorragend», in Städten wie New York und Washington lag die Zufriedenheitsrate hingegen bei lediglich etwa fünfundsiebzig Prozent, und Chicago bildete mit mageren vierundsechzig Prozent das Schlusslicht. Über ein Drittel der Chicagoer bewerteten den Dienst als «schlecht» oder «mittelmäßig», und in den dicht besiedelten, wohlhabenden Bezirken am nördlichen Seeufer, wo der Dienst schon seit zehn Jahren miserabel war und die Frustration der Kunden ein Maß erreicht hatte, das auf Nichtbetroffene schon komisch wirkte, war die Unzufriedenheit noch größer.

Eine repräsentative Chicagoer Schreckensgeschichte, ungewöhnlich nur in ihrer Langwierigkeit, ist die von Marilyn Katz, einer Medien- und Politikberaterin. 1986 kauften Katz und ihr Mann ein neunzig Jahre altes Haus in der Magnolia Avenue, einem sicheren, dünn besiedelten Wohngebiet im Bezirk Uptown. Nachdem sie drei Jahre dort gewohnt hatten, kam schlagartig keine Post mehr. Katz rief im Laufe von zwei Wochen viermal beim Postamt Uptown an, bis der Betriebsleiter ihr endlich eine Erklärung gab. Die Erklärung war, dass der Zusteller angegeben hatte, ihr Haus stehe leer.

Danach wurde wieder zugestellt, aber nur sporadisch. Die Post kam, wenn sie überhaupt kam, spät, und häufig war sie stark durchmischt mit Post für andere Häuser in der Nachbarschaft. Besonders lebhafte Tauschbeziehungen nahm Katz mit dem Block 5500 der Lakewood Avenue auf. Ihre Hauseigentümer-Versicherung wurde gekündigt, ebenso ihre Krankenversicherung; die Rechnungen hatte sie nie erhalten. Kurz bevor sie im August

1990 zehn Tage in Urlaub fuhr, erhielt sie die Mitteilung, ihr Telefon werde wegen unbezahlter Rechnungen abgestellt. Als sie aus dem Urlaub zurückkehrte, erwarteten sie die Telefonrechnungen von Mai, Juni, Juli und August. Einige Monate später fiel ihr auf, dass der *New Yorker* nicht mehr kam. Als sie beim Abo-Service anrief, wurde ihr gesagt, man habe vom Postamt Uptown die Meldung erhalten, sie sei verzogen.

Im Winter 1992 verteilte Katz an alle Haushalte in einem Umkreis von sechzehn Blocks eigenhändig einen Fragebogen zum Service der Post. Der Rücklauf ergab eine Beschwerdenlitanei, die der ihren sehr ähnlich war, dazu weitere Schrecken. «Postbote trinkt, kommt unregelmäßig, hängt während der Zustellung mit eigenartigen Freunden rum», «Postbotin stellt Post mit ihren Kindern zu und lässt sie die Post austragen», «Postbote belästigt uns nachts, verlangt Geld».

Katz schickte die Umfrageergebnisse an den Chef der Chicagoer Post. Ein halbes Jahr später, nachdem sie noch immer keine Antwort erhalten hatte, wandte sie sich an die Stadträtin Mary Ann Smith, deren Büro seit 1988 Beschwerden über die Post bearbeitete. Smith rang Jimmie Mason, dem neuen Chef der Chicagoer Post, das Versprechen ab, bis zum 2. Oktober auf Katz' Umfrage zu reagieren, doch erst im Winter vermochte sie für Katz und deren Nachbarn ein Treffen mit ihm zu vereinbaren. Mason bat alle um Mithilfe bei der Überwachung des Zustelldienstes. Katz sagte, sie wolle die Post nicht überwachen, sie wolle sie einfach nur bekommen. Mason sagte, Verbesserungen bräuchten Zeit. In der Zwischenzeit, versprach er, werde er die Briefkästen in Uptown, die von den Jugendlichen aus der Gegend stark beschmiert waren, neu streichen lassen. Auch bot er an, dem Viertel die spezielle blaue Farbe bereitzustellen, damit man die Kästen selbst in Ordnung halten könne. Für Katz war das der Gipfel der Koabhängigkeit. «Nicht nur zustellen und überwachen sollen wir für die. Wir sollen auch noch anstreichen.»

Obwohl Mary Ann Smith weiterhin «Gemeindeversammlungen» einberief, bei denen diverse Postvertreter diverse Versprechungen machten, verbesserte sich der Service in Uptown nicht. Vergangenen Winter schließlich musste sie nach sechs Jahren unablässigen Trommelns erkennen, dass keine Macht, die sie auf lokaler Ebene mobilisieren konnte, die amerikanische Post zu Reaktionen zwang. Sie drängte den Finanzausschuss des Bezirks, Hearings über die wirtschaftlichen Auswirkungen eines schlechten Postdienstes abzuhalten, dann gab sie auf. «Wir haben das Unsere getan», sagt sie. «Ich bin eigentlich nicht dazu da, mit so etwas meine Zeit zu verbringen.»

Inzwischen verschickte Katz wichtige Post mit Federal Express, und Rechnungsbeträge ließ sie abbuchen. Sie veranlasste, dass alle wertvollen Dokumente in ihr Büro im Stadtzentrum gesandt wurden. So wie sie andere öffentliche Dienste mied, indem sie mit dem Auto zur Arbeit fuhr und ihre Kinder auf eine Privatschule schickte, umging sie nun auch die staatliche Post, so weit wie möglich jedenfalls, mit Telefon, Faxgerät und Computer. Auch sie hatte aufgegeben. «Niemand fühlte sich zuständig», sagt sie. «Es lag auf der Hand, dass es der Post egal war.»

Für Marilyn Katz, Mary Ann Smith und Debra Doyle – und auch für andere wie Sidney R. Yates, Abgeordneter des Neunten Bezirks von Illinois im Repräsentantenhaus, der die Chicagoer Postverhältnisse schon ein Jahrzehnt lang kritisiert hatte – war das Frustrierendste am Umgang mit der Post, dass niemand, der sich damit auskannte, erklären konnte, warum die Sendungen nicht zugestellt wurden. Gelegentlich hörte Katz Entschuldigungen (beispielsweise vertraute ihr der Leiter der Uptown-Filiale an, die Gewerkschaft hindere ihn, seine Postboten zu disziplinieren), doch nie erhielt sie auch nur eine Alibierklärung für die Mängel, die ihre Umfrage aufgedeckt hatte. Bei den Gemeindeversammlungen waren die Postvertreter freundlich, danach stumm. Es war, als wäre es ihnen nicht nur egal; sie wussten nicht einmal, dass es Schwierigkeiten gab.

Als Doyle in der Schalterhalle des Postamts Uptown Gayle Campbell begegnete, fand sie in ihr eine Angestellte, der es eindeutig nicht egal war. Abends, als sie mit ihr zu Hause sprach, wurde ihr klar, dass sie in ihr auch eine Angestellte gefunden hatte, die wusste, dass es bei der Post Schwierigkeiten gab. Campbell war redegewandt und zornig, und Doyle erkannte schnell – so schnell, dass sie gleich am nächsten Morgen ihren Stadtrat anrief, Patrick O'Connor –, dass die Frustration innerhalb der Post endlich das Frustrationsniveau außerhalb erreicht hatte. Bei diesem Gleichstand begannen die Informationen zu fließen.

Die Post ist, obwohl immerzu schlechtgemacht, die beständigste und auch beliebteste Bundesbehörde im Alltag der Nation. Mein amerikanisches Selbstverständnis erwächst zu einem kleinen Teil aus dem Wissen, dass wir nach wie vor den besten Postdienst, die niedrigsten Portogebühren und die hässlichsten Briefmarken aller Industrienationen haben. (Wie italienisch die italienische Post ist, wie deutsch die deutsche.) Zudem bewältigt die Post eine schwierige Aufgabe für eine Bürokratie durchaus achtbar. Vermutlich würden die Schrecken der Post zur Bedeutungslosigkeit schrumpfen, wenn jeder Haushalt im Land sechsmal die Woche mit dem Arbeitsministerium oder der Marine zu tun hätte. Obwohl Postminister Marvin Runyon das Unternehmen mit seinen fünfzig Milliarden Dollar Jahresumsatz gern als das achtgrößte des Landes bezeichnet, arbeitet er unter Zwängen, denen in der Privatwirtschaft kein Vorstandsvorsitzender ausgesetzt ist: Rechenschaftspflicht gegenüber Kongressausschüssen, Wahrung echter Vielfalt bei Einstellungen und Beförderungen unter besonderer Berücksichtigung von Veteranen und Behinderten, vor allem aber die Bereitstellung eines umfassenden erstklassigen Pauschalservice. Die Post verkörpert den Traum von Demokratie. Jeder Bürger, selbst ein Häftling oder Kind, kann mit jedem anderen zu demselben niedrigen Preis kommunizieren. Es ist dieses bleibende Ideal eines umfassenden Services, das eine Einrichtung am Leben hält, die überwiegend an der gefährlichen Schnittstelle von Regierung, Großkapital und Lokalpolitik angesiedelt ist. Gäbe es dieses Ideal nicht, hätte Washington den Laden längst verkauft.

Die Spannungen im Verhältnis zwischen Chicago und seiner Post sind in gewissem Maß eine Folge des umfassenden Service-Auftrages. Mir ist aufgefallen, dass ich mich jedes Mal, wenn ich mit Mitarbeitern der Post spreche, unbehaglich durchleuchtet, ja epistemisch benachteiligt fühle. Die Mitarbeiter brauchen die Einzelheiten meiner persönlichen Post-Beziehung nicht zu kennen, etwa dass ich mit äußerster Gewissenhaftigkeit Durchschläge meiner Privatbriefe anfertige, dass ich während der vergangenen fünf Jahre sechzehnmal die Adresse geändert habe (allein im letzten Jahr in Philadelphia hatte ich vier Adressen), dass ich als Junge alle drei Varianten des als Fehldruck berühmt gewordenen Dag-Hammarskjöld-Satzes von 1962 sammelte oder dass ich eine Briefwaage für das einzig wirklich unverzichtbare Kleingerät halte. Was die Mitarbeiter der Post über mich wissen, ist das, was sie über jeden anderen auch wissen: Ich bin Kunde.

Wie der katholische Klerus ist uns die Post fremder als wir ihr. Oprah Winfrey hat einen Koan gemacht aus der Frage: Warum erschießen Postbedienstete einander? Trotz ihrer Allgegenwart gehören Postämter noch immer zu den obskursten Arbeitsplätzen Amerikas. Sie sind Ausland mitten im Staat. Sie haben ihren eigenen interaktiven satellitengestützten Fernsehsender, über den die Mitarbeiter Nachrichten und Anweisungen von der Zentrale an der L'Enfant Plaza in Washington empfangen.

Viele Bedienstete halten ihr Postlerleben streng von ihrem Privatleben getrennt. Chicagoer Büroangestellte und Zusteller, die in einem Problemviertel wohnen, haben mir gesagt, sie hielten sich mit ihrer Tätigkeit vor ihren Nachbarn bedeckt, denn wenn man bei der Post arbeite, kennzeichne einen das als vermögend, als Ziel von Überfällen. Ein höherer Angestellter erzählte mir, er habe gelernt zu sagen, er arbeite bei der «Regierung», weil die Leute ihn sonst fragen würden, warum sie letzten Mittwoch keine Post bekommen hätten.

Wenn Postbedienstete zusammensitzen, reden sie darüber, wer sich bei wem hochgeschlafen hat und welcher Sortierer auf einem Sofa im Aufenthaltsraum eines natürlichen Todes gestorben ist. Sie überlegen, warum Postminister Marvin Runyon in einem Fernsehinterview überhaupt nicht geblinzelt hat, ob es wohl an seinen Medikamenten gegen die Rückenschmerzen lag. Sie haben einen Riesenspaß an Hundegeschichten. Man sagt mir, sollte ich mich je einem streunenden Rudel gegenübersehen, müsse ich mein Reizgas gegen den einsetzen, der als Erster bellt. Mir wird von einem Vorort-Zusteller erzählt, der gezwungen war, sich vor einem aufgebrachten Schäferhund in einen Ablagekasten zu flüchten, in den er den ganzen Sommer über seine Bananenschalen und Milchtüten geschmissen hatte.

An einem heißen Vormittag im Juni stehe ich in dem behaglich-schäbigen Verteilersaal der Postfiliale Cragin in der West Side Chicagos, während ein Zusteller namens Larry Johnson die letzten Sendungen in seinen «Verteilerspind» steckt – ein Postfachregal mit Schlitzen für je zwei Adressen auf seiner Tour. Für das Sortieren der Tagespost braucht ein Zusteller zwischen anderthalb und vier Stunden; der Arbeitstag beginnt schon um halb sechs. «Man braucht nicht wahnsinnig viel Hirn für den Job», erzählt mir Johnson, «man muss bloß lesen können.» Lachend fügt er hinzu, davon könne man bei der Post nicht immer ausgehen. Johnson ist ein stämmiger Kerl, dessen blaue Posthose ihm tief auf den Hüften hängt; er ist fünfunddreißig, doch seine körperliche Abgespanntheit lässt ihn älter erscheinen. Er gibt mir ein Reizgasspray (sein eigenes kommt zwei-, dreimal die Woche zum Einsatz), und ich folge ihm nach draußen zu seinem Wagen, einem verschrammten burgunderroten Lincoln, dessen Kofferraumdeckel er mit einer Eisenstange abstützen muss, solange er Bündel Briefpost und ein schuhkartongroßes Päckchen hineinwirft. In Chicago sind nicht alle Zusteller mit einem Postauto ausgestattet.

Johnson verbringt von seinem Arbeitstag mehr Zeit in der Filiale als auf der Straße, aber auf der Straße findet er, was sein Beruf an Sinn zu bieten hat. Während er seine Posttasche für den ersten Abschnitt seiner Tour packt, erzählt er mir, dass er mit seinen Kollegen nicht viel zu tun hat. «Die reden mir zu viel», sagt er. «Die erzählen sich lauter privates Zeug.» Wie die meisten Postboten hat er auch noch einen anderen Job; er ist Pfarrer einer protestantischen Kirche. Seine Gemeinde weiß nicht, dass er nebenher Post austrägt, und seine Kollegen wissen nicht, dass er predigt. Auf der Straße dagegen wissen die alten Frauen, die am Gartentor warten, um mit ihm ein «guten Morgen» zu wechseln, ganz genau, wer er ist. Er bekommt von ihnen Briefe in die Hand gedrückt, die er aufgeben soll, und Geld für die Briefmarken, und sie erzählen ihm Neuigkeiten aus dem Viertel. Er zeigt auf ein Haus, dessen Besitzer am Samstag zuvor gestorben ist.

Es ist ein Tag mit wenig Post in einem Arbeiterviertel. Johnson hat kaum mehr als Krankenhausrechnungen und Werbezettel von Walgreens in die Schlitze und Kästen zu stecken. Sein Job besteht nur aus Beinarbeit und Konzentration. Wenn er die Gedanken schweifen lässt – sich die Überlegung gestattet, ob die Familie am Ende der Straße an diesem Morgen wohl daran gedacht hat, ihren verrückten Hund einzusperren –, vergisst er, die Zeitschriften und Kataloge zuzustellen, die separat sortiert wurden, und muss den ganzen Weg nochmal zurück. Sein Hemd wird dunkel vom Schweiß auf unserem Weg durch die langen

Morgenschatten, durch die Verlassenheit eines vom morgendlichen Berufsverkehr entleerten Wohnviertels. Kinder, die krank zu Hause bleiben, und Schriftsteller, die zu Hause arbeiten, kennen diese Leere. Sie gibt einem das Gefühl, von der Welt entfremdet zu sein, und für mich wird dieses Gefühl seit je vom Geräusch der nahenden und sich entfernenden Schritte eines Postboten bestätigt und verstärkt. Postbote sein heißt, Stunden in dieser Leere zu verbringen, fünfhundert verlassen daliegende Rasenflächen eine nach der anderen aufzustören. Ich bitte Johnson, mir das Interessanteste zu erzählen, was ihm in seinen neun Jahren als Postbote passiert ist. Nach kurzem Nachdenken sagt er, etwas Interessantes sei ihm nie passiert.

Vielleicht das Wichtigste an der Arbeit bei der Post ist, dass sie von denen, die sie ausüben, als lukrativ und sicher angesehen wird; ein Postbote mit sechs Berufsjahren verdient über dreißigtausend Dollar und kann nur gefeuert werden, wenn er etwas richtig verbockt hat. Wichtig daran ist auch, dass die Arbeit Angst machen und unangenehm sein kann. Die Post dient als Sprungbrett aus der Sozialwohnungsarmut ebenso wie als Zufluchtsort für Absteiger, für Einzelgänger wie Bartleby den Schreiber. (Melville schrieb Bartlebys seelische Verletztheit dessen Arbeit in der Abteilung für unzustellbare Briefe zu.) Betriebsleiter fürchten unzufriedene Angestellte und Zusteller, da viele, die bei der Post arbeiten, im Umgang mit Waffen geübte Kriegsveteranen sind, und fast jeder fürchtet eine Strafversetzung – auf die Mitternachtsschicht, auf eine Tour mit hoher Kriminalität, nach North Dakota. Das Unternehmen stützt sich zur Gewährleistung der Produktivität stark auf eine quasimilitärisch hierarchisierte Disziplin, und die Kehrseite dieser Disziplin sind Unmut und Betrug. Es gibt Zusteller, die sich, wenn sie damit durchkommen, an einer Tankstelle ein Baseball-Spiel ansehen. An Laderampen wird Dope geraucht und Whisky getrunken. In den höheren Etagen sind Drogen legal: Leitende Angestellte berichten mir von

Valium, Klonopin, Zoloft, Prozac, Paxil auf Rezept. Ich trinke einen Abend lang doppelte Margeritas mit drei Verwaltungsangestellten, die über inkompetente Kollegen zutiefst frustriert sind. Habe man einmal die Welt der Postgehälter und -zuwendungen betreten, sagen sie zu mir, komme man, selbst wenn man sie verabscheue, nur schwer wieder von ihr los.

«Die meisten behaupten, wir sind überbezahlt und tun nichts», sagt einer.

«In Chicago würden wir keinen anderen Job kriegen», sagt die zweite, eine Frau Ende vierzig. «Wir sind bei der Chicagoer Post? Und *suchen* Arbeit? Wahrscheinlich könnte ich irgendwo kellnern. Aber sie würden mich sehr genau im Auge behalten.»

«Als wäre man HIV-positiv», sagt der dritte.

Gayle Campbell, die Frau, die nach dem Niedergang der Chicagoer Post die zentrale Rolle spielte, ist eine Gefangene der Postwelt wie auch ihres eigenen Perfektionismus. Sie ist eine schlaksige, hübsche Frau mit großen Augen, einer hohen, offenen Stirn und dichten kastanienbraunen Haaren, die sie hochgesteckt oder als Pagenkopf trägt. Sie zeigt eine augenfällige Intelligenz und in Gesten und Ausdruck eine Intensität, die Verehrung wecken kann. Die Kunden, denen sie geholfen hat, beschreiben sie alle als barmherzigen Engel. Robert Pope, ein Innenarchitekt, sagt mir: «Bis auf Gayle Campbell war bei der Post niemand ehrlich und direkt. Sie ist etwas ganz Seltenes, ein großes Licht.» Andere Bewunderer sind nicht weniger begeistert, räumen aber ein, dass ihre extreme Hingabe an die Post sie verunsichere. Bei der Suche nach fehlgeleiteten Flugtickets hat sie ein ganzes Verteilerzentrum auf den Kopf gestellt. Sie hat Pakete in ihre Wohnung in Uptown mitgenommen und ist nachts aufgestanden, um sie einer Kundin an der Haustür zu übergeben.

Normalerweise verbringt sie siebzig Stunden die Woche bei der Arbeit, wird aber nur für vierzig bezahlt. Zwischen ihrer Arbeit und ihrer Identität gibt es kaum eine Grenze. Sie bezeichnet sich als «Postfreak». Ihr Mann ist Zusteller.

Zwar ist Campbells Werdegang außergewöhnlich in den Details, aber er passt in das Schema des Karriere machenden Postbeamten, der, als Außenseiter in der großen, weiten Welt, im Service seine Berufung und in straffer Hierarchie ein Zuhause findet. Campbell wurde 1950 in Kanada geboren und wuchs in Edmonton und Moose Jaw auf. Kulturell betrachtet sie sich nach wie vor als Kanadierin, und ihre Vorfahren beschreibt sie als afrikanisch, irisch und indianisch. 1962 zog die Familie nach Harvey, eine Kleinstadt im Süden Chicagos, wo Campbell, eine hervorragende Schülerin, noch vor ihrem sechzehnten Geburtstag die Highschool abschloss. Gleich darauf ging sie zur Army und diente zwei Jahre in Vietnam. Während sie auf Heimaturlaub war, machte sie die Aufnahmeprüfung für den öffentlichen Dienst und erzielte 99,6 von 100 möglichen Punkten. Unmittelbar nach ihrem Abschied von der Army sprach sie bei der Post in Harvey vor. «Ich war eine Kinderbraut der Post», sagt sie. «Etwas anderes als die Post kenne ich nicht.»

Campbell arbeitete fünfzehn Jahre lang als Postbotin. 1987 wurde sie in die Postverteilung befördert und stieg rasch auf. Bereits 1991 war sie Leiterin des Gesamtbereichs Automatisierung und Mechanisierung in Chicago und hatte zweihundert Mitarbeiter und dreizehn Dienstleiter unter sich. Während der folgenden anderthalb Jahre durchlief sie als Krisenfeuerwehr, Ausbilderin und Buchprüferin den gesamten Verteilerbereich. Im Herbst 1992 wurden dann aber im Zuge einer Umstrukturierung bei der Post im Bereich Verteilung mehrere mittlere Gehaltsstufen abgeschafft; das schien weiteren möglichen Beförderungen von ihr ein Ende zu setzen. Sie beschloss, sich um eine Ebene zurückstufen zu lassen, und ging in die Zustellung; ihr Plan war, sich dort fortzubilden, ein Jahr auf einer mittleren Stelle abzusitzen und dann zu versuchen, in die Verteilung zurückzugehen, auf eine höhere Position. Im Januar 1993 wurde sie in der Filiale Hyde Park in der South Side Chicagos Leiterin der Zustellabteilung.

Im selben Winter erhoben Geschäftskunden der Post, darunter ein Konsortium regionaler Banken, das als Chicago Clearing House bekannt war, über den Service bittere Klagen. Aus Angst, eigene Kunden zu verschrecken, veröffentlichte die Gruppe ihre Beschwerden nicht, allerdings war sie unter anderem wegen der Schließfächer im Hauptpostamt, in denen die Zahlungsanweisungen von Behörden und Geschäftsinvestoren eingingen, in heller Aufregung. Die Post hatte sich offiziell verpflichtet, neunzig Prozent der Schließfachpost innerhalb der Standardzeit zuzustellen. (Für Sendungen, die innerhalb der Region Chicago verschickt und ausgetragen werden, beträgt die Standardzeit einen Tag, d. h. zugestellt wird über Nacht. Für Sendungen aus Seattle beträgt der Standard für die Auslieferung in Chicago drei Tage.) Im Winter 1993 war der Prozentsatz der pünktlichen Schließfach-Zustellung auf etwas über sechzig Prozent gesunken.

Von vielen Seiten unter Druck, stellte Ormer Rogers, der Leiter des Zustellbereichs Great Lakes Area, ein achtköpfiges Service-Verbesserungs-Team zusammen, das Störungen im Verteilungs- und Zustellsystem aufspüren und mit Nachdruck daran arbeiten sollte, sie zu beheben. Einige von Rogers' Berufungen waren politisch begründet, andere spiegelten berufliche Kompetenz. Zur letzteren Gruppe gehörte auch Gayle Campbell, die zur De-facto-Leiterin des Teams wurde.

Sie deckte Schwierigkeiten ohne Ende auf. Es gab Postboten, die ihre Touren mit behelfsmäßig an ihren Karren geschnallten Plastikkübeln machten, weil niemand eine Tasche für sie angefordert hatte. Es gab Postboten, die nicht zugestellte Post in den Briefkasten an der Ecke warfen, damit sie abgeholt und neu verteilt würde. Sie hörte zufällig, wie ein Betriebsleiter einen Kunden anbrüllte, dessen Schließfachschloss kaputt war: «Hau bloß ab hier!» Es gab Postboten, die an kalten Tagen von zwölf bis 17 Uhr 30 im Auto saßen und dann mit der ganzen Post zu ihrer Filiale zurückkehrten, um vier Überstunden zu scheffeln. Sie ging zur Luftpoststelle am Flughafen O'Hare, wo sie feststellte, dass Maschinen ohne die vertraglich vereinbarte Postfracht abfliegen durften. Sie ging zum NBC-Tower in der Innenstadt und stellte fest, dass Post in Säcken angeliefert wurde, die draußen stehenblieben, sodass jeder sie öffnen konnte. Überall in der Stadt warf sie Testbriefe ein und verfolgte, wo sie abgeholt und entwertet wurden. Manche der Briefe landeten in einer Abteilung für unzustellbare Briefe in Minneapolis.

Solche Funde und die Berichte, zu denen sie führten, machten das Service-Verbesserungs-Team bei den Betriebsleitern der Chicagoer Post nicht unbedingt beliebt. Im Oktober 1993 traf sich Postchef Jimmie Mason mit dem Team und drängte es, die Berichte etwas abzumildern. Statt die Kritik schriftlich niederzulegen, sagte er, solle man lieber versuchen, mit den Filialleitern zusammenzuarbeiten; als Außenstehender habe man von dem Druck, mit dem ein Betriebsleiter fertig werden müsse, nämlich keine Vorstellung.

Für Campbell klang das wie eine Aufforderung, alles wie gehabt laufenzulassen. Ihr Leben war so eng mit dem Postamt verknüpft, dass sie es als Außenstelle ihrer selbst verstand. Ein «schmutziges» Postamt störte sie genauso wie ein schmutziges Bad. Statt ihre Berichte abzumildern, verschärfte sie sie noch. Am 15. und 16. November listete sie während eines Kontrollbesuchs im Postamt Graceland Annex, einer Filiale am nördlichen Seeufer, die Längenmeter Post auf, die «gekürzt», also zurückgelassen wurden, wenn die Zusteller auf ihre Tour gingen. Fall Nr. 5706 hatte um 23 Meter gekürzt. Andere Problemfälle um sechsundzwanzig, dreißig und achtundzwanzig Meter. Bei Fall Nr. 5709 entdeckte das Team zwei große Säcke abgeholter, aber nicht verteilter Post mit einer Woche altem Frankiermaschinendatum. Am 17. November fand Campbell in der Filiale Lakeview Post, die im Juli ferienbedingt zurückgelassen worden war und noch immer auf ihre Zustellung wartete. Bei Fall Nr. 1342 fand sie Expresspost vom Oktober und einen Steuerbescheid vom September. Bei Fall Nr. 1346 förderte sie Cerealienproben der Firma General Mills vom Juni zutage.

Das ganze Jahr 1993 hatte Campbell aufgebrachten Kunden versichert, es sei Postchef Jimmie Mason ernst damit, in Chicago aufzuräumen. Als hartnäckige Optimistin glaubte sie noch immer, sie werde wegen ihrer langen Arbeitszeiten und der Verbesserungen, die ihr Team bewirkt hatte, befördert werden. Aber entweder hatte sie Mason von Anfang an falsch eingeschätzt, oder Chicago hatte ihn verändert. Ende November versprach er, so Campbell, einer Versammlung von Betriebsleitern aus der Stadt, das Service-Verbesserungs-Team werde Ende des Jahres aufgelöst sein, und weitere Schikanen hätten sie nicht zu befürchten.

In derselben Woche ging jedoch ein Mann namens Jerry Stevens in die Filiale Graceland, um sich nach seiner Geschäftspost zu erkundigen, die vier Tage hintereinander ausgeblieben war. Er wagte sich in den Zustellersaal vor, sah einen riesigen Berg zurückgelassener Post. Neunzig Minuten nachdem er bei einer Beschwerdestelle der Post angerufen hatte, rief der Filialleiter von Graceland zurück, entschuldigte sich für den schlechten Service und drohte dann, ihn verhaften zu lassen, sollte er den Zustellersaal noch einmal betreten. Stevens rief sogleich bei der *Chicago Sun-Times* an, und deren Reporter Charles Nicodemus machte die Anekdote zum Kern eines vernichtenden Artikels über die Beschwerden, die gegen die Postämter der North Side vorgebracht wurden.

Am 13. Dezember, als der Artikel erschien, beauftragte Rogers, der Leiter des Zustellbereichs Great Lakes Area, seine Leute mit der Überprüfung der Filialen am nördlichen Seeufer und forderte den internen Kontrolldienst der Post auf, eine Parallelstudie durchzuführen. Der Kontrolldienst ist ein Wachhund an einer langen Leine: Von Mitarbeiterklauereien und Drogenmissbrauch bis hin zu Spar-und-Darlehens-Betrug und Internet-Pornographie untersucht er einfach alles. Da Campbell mit den Inspektoren schon zusammengearbeitet hatte und sie vertrauenswürdig fand, hatte sie ihnen heimlich Kopien ihrer Berichte geschickt. Bevor Jimmie Mason das Service-Verbesserungs-Team auflösen konnte, bat der Chef des Kontrolldienstes es um Mithilfe bei der Prüfung.

Als die neuen Berichte Anfang Februar des Jahres 1994 fertiggestellt waren, setzte sich Mason mit jedem Mitglied des Teams zusammen, um über, wie er es nannte, dessen «Aufstiegsmöglichkeiten» zu sprechen. Campbell sagte ihm, sie gäbe bestimmt eine gute Betriebsleiterin in Uptown ab, da sie dort wohne. Mason antwortete, dafür habe sie nicht den geeigneten Werdegang. Er bot ihr eine Stelle als Dienstleiterin unter dem damals tätigen Leiter der Filiale Uptown an, Thomas Nichols – der häufig Gegenstand ihrer Kritik gewesen war. Sie lehnte dankend ab. Eine Woche später teilte Mason sie wieder der Filiale Hyde Park als Leiterin der Zustellabteilung zu.

Zum Emblem einer Behörde in der Krise wurde die Chicagoer Post erstmals im Oktober 1966, als sie einen schlimmen Schlag erlitt. Ein Rückstau von zehn Millionen Postsendungen überflutete das riesige, altersschwache Hauptpostamt. Güterwagen und Postautos verstopften die Zufahrten des Gebäudes. Fast drei Wochen lang war die Zustellung in der Stadt lahmgelegt, und Millionen Briefe und Pakete auf dem Weg wohin auch immer blieben liegen.

Zwei Jahre später kam die vom US-Präsidenten eingesetzte

Kommission zur Untersuchung der Unternehmensstruktur der Post, die sogenannte Kappel Commission, zu dem Ergebnis, schuld an dem Stillstand seien veraltete, schlecht gewartete Anlagen und eine Vielzahl von Managementproblemen gewesen, darunter eine Vakanz in der Chefetage der Chicagoer Post während eines halben Jahrs davor, die «Pensionierung einer ungewöhnlich hohen Zahl erfahrener Dienstleiter Ende 1965», die niedrige Arbeitsmoral der Angestellten, ein «Krankenstand, der um das Doppelte über dem Landesdurchschnitt liegt», sowie die «niedrigste Produktivitätsrate der Post im ganzen Land». *Plus ça change:* Die Liste zeigt praktisch Punkt für Punkt die Krise der Chicagoer Post von 1994 auf.

Das nunmehr einundsechzig Jahre alte Hauptpostamt in der West Van Buren Street 433 ist nach wie vor das größte freistehende Postgebäude des Landes und ein Monument all der Techniken, mit denen wesentliche Informationen heute nicht mehr übertragen werden. Die grünen Fluten des Chicago River schlagen sanft gegen seine Untermauerung. Die Kellergeschosse haben Verbindungstüren zu den Bahnsteigen der Union Station, zu der Züge so gut wie keine Post mehr transportieren, und mitten durch seine Flanken stößt der achtspurige Eisenhower Expressway. In der stillen, grottenartigen Eingangshalle stellen Basrelief-Medaillons aus Messing die fünf Transportmöglichkeiten dar, deren sich die Post bis 1933 bediente: Segelschiff, Dampfschiff, Flugzeug, Postkutsche und Bahn. Ein separates Philatelisten-Center verkauft Kolibris und selbstklebende Eichhörnchen und, in jeder Form und Farbe, Liebe, **LIEBE**, *Liebe* – die heitere Abstraktion, der die amerikanische Post wie eines Königshauses gedenkt.

Die Aufgaben des Hauptpostamts werden bald auf ein neues Gebäude, das gerade für eine Viertelmilliarde Dollar auf der gegenüberliegenden Straßenseite errichtet wird, und ein kleineres, schon in Planung befindliches im Nordwesten der Stadt verteilt sein. Bis jetzt wird der Großteil der Post für die zweitgrößte Stadt der USA noch immer durch die alten Gebäude geschleust. Um sechs Uhr abends schuften Arbeiter beiderlei Geschlechts in der ständig von Dieselschwaden durchwehten Düsternis der unterirdischen Laderampen, ziehen aus Lieferfahrzeugen Plastikwannen mit Post und schicken sie nach oben zum «Wasserfall» – einem System aus Fließbändern und Rutschen, das sich die eintreffenden Briefe wie laichende Lachse hinaufarbeiten müssen. Eine mit Teppichboden verkleidete Walze schiebt alles, was sich für eine automatische Verteilung nicht eignet (geknickte Sendungen, sperrige Sendungen, aufgerissene Sendungen) zur Spezialbehandlung in einen Korb. Automatisierung und Mechanisierung haben die Postverteilung seit 1966 erheblich beschleunigt, doch im selben Zeitraum hat sich das Gesamtvolumen der Post mehr als verdoppelt. Kubikmetergroße eingeschweißte *TV-Guide*-Klötze, klobige Werbemittel-Quader hocken träge auf Paletten. Dienstleiter tragen Buttons mit der Aufschrift «Ich bin Teil der Lösung». Dem Ort haftet eine verstaubte Stagnation an. Rußige Fenster streuen die Abendsonne auf ramponierte Parkettböden und graue Amtsmöbel. Sachbearbeiter tragen Ablagekörbe weder schnell noch langsam von Ausgangs- zu Eingangsstellen. Die Anlage ist in ihrem ehrwürdigen Alter bestürzend vertikal. Die Laderampen im oberen Stock sollten einst Zugpferde unterbringen.

Meine offizielle Führerin durch Chicagos Postsystem ist eine sonnige, zierliche Expertin für Öffentlichkeitsarbeit mit angenehmer Stimme, Debra Hawkins. Wo wir im Hauptpostamt auch hinkommen, überall trifft sie ehemalige Mitarbeiter, die sich lauthals freuen, sie zu sehen, und Hawkins lässt sich beredt über das Thema «die Postfamilie» aus. Sie spricht von Bowlingteams, Golfteams, Basketballteams der Post. «Die Atmosphäre ist sehr freundschaftlich und intim», sagt sie. «Wir haben hier Leute mit über fünfzig Dienstjahren auf dem Buckel. Das ist ihre eigentliche Familie. Sie leben, um zur Arbeit ins Postamt zu gehen.»

Wenn aber die Familie so harmoniert, warum ist dann die Zufriedenheitsrate der Chicagoer Kunden dauerhaft so niedrig? Von den verschiedenen Erklärungen, die Hawkins und andere Familienmitglieder mir anbieten, bezichtigt eine beachtliche Menge die Öffentlichkeit. 1. Die Kunden begreifen nicht, dass nicht jeder die erste Station auf einer Zustelltour sein kann. 2. Die Kunden merken sich die eine schlechte Erfahrung, die sie gemacht haben, und vergessen die zahlreichen guten. 3. Die Kunden ziehen häufig um, und sie füllen die Karten mit der Adressänderung falsch oder gar nicht aus. 4. Die Kunden halten nichts von Wohnungsnummern, und oft ziehen sie innerhalb eines Gebäudes um, ohne ihre Adresse zu korrigieren. 5. Die Kunden weigern sich, Briefkästen mit ihren Namen zu versehen. 6. Einwanderer adressieren ihre Post in einer fremdartigen Weise. 7. Im Zuge der Aufwertung der North Side ist dort die Bevölkerung schneller gewachsen, als neue Postfilialen folgen können. 8. Immer mehr Menschen machen sich selbständig und arbeiten zu Hause, was das Postaufkommen vergrößert. 9. Die Kunden adressieren ihre Post mit einem Gekritzel, das die automatischen Sortiermaschinen nicht entziffern können. 10. Die Presse bringt immer nur das Negative. Und überhaupt ist 11. der Service in vielen anderen Großstädten genauso schlecht.

Einerseits spiegeln diese Erklärungen, buchstäblich wie psychologisch, jenes Leugnen, das dazu geführt hat, dass der Postservice in Chicago trotz des unablässigen Trommelfeuers an fundierten Beschwerden mangelhaft geblieben ist. Im Schoße einer Familie unter Druck können alle möglichen Koabhängigkeiten entstehen. Statt zuzugeben, dass jemand aus der Familie schlecht seine Arbeit macht, behaupten manche Postbediensteten (Erklärung Nr. 12), dass «diejenigen, die die meiste Post bekommen» – mit anderen Worten: die wichtigsten Postkunden –, «sich am lautesten beschweren».

Andererseits ist die Unduldsamkeit der Familie gegenüber

der Öffentlichkeit teilweise berechtigt. Wenn ich Federal Express in Anspruch nehme, akzeptiere ich als eine Geschäftsbedingung, dass deren Standardformulare in Druckschrift ausgefüllt werden müssen. Eine E-Mail an eine Adresse, bei der nur ein Schriftzeichen falsch ist, geht ins Nichts. Zwei vertauschte Ziffern in einer Telefonnummer, und ich bin mit jemandem verbunden, der erregt Portugiesisch spricht. Elektronische Medien lassen es einen sofort wissen, wenn man einen Fehler gemacht hat; bei der Post muss man warten. Haben wir nicht alle irgendwann die Menschenfreundlichkeit der Post auf die Probe gestellt? Ich schicke etwas an Freunde in Upper Molar, New York (sie leben in Upper Nyack), und erwarte, dass eine mir unbekannte Person über die Oberer-Backenzahn-Adresse lacht und es binnen achtundvierzig Stunden zustellt. In den meisten Fällen tut die mir unbekannte Person das auch. Ihres umfassenden Serviceauftrags wegen gleicht die Post einer großstädtischen Notaufnahme, die vertraglich verpflichtet ist, sich jeder Halsentzündung, Schwangerschaft und durchgedrehten Mutter anzunehmen, die des Weges kommt. Da kann man schon mal Stunden in einem trübe beleuchteten Gang warten. Das Personal kann kurz angebunden und langsam sein. Aber irgendwann kommt man dran. In der «Nixie»-Abteilung des Hauptpostamts – in der die Sendungen mit unleserlicher oder falscher Adresse landen – sehe ich Straßennummern in den Siebzigtausendern, unmögliche Paarungen von Postleitzahl und Straße, Adressen ohne Namen, ohne Straße, ohne Stadt, Adressen, die nur aus einer Gebäudebeschreibung bestehen, Adressen, die mit wasserlöslicher Tinte geschrieben und vom Regen verwischt wurden. Erfahrene Nixie-Mitarbeiter schauen sich diese Waisen eine nach der anderen an. Entweder finden sie ein Zuhause für sie, oder sie drücken den aussagekräftigsten aller Poststempel darauf, den zinnoberroten mahnenden Finger, der die Schuld schlicht einem selbst, dem Absender, zuschiebt.

Nicht alle Erklärungen der Postfamilie für Chicagos Misere

bezichtigen die Öffentlichkeit. Viel wird der harte Winter des Jahres 1994 erwähnt (Erklärung Nr. 13). Erwähnt wird auch das Management. Debra Hawkins merkt an, dass Chicago im Lauf der letzten sieben Jahre sieben Postchefs hatte, jeder mit einem anderen Konzept, und dass leitende Postangestellte, die aus wärmeren, kleinstädtischeren Landesteilen versetzt wurden, häufig der Elan fehlt, die Probleme im System anzupacken, und sich lieber vorzeitig pensionieren lassen. Besondere Kopfschmerzen bereiten die Chicagoer Immobilien: Die Modernisierung der städtischen Verteilungseinrichtungen wurde um Jahre verzögert, weil die Post ein Auge auf ein Stück Land geworfen hatte, das die Stadtentwicklungsbehörde anders verwenden wollte.

Letztlich, und das leuchtet durchaus ein, gibt die Postfamilie Marvin Runyons Umstrukturierung der Post die Schuld. Der langjährige Manager eines Autounternehmens und ehemalige Chef des Energieerzeugers Tennessee Valley Authority wurde im Juli 1992 Postminister und startete sogleich einen Angriff auf die bürokratischen Strukturen der Post. Er verkündete seine Absicht, dreißigtausend «allgemeine» Stellen abzubauen, und bot jedem dafür in Frage kommenden Angestellten, der bis zum 3. Oktober 1992 in Rente ging, als Prämie ein halbes Jahresgehalt. Das Abfindungsangebot – Teil der radikalsten Umstrukturierung einer Bundesbehörde, seit Eisenhower das Pentagon reformierte – erwies sich als ungeheuer beliebt. Als alle Antragsformulare eingegangen waren, hatten achtundvierzigtausend Postbedienstete den Vorruhestand gewählt. Das Dumme war nur, dass lediglich vierzehntausend davon «allgemeine» Positionen bekleidet hatten. Die anderen waren ältere Zusteller, Angestellte des Innendienstes, Sortierer und Betriebsleiter.

Der Stellenabbau traf Chicago besonders hart. Ein so antiquiertes System wie das in Chicago funktioniert nur mit Sachkenntnis, und Ende 1992 verlor es fünfzehnhundert seiner ältesten Mitarbeiter, also fast zehn Prozent der gesamten Belegschaft. Ehemaliges Verteilungs- und Verwaltungspersonal wurde in Filialen versetzt, in denen nur noch wenige erfahrene Mitarbeiter als Ausbilder zur Verfügung standen. Das ganze Jahr 1993 hindurch gab es schlicht nicht mehr genügend Personal, um der anfallenden Arbeit Herr zu werden. Weil das Management es sich nicht leisten konnte, auch nur einen vom Dienst zu suspendieren, führte es «Pro-forma-Suspendierungen» ein, was bedeutete, dass ein Bediensteter aufgrund von Verfehlungen bis zu drei Suspendierungen erhalten konnte und dennoch keinen einzigen bezahlten Arbeitstag versäumte.

Das alles hatte absehbare Auswirkungen auf die Disziplin. Schleichender war die Untergrabung der Arbeitsmoral. Ohne gute Aufsicht ist die einzige Belohnung für diejenigen Zusteller, die hart arbeiten und mit ihrer Tour schon am frühen Nachmittag fertig sind – und solche Zusteller, das sei betont, bilden in den meisten Filialen die Mehrheit –, dass sie die liegengebliebene Arbeit fauler Kollegen aufgehalst bekommen. Die Belohnung für schlechte Zusteller hingegen, diejenigen, die den Nachmittag durchtrinken und ihre Tour erst bei Einbruch der Dunkelheit beenden, sind bezahlte Überstunden. Schlechte Aufsicht erzeugt ein System verkehrter Anreize, ein System, das die Manager in Washington gern *«the Culture»* nennen. Die Postbediensteten, die unter dem Einfluss dieser *«Culture»* stehen, arbeiten so wenig wie möglich, außer an jedem zweiten Donnerstag. An zwei Donnerstagen im Monat können die Postboten nämlich ihren Gehaltsscheck abholen, sobald sie mit ihrer Tour fertig sind, und dann hat ganz Chicago seine Post schon am frühen Nachmittag.

Erich Walch, ein alteingesessener Chicagoer, der in Evanston arbeitet, gehört zu den vielen Zustellern, für die der Service Belohnung genug ist. Er glaubt, dass das Management der Post die Intelligenz und die harte Arbeit der engagierten Zusteller einfach nicht würdigt. Seiner Ansicht nach ist die Frustration unter ihnen deshalb so groß. «Viele kommen an einen Punkt, wo sie sich sagen: ‹Ich habe alles getan, was ich kann, also mache ich jetzt weniger. Ich stelle nur noch Briefe und Drucksachen zu. Vielleicht nehme ich noch ein oder zwei zusätzliche Ladungen Postwurfsendungen mit. Und ich gehe richtig langsam. Und morgen ist auch noch ein Tag.›»

Betriebsleiter wiederum klagen, dass umständliche Betriebsvereinbarungen und obstruktive Gewerkschaften sie daran hindern, die Disziplin aufrechtzuerhalten. Diese Meinung wird von Gewerkschaftsvertretern bestritten, auch von Walch (er ist stellvertretender Vertrauensmann), der betont, die Manager seien schlicht zu faul oder uninformiert oder mit Papierkram zugeschüttet, um die Betriebsvorschriften zu beachten. In der Tat hat das vermeintlich gespannte Verhältnis zwischen Führungskräften und Gewerkschaft etwas von einem bequemen Mythos. Die Gewerkschaften liefern den Managern eine Entschuldigung für ihr schlechtes Management, was umgekehrt die Macht der Gewerkschaften in einer Filiale stärkt; die Produktivität bleibt auf der Strecke.

Auch die Bürokratie wird von der «*Culture*» durchdrungen. Verwaltungsangestellte in Chicago, ein beachtlich demoralisierter Haufen, klagen noch heute über die Inkompetenz der Manager, die im Zuge der Umstrukturierung von 1992 an die Spitze kamen. Die meisten Postbediensteten glauben, Beförderung sei mit dem Makel der Vetternwirtschaft behaftet, und obwohl Nepotismus selten unverhohlen auftritt, ist die Chicagoer Post im Wortsinn eine Familie, eine erweiterte Familie aus Tanten, Onkeln, Schwägern und Geliebten. Eine höhere Verwaltungsangestellte sagt mir: «Die Leute, die sie uns vor die Nase gesetzt haben, wurden auf Wunsch des Managements von uns ausgebildet.»

Aus Verzweiflung über die Dummheit ihres Vorgesetzten kaufte diese Angestellte jüngst bei einem Straßenhändler im haitianischen Viertel von Rogers Park eine Voodoopuppe aus Stroh. Dass die Puppe stellvertretend für ihren Chef verwünscht wurde, war ihr zehn Dollar extra wert. Zusätzlich zur Puppe gab man ihr drei Hutnadeln mit Perlenkopf, die sie ihr in Kopf, Herz und Bauch stieß. Am folgenden Morgen war das große Thema in ihrer Dienststelle, dass ihr Chef aus Chicago versetzt werde. Nicht lange nach seiner Versetzung bekam er eine schwere Krankheit unklarer Natur.

Am Morgen des 4. Februar 1994 trieb die Dysfunktion der Postfamilie auf dem Parkplatz der Filiale Lakewood in der Irving Park Road spektakuläre Blüten. Ein Zusteller, dessen Wagen nicht ansprang, öffnete den Wagen eines Kollegen, des Zustellers 1345, um Starthilfe zu bekommen. Auf der Pritsche entdeckte er hundert Säcke nicht zugestellter Post – wie sich herausstellte, insgesamt 40100 Sendungen mit 484 verschiedenen Adressen. Die ältesten Poststempel datierten vom Dezember.

Als die Postinspektoren das Service-Verbesserungs-Team baten, den Inhalt der hundert Säcke zu zählen (das ging mechanisch vonstatten, mit optischen Zeichenlesern), erfuhr auch Gayle Campbell von der Entdeckung. Sie war von dem Vergehen des Zustellers 1345 herzlich wenig überrascht. In einem Bericht vom November hatte sie ihn als unfähigen Mitarbeiter bezeichnet, der seine Post gewohnheitsmäßig «kürze», und es lag auf der Hand, dass seitdem nichts unternommen worden war, um seine Leistungen zu verbessern. Sie entschloss sich nun, die Information an jemanden weiterzugeben, der womöglich etwas damit anfangen konnte.

Dieser Jemand war Charles Nicodemus. Seit dem Erscheinen seines Artikels in der *Sun-Times* im Dezember hatten die Chicagoer die Redaktion der Zeitung mit Anekdoten über die Post bombardiert, doch dem Blatt fehlten genügend gesicherte Fakten, um eine Fortsetzung zu bringen. Dann, am 21. Januar, bekam Nicodemus einen Anruf von Stadtrat Patrick O'Connor. O'Connor sagte, eine seiner Wählerinnen – Debra Doyle – habe mit einer Postbediensteten gesprochen, die bereit sei, auszupacken und Namen zu nennen. Nicodemus ergriff die Gelegenheit beim Schopf, Gayle Campbell zu befragen.

Bei seinen Bemühungen, sich die Geschichte über den Postboten 1345 bestätigen zu lassen, wurde Nicodemus von der Post wiederholt belogen. Noch nachdem die *Sun-Times* den ersten von drei Artikeln über den Vorfall gebracht hatte, leugneten Sprecher der Post beinahe einen ganzen Tag, dass die Postsäcke zufällig entdeckt worden seien. Diese Lügen sowie die Meldung, die Zufriedenheitsrate der Chicagoer Postkunden sei auf vierundsechzig Prozent gesunken, also so niedrig wie noch nie, veranlassten die *Sun-Times*, in einem Leitartikel vom 20. Februar die Entlassung Jimmie Masons zu fordern.

Als der Leitartikel erschien, war Campbell schon wieder in die Filiale Hyde Park zurückgekehrt. Doch noch während ihrer ersten Zusammenarbeit mit Nicodemus hoffte sie, dass Ormer Rogers, der Bereichsleiter, über die Berichte seiner Mitarbeiter ebenso entsetzt sein würde wie sie. Endgültig desillusioniert wurde sie in der Filiale Ashburn im Südwesten Chicagos, wo sie Ende Februar an einer Versammlung aller Zustellungsleiter der Stadt teilnahm. Das Erdgeschoss der Filiale war ein kinnhohes Meer von Post. «Ich machte die Tür auf, und ich sagte: ‹*Himmel*, das ist kein Postamt, das ist ein *Lagerhaus*›», berichtet sie. Auf dem Weg zum ersten Stock wateten Ormer Rogers, fünfzig Betriebsleiter und über zweihundert Dienstleiter wortlos durch die Postsendungen, so als wären sie gar nicht da. «Da wusste ich, dass ich mit den Falschen zusammenarbeitete», sagt Campbell. «Da wusste ich, dass ihnen an Verbesserungen überhaupt nicht gelegen war.» In ihrer Verzweiflung gab sie Nicodemus die Abschlussberichte über die Kontrollen, die Rogers im Dezember in Auftrag gegeben hatte. Die Berichte führten zu der Titelgeschichte der *Sun-Times* vom

2. März («STICHPROBEN BEI POST FÖRDERN CHAOS ZUTAGE») und einer Reihe ergiebiger Fortsetzungen: zweihundertvierzig Längenmeter Post in der Filiale Lincoln Park, die einfach nur dalagen, Dienstleiter, die Drogen- und Alkoholkonsum der Angestellten während der Arbeitszeit tolerierten, das Service-Verbesserungs-Team mundtot gemacht und aufgelöst.

Eine Kopie des Abschlussberichts faxte Campbell auch an das Washingtoner Büro von Senator Paul Simon, der durch Patrick O'Connor von ihr erfahren hatte. Simon und seine Kollegin Carol Moseley-Braun, auch sie Senatorin von Illinois, schrieben Postminister Marvin Runyon gemeinsam einen Brief, in dem sie ihn drängten, Chicago einen persönlichen Besuch abzustatten. Runyon fürchtete, in ein Wespennest zu stechen, und weigerte sich. Daraufhin rief Simon bei ihm zu Hause in Nashville an (Runyon pendelt per Flugzeug nach Washington) und überredete ihn, die Sache noch einmal zu überdenken. Runyon schickte seinen Stellvertreter hin, Staatssekretär Joseph R. Caraveo, und noch zwei weitere Staatsbeamte, die seinen eigenen Besuch vorbereiten sollten.

Am Freitag vor Runyons Besuch tauchten als einer jener «Zufälle», die paranoide Verschwörungstheorien nähren, in Mülltonnen hinter einem Haus in Südwest-Chicago zwanzigtausend Sendungen mit Poststempeln aus dem Zeitraum 1979 bis 1992 auf; der pensionierte Postbote, dem das Haus gehörte, gestand, er habe, weil er seine Touren nicht in der vorgegebenen Zeit habe schaffen können, regelmäßig etwas mit nach Hause genommen. An jenem selben Freitag fand die Polizei einen hundert Kilo schweren Haufen neuer Post, der auf einem Fußweg unter einer Eisenbahnbrücke brannte. Die schuldige Zustellerin, Darnesia Bullock, erklärte später, durch Caraveos stichprobenartige Kontrollen in der ganzen Stadt hätten die Postboten unter erheblichem Druck gestanden, nur ja keine Post in den Filialen zurückzulassen. Der Fußweg habe sich ihr als naheliegender Verwahrungsort angeboten. Bullock vermutete, Obdachlose hätten die Post angesteckt.

Die Stimmung in der Stadt war gereizt, als Runyon eintraf. Sein Besuch gipfelte in einer «Gemeindeversammlung» im Broadway Armory im Stadtteil Uptown. Offiziell war das Treffen eine Anhörung des städtischen Finanzausschusses über die wirtschaftlichen Auswirkungen des schlechten Postdienstes. Runyon, Mason und die Chefin der Chicagoer Postverteilung, Celestine Green, saßen wie Angeklagte bei einem Kriegsverbrechertribunal an einem Tisch, vor ihnen ein Heer von Anklägern und ein Häuflein Verteidiger. Während Mitglieder der Progressive Labor Party Flugblätter verteilten, auf denen acht Stunden Lohn für sechs Stunden Arbeit gefordert wurde, entschuldigte sich Runyan bei der Stadt Chicago und versprach, eine Sonderkommission zu entsenden, die mit allem aufräumen werde. Zeugen rissen an den angeschalteten Mikrofonen sarkastische Witze und sangen Spottlieder. Marilyn Katz machte ihrer Unzufriedenheit Luft, und Debra Doyle erzählte eine soundbite-lange Geschichte über nie eingetroffene Gasrechnungen, die dann noch über Monate im Fernsehen gesendet wurde.

Nachdem Runyan Chicago wieder verlassen hatte, traf eine siebenundzwanzigköpfige Sonderkommission aus erfahrenen Managern aus dem ganzen Land ein, um die Arbeit des ungewürdigten und weitgehend in die Wüste geschickten Service-Verbesserungs-Teams fortzusetzen. Altbekannte Versprechungen wurden gemacht, als wären es neue, und die Aufmerksamkeit der Medien ließ vorübergehend nach. Doch Jimmie Masons Tage als Chef der Chicagoer Post waren gezählt.

Am 25. April verbreitete Van H. Seagraves, der Verleger des Blattes *Business Mailers Review*, die Geschichte, Celestine Green habe aus Instandhaltungsmitteln zweihunderttausend Dollar für die Ausstattung ihrer Bürosuite mit Küchenschränken aus Massivholz, einem Marmorbad und einer Klimaanlage für jedes der sieben Fenster der Suite ausgegeben. Es ging das Gerücht, die Nachricht von der Neuausstattung sei buchstäblich durchgesickert, als Wasser aus Greens Whirlpool durch die Decke der Expresspostabteilung zwei Stockwerke tiefer drang. Schlimmer noch, Ende 1995 sollte das gesamte Hauptpostamt geräumt werden. Greens Fehlentscheidung war so ungeheuerlich, dass dem Ministerium in Washington nichts anderes übrig blieb, als sie zu versetzen. Und wo sie schon dabei waren, versetzten sie am 3. Mai auch noch Ormer Rogers und Jimmie Mason. Typisch für die Post, geschah das alles auf die sanfte Art. Rogers wurde zwar zurückgestuft, doch keiner der Führungskräfte musste eine Kürzung des Gehalts und anderer Leistungen hinnehmen. Rogers wurde nach Kansas City versetzt, Mason nach South Carolina und Green in die südlichen Vororte Chicagos, wo ihr Mann das Verteilerzentrum leitet.

Nachdem Runyans Sonderkommission ihre Arbeit in Chicago aufgenommen hatte und die Spitzenmanager der Post versetzt worden waren, trieb die Fallout-Wolke Richtung Osten auf Washington zu. Bei Kongressanhörungen Anfang Juni gaben sich Mitglieder der vom US-Präsidenten eingesetzten Postaufsicht zerknirscht und zornig. Marvin Runyon kündigte eine weitere Umstrukturierung der Unternehmenshierarchie an, eine Zusammenlegung von Zustellung und Verteilung, Bereichen, die er 1992 eigens getrennt hatte. Die Umstrukturierung zog die Kritik des Abgeordneten des US-Repräsentantenhauses William L. Clay auf sich, der anmerkte, dass nur einer von zehn neuen regionalen Postchefs ein Schwarzer sei, und das erschöpfte offenbar die Geduld eines Mitglieds der Postaufsicht, Robert Setrakian, der seine Kollegen unter der Hand aufforderte, Runyon aus dem Amt zu jagen, bevor die amerikanische Post ganz auseinanderbreche. Die Krise vertiefte sich im Juli, als die *Washington Post* meldete, Inspektoren hätten Millionen von Briefsendungen in vier Anhängern vor einem Verteilerzentrum in einem Vorort in

Maryland entdeckt, wo man offenbar nicht fähig oder willens sei, die täglich anfallende Arbeit zu erledigen.

Jeder dieser Fälle war ein Echo des Niedergangs der Chicagoer Post. Seit der Begegnung Debra Doyles mit Gayle Campbell war der Damm zwischen zwei Welten durchbrochen. Doyle brachte Campbell zu Nicodemus, und der gab der Chicagoer Öffentlichkeit Einblick in die Welt der Post; nach Marvin Runyons Eintreffen aus Washington und einer Folge der CBS-Nachrichtensendung *Eye to Eye with Connie Chung* war unausweichlich, dass Köpfe rollen würden.

Eine Coda zum Niedergang war, dass am Samstag, dem 7. Mai, Feuerwehrleute zu einem Kabelbrand in einer Wohnanlage in Palatine Township, einem Vorort im Nordwesten Chicagos, ausrückten und den Zugang zum Dachstuhl von einer Wand aus Briefen und Paketen im begehbaren Schrank des Schlafzimmers versperrt fanden. Ein Bündel Sendungen fiel einem Feuerwehrmann auf die Füße; sie waren beschriftet mit Adressen der North Side Chicagos. Der Fund bestand aus 3396 Briefsendungen (darunter eine Visa-Karte, die aus ihrem Umschlag genommen, aber weder unterschrieben noch benutzt worden war), 1138 Drucksachen, 165 Kilo Postwurfsendungen und 1136 CDs. Die Eigentumswohnung gehörte Robert K. Beverly, einem seit sieben Jahren pensionierten Zusteller der Filiale Irving Park, der vor lauter Angst, für nicht zu Ende gebrachte Touren gemaßregelt zu werden, immer mehr Sendungen in seinem gebrauchten Jaguar mit zu sich nach Hause geschafft hatte. Rätselhaft an dieser Geschichte ist, dass sich auf seiner Tour offenbar niemand über ausbleibende Post beschwerte. Seine Verhaftung kam für die Filiale Irving Park vollkommen überraschend.

Die Postfamilie will mir weismachen, dieser Vorfall sei ungewöhnlich. Man sieht in Beverly einen faulen Apfel oder Irren, in seinen Taten den Ausdruck von nichts anderem als der Finsternis in seinem Herzen. Die Familie behauptet, die Ansammlung fauler Äpfel in Chicago in jenem Frühling sei rein zufällig. Das Bekanntwerden einer Entdeckung führe zu weiteren Entdeckungen. Viele der Vergehen, die ans Licht kämen, seien alte Kamellen. In anderen Städten sei es auch nicht anders.

Wenn ich diese Ausflüchte Gayle Campbell vortrage, schüttelt sie grimmig den Kopf wie eine Richterin, die häufig Todesurteile fällt. Sie sagt, in einem Bericht des Service-Verbesserungs-Teams von 1993 habe sie Beverlys Tour als einen mit alter Post gepflasterten «Problemfall» hervorgehoben. Sie glaubt, dass es in Chicago weitere, noch unentdeckte Robert Beverlys gibt. Nach einem Gespräch mit Beverlys Vorgesetztem («der nachlässigste, gleichgültigste Herr, der mir je begegnet ist») und dem Leiter der Filiale Irving Park kann sie das rätselhafte Ausbleiben von Beschwerden erklären. «Es gab sehr wohl Beschwerden», sagt sie. «Aber ich weiß, dass sie kein Beschwerdebuch führen, weil ich das mal bemängelt habe. Sie konnten mir einfach keines vorlegen. Ich habe sie darauf angesprochen. Sie hatten die Beine hochgelegt und unterhielten sich übers Baseballspiel. Draußen warteten zwanzig Leute und wollten bedient werden, und an den Schaltern saßen zwei Mann.»

Dass systemische Fehler im wichtigsten Kommunikationsnetz einer der größten Städte und Finanzzentren des Landes zehn Jahre lang bestehen konnten und dass es der vereinten Anstrengungen einer Einzelkämpferin im Verwaltungsapparat, der Medien und einer Delegation des Kongresses bedurfte, um das System zu zwingen, sich diesen Fehlern zuzuwenden, wirft ernste Fragen zur langfristigen Überlebensfähigkeit der amerikanischen Post wie auch der Städte der Vereinigten Staaten auf.

Fünf Jahre nach der Chicagoer Postkrise von 1966 wurde das alte Post Office Department zum United States Postal Service umstrukturiert, einem «Unternehmen» im Besitz des Bundes, über das Kongress und Präsident zwar die Aufsicht führten, aber keine unmittelbare Kontrolle ausübten. Die «Kappel Commission» war zu dem Schluss gelangt, dass die Post nur dann flexibel genug werden würde, sich in der modernen Welt zu behaupten, wenn sie als unabhängiges Unternehmen operieren könnte. Kongress und Präsident verloren zwar das Recht auf die politische Ämterbesetzung bei der Post, aber sie entledigten sich auch der Last, das Unternehmen am Laufen zu halten und seine Defizite auszugleichen. Statt den Kopf hinzuhalten, wenn die Öffentlichkeit sich über Gebühren oder den Service beschwerte, konnten sie sich nun der Kritik anschließen.

Die Chicagoer Postkrise von 1994 zeigt die Ergebnisse dieser Politik. Die Bewohner von Großstädten sind heute mehr denn je Bürger zweiter Klasse. Es ist schmerzlich, wenn ein alter Kongressabgeordneter wie Sidney Yates, der in Washington unter Truman tätig war, sich kopfschüttelnd nach der Zeit der Ämterbesetzung zurücksehnt. Das Amt des Postministers war einmal die Rosine, die der Bundesvorsitzende der Präsidentenpartei erhielt, und bis 1971 waren sämtliche Postchefs der Großstädte politisch besetzt. War der Postservice schlecht, konnte man im Wahlkreisbüro anrufen, und es passierte etwas. Anfang der neunziger Jahre konnte man, wie Yates erfahren musste, beim Postminister höchstpersönlich anrufen, und es passierte nichts. Mit ihren fünfzehntausend Angestellten war die Chicagoer Post nach wie vor eine politische Machtbasis, die Stellen genauso verteilte wie die Kreisvorsitzenden einer Partei einstmals Speckseiten; doch sie diente keinem anderen Herrn als sich selbst. Dieselbe Umstrukturierung, die einen Postchef vor politischem Kleinkrieg schützte und auch angestellten Handwerkern den Weg zu einer hohen Stellung bei der Post öffnete, schottete ein städtisches Postamt nun wirkungsvoll vor seinen Wählern ab.

In Chicago ist Rassenklüngel an die Stelle politischer Vetternwirtschaft getreten. Es entgeht öffentlichen Kommentatoren, nicht aber privater Beobachtung, dass die Unruhe unter weißen Postkunden der North Side kurz nach der Berufung des ersten schwarzen Postchefs von Chicago begann und dass schwarze Postchefs seitdem mit immer schärferen Beschwerden konfrontiert wurden. Früher war die Arbeit bei der Post einer der wenigen ehrbaren Berufe, die gebildeten Afroamerikanern offenstanden (Cross Damon, die Hauptfigur in Richard Wrights Roman *Der Mörder und die Schuldigen,* führt Sartre'sche Gespräche mit drei Arbeitskollegen am Hauptpostamt in der West Van Buren Street 433), und bis heute ist sie ein wichtiger Ausweg für arme Schwarze aus den Slums. Ende der siebziger Jahre, als sich ein Großteil der weißen Mittelschicht in die Vororte zurückgezogen hatte, arbeiteten bei der Chicagoer Post überwiegend Schwarze. Der Anteil liegt heute bei nahezu neunzig Prozent.

Viele der Probleme in einer nördlichen Filiale wie Uptown – überhandnehmendes Krankfeiern, starke Fluktuation, schlechte Arbeitsmoral – werden durch die vielen Straßenkilometer zu den Schwarzenvierteln der South Side, wo die meisten Postbediensteten leben, noch zusätzlich verschärft. Festangestellte Bedienstete lassen sich schnell in für sie günstiger gelegene Viertel versetzen. Dasselbe gilt für Dienstleiter und Manager, die von Uptown schon als Sibirien gesprochen haben. Die Folge ist eine permanent unerfahrene North-Side-Belegschaft.

Die Rassenfrage prägte die Krise aber noch weit fundamentaler. Die Filialen am nördlichen Seeufer wurden als «schwierig» wahrgenommen, weil der Umfang der Beschwerden so groß war. Andere Filialen in Chicago wurden zwar genauso schlecht geführt, doch die Bewohner armer Viertel arbeiteten entweder den ganzen Tag oder erhielten außer den Schecks vom Sozialamt und der Rentenversicherungsanstalt wenig Post. In der North Side lebten Selbständige und Menschen mit Muße, denen es auffiel, wenn die Post spät kam und wenn eine Woche lang das

Wall Street Journal ausblieb. Die Bewohner der North Side hatten hohe Ansprüche. In den Jahrzehnten der Vetternwirtschaft unter Bürgermeister Daley hatten sie gelernt, wie man sich organisiert und beschwert. Nun aber hatten sich die Regeln geändert. Die Post, die zwar aussah wie ein städtischer Dienst und sich auch früher dementsprechend verhalten hatte, war nicht mehr rechenschaftspflichtig.

Im Mai nach der Versetzung von Mason, Rogers und Green – drei Afroamerikanern – verurteilte die Chicagoer Ortsgruppe der National Association for the Advancement of Colored People, der aufgefallen war, dass zwei der drei Nachfolger Weiße waren und dass Thomas Ranft, Greens weißer Vorgesetzter, das Stühlerücken ohne Nachteil überstanden hatte, die Versetzungen als rassistisch. Diese Kritik war insofern fadenscheinig, als Tausende engagierter schwarzer Postbediensteter in Chicago ihren Job weniger ihrer Kompetenz als ihrer Hautfarbe verdankten. Deutlich wurde allerdings, dass sich hinter der langen Weigerung der Post, eigene Fehler zuzugeben, die Furcht verbarg, den schwarzen Einfluss zu verlieren. Was sie zur «Verräterin» mache, sagt Gayle Campbell, sei weniger ihr öffentlicher Verrat an der Postfamilie als die Tatsache, dass sie, in den Worten eines Managers, «den Weißen Tür und Tor geöffnet» habe. Die Weißen, denen sie Tür und Tor geöffnet hatte, waren nicht nur William Good und David Fields, die Rogers und Green ersetzten, und weiße Politiker wie Simon, Smith und Yates, sondern auch das weiße Medienestablishment, von dem viele amerikanische Schwarze und nahezu alle Postbediensteten in Chicago denken, es sei voreingenommen gegen sie.

In seinen ersten Monaten im Amt mied Rufus F. Porter, der neue Postchef, Familienphrasen und zog Begriffe aus dem Unternehmensvokabular wie «Initiative», «Kommunikation» und «Unternehmergeist» vor. Der sechsundvierzigjährige Porter ist gebürtiger Kalifornier und hat als ehemaliger Postverteiler an der

Abendschule einen Master-Abschluss gemacht. Als ich ihn im dritten Stock des Hauptpostamts besuche, begreife ich, warum Celestine Green, deren Dienstrang dem Jimmie Masons entsprach, das Bedürfnis nach einer neuen Ausstattung hatte. Das Büro des Chicagoer Postchefs ist eine weite Ebene flauschiger Auslegeware mit verstreuten Ansiedlungen schweren, geschnitzten Mobiliars. Porter, ein untersetzter Mann mit auffallend gerader Haltung, sitzt auf der Kante eines Stuhls, die Hände auf einem riesigen Sitzungstisch gefaltet. Er beantwortet meine Fragen in dem abgehackten, energischen Tonfall eines Kadetten im Drill. «Initiative kann man nicht lehren», sagt er. «Aber man kann eine Atmosphäre schaffen, eine Umgebung, in der die Menschen sich gestärkt fühlen. Und genau das versuchen wir. Wir versuchen, diese Atmosphäre zu schaffen.»

Nach fast allem, was man hört, hat Porter Erfolg. Er hat sich von genau den unzulänglichen Managern getrennt, die Campbell in ihrem Bericht nannte, hat disziplinarische Suspendierungen wiedereingeführt und die Bereitschaft gezeigt, den Service in Chicago zu verbessern, koste es, was es wolle. Postangestellte, die von ihren Vorgesetzten frustriert sind, mögen Nadeln in Strohpuppen stecken, doch die Versetzung eines untätigen Verwaltungsangestellten verdankt sich wohl weniger der Macht des Voodoo als Porters Entschlossenheit als Reformer. Auch die kompromisslose Campbell hat sich überzeugen lassen. «Auf ihn hat Chicago gewartet», sagt sie. «Lange werden wir nicht mehr das Schlusslicht sein.»

Einfach nicht mehr die Schlechtesten sein: Das ist ein Ziel, dessen Bescheidenheit den Optimismus, den Porters Anstrengungen verbreiten, dämpfen muss. Als ich Frank Brennan, einen Sprecher der Post, frage, warum man Städte wie Chicago so lange vernachlässigt habe, spricht er von der historischen Verbundenheit seines Unternehmens mit dem «kleinstädtischen Amerika», in dem die Identität einer Gemeinde und deren Bindung an die Republik in ihrem kleinen Postamt Ausdruck fänden. Die Großstädte, so Brennan, seien Teil eines sich entwickelnden Amerikas, in dem sich die täglichen persönlichen Verbindungen, die den Auftrag der Post ausmachten, weit weniger gut herstellen ließen. So gesehen erweist sich die Vernachlässigung der Chicagoer Post als Teil eines größeren strukturellen Scheiterns des Bundes an den Städten. William Henderson, der neue Staatssekretär im Postministerium, sagt: «In den größeren amerikanischen Städten gibt es keinen Bereich, der einen nicht vor Probleme stellt, und die Post gehört dazu.» Henderson glaubt, dass eine sich in Verkehrsstaus und Wolkenkratzern niederschlagende hohe Bevölkerungsdichte den Transport der Post auf dem Landweg zwangsläufig behindere. «Das ist einfach so. Jeder ärgert sich über die Städte, auch wir.»

Die städtischen Hemmnisse sind nicht nur logistischer Natur. Anfang der achtziger Jahre, als eine lange unterdrückte städtische Minderheit die Kontrolle über die Post erlangte, hatten viele ihrer Angehörigen verständlicherweise ein geringes Interesse daran, die tiefen strukturellen Probleme anzugehen, die sie vorfanden, sondern wollten vielmehr (wie Celestine Green) die Insignien der Macht erwerben, deren sich die alte herrschende Gruppe so dauerhaft erfreut hatte. Das Grundübel für die Chicagoer Post ist die Kluft zwischen den zwei Schichten der amerikanischen Gesellschaft, die nirgendwo sichtbarer wird als in Großstädten und die heute außer von dem umfassenden Service der Post kaum noch überbrückt wird. Maximaler Reichtum und Spitzentechnologie finden sich Seite an Seite neben einer städtischen Unterschicht der zweiten und dritten Generation, die in einer Stelle bei der Post weniger einen Zuwachs an Verantwortung denn an staatlich finanzierten Leistungsansprüchen sehen dürfte. So wütend Campbell über den Betrug des Post-Managements an der Öffentlichkeit war, war sie nicht weniger wütend über den Betrug an den neu eingestellten Arbeitskräften. «Die *wollen* doch ausgebildet werden», sagt sie. «Die *wollen* Anleitung. Aber wenn sie es mit einem zu tun haben, der in seinem Büro eine Tasse Kaffee schlürft und mit Janie von der Nachbarfiliale telefoniert, kriegen sie die Dinge nicht in den Griff.»

Sosehr die Großstädte der Post auch zu schaffen machen, generieren sie doch das hohe Postaufkommen, das den umfassenden Service erst rentabel werden lässt. Wenn sie strukturell zu einem langsameren Service verdammt sind, wie Henderson es andeutet, dann leidet etwas darunter – die Post oder die Städte. Und eins ist klar, die Städte leiden schon jetzt. Indem der schlechte Postservice die Lebensqualität mindert und die Betriebskosten erhöht, trägt er dazu bei, dass Firmen und wohlhabende Privatpersonen in die Vororte flüchten. Ein Prozess, der engagierte Stadtbewohner wie Marilyn Katz umtreibt. «Für mich», sagt sie, «sind die Städte der Lebensnerv der Kultur, der Lebensnerv der Demokratie, denn sie gehören zu den wenigen Orten, wo es ein echtes Miteinander verschiedenartiger Menschen gibt. Indem die Gesellschaft vielschichtiger wurde, ist unter anderem eines passiert, nämlich dass die Städter in beinahe jedem Bereich des öffentlichen Dienstes zu Bürgern zweiter Klasse wurden. In Wilmette funktioniert die Post. In Chicago nicht.»

Der Post wiederum tut die Abwanderung nach Wilmette nicht weh. Bedrohlich aber ist die virtuelle Abwanderung, die Abwanderung in alternative Systeme der Informationsübertragung. Bei der Firmenkorrespondenz, die nach Schätzungen der Post während der letzten fünf Jahre um ein Drittel zurückgegangen ist, zeigt sich der Einfluss von Fax und E-Mail am deutlichsten. Bislang wird dieser Verlust von einem steten Strom von Werbebriefen und Postwurfsendungen aufgewogen. Und rührige Streiter für die Post wie William Henderson geben sich überzeugt, dass sie trotz des Ausbaus der nationalen Datenautobahn, für die Vizepräsident Gore so leidenschaftlich eintritt, noch lange nicht ausgedient hat. «Die Post ist heute das interaktivste Produkt der Vereinigten Staaten», sagt Henderson. «Einen Brief können Sie in die Tasche stecken und überall lesen. Er bietet ein Maximum an Interaktivität.»

Das Problem ist nur, dass die Post gar keinen großen Umsatzrückgang braucht, um in ernste Schwierigkeiten zu geraten. Bei seinem ersten Auftritt vor dem Kongress 1992 führte Marvin Runyon aus, dass höhere Portokosten manche, die mit Postwurfsendungen haben, schon zu alternativen Werbemethoden getrieben haben, dem Fernsehen etwa oder Flyern, die man an den Türknopf hängt. «Wenn wir die Gebühren erhöhen», sagte Runyon, «wird die Post von außen her privatisiert. Nicht von uns, sondern von außen her.»

Wegen ihrer Verpflichtung auf einen umfassenden Service erwachsen der Post hohe infrastrukturbedingte Fixkosten. Anders als die meisten normalen Unternehmen kann sie nicht schrumpfen oder wachsen. Daher braucht das Internet sie gar nicht erst veralten zu lassen, es kann sie auch so in eine Krise stürzen. Allein schon die Existenz der Datenautobahn ist eine zunehmend interessante Alternative. Falls genügend Postkunden, private wie geschäftliche, sie nutzen, wird das eine ökonomische Unwetterspirale aus steigenden Gebühren sowie abnehmendem Service und Postaufkommen zur Folge haben. Wenn das geschieht, hat der Kongress zwei Möglichkeiten: subventionieren oder privatisieren. Die Rückkehr zur Subventionierung der Postgebühren aus Bundesmitteln würde das ehrliche Eingeständnis erfordern, dass ein umfassender Service ein teures Ideal ist; sie würde das Geld des Steuerzahlers kosten. Daher kann es sein, dass der United States Postal Service privatisiert wird, was bedeuten würde, dass man lukrative Märkte wie Wilmette und den zentralen Geschäftsbezirk «Chicago Loop» an den Meistbietenden verkauft und die

Post als unterfinanzierter Rumpf zurückbleibt, als Spediteur der letzten Hoffnung, der die Armen in Stadt und Land versorgt.

Um 14.30 Uhr an einem schwülen Sommernachmittag fahre ich vom Loop auf einem Superhighway Richtung Westen. Solange ich mich in der Stadt aufhielt, brauchte ich zu einer Verabredung nie mehr als fünfundzwanzig Minuten, entweder mit der Hochbahn oder zu Fuß. Auf dem nationalen Straßenverkehrsnetz erreiche ich die Stadtgrenze bei aggressiver Fahrweise in einer knappen Stunde. In den Vororten ist der Verkehr nicht besser. Stoßstange an Stoßstange schieben sich die Autos auf Straßen, die verbreitert oder, während wir noch darauf fahren, erneut verbreitert werden, westwärts. Erst an meinem Zielort, einem neuen Verteilerzentrum der Post in Carol Stream, haben die Industrieparks und Wohnhäuser ihren Vormarsch über die Getreidefelder vorübergehend eingestellt.

Die Überlebenshoffnungen der Post gründen auf Wachstum. Um eine Gebührenspirale zu vermeiden, müssen Verluste im privaten Briefverkehr mit Gewinnen im Infopost-Bereich aufgefangen werden. In den Vereinigten Staaten fließt schon jeder fünfte Werbedollar ins Direktmarketing, und William Henderson zufolge wird diese Zahl noch steigen, wenn die Firmen erst das Potential erkennen, das im Versenden von Werbung zusammen mit Rechnungen oder Scheinrechnungen liegt. Besonders aufregend findet er die gegenwärtige Verbreitung von Kreditkarten.

Um mit dem wachsenden Volumen Schritt zu halten, wird die Post der Zukunft noch stärker automatisiert werden müssen, und in Carol Stream ist die Vollautomatisierung fast schon Wirklichkeit geworden. Die Anlage ist ein technologisches Ausstellungsstück mit kaugummikugelfarben lackierten Förderbändern, Füllzylindern und Transportstraßen sowie einem Kontrollraum, auf dessen freundlichen CRT-Bildschirmen man nur einen interessanten oder problematischen Knotenpunkt anzutippen braucht, und schon interagiert er mit einem. Es gibt Maschinen, die Umschläge, sortierend und umsortierend, in die Reihenfolge bringen, in der der Postbote sie zustellt. Eine Maschine sprüht auf die Rückseite eines jeden handschriftlich adressierten Briefs einen phosphoreszierenden Strichcode und sendet eine Videoaufnahme der Adresse nach Knoxville, Tennessee, wo Personal die Postleitzahl liest und eingibt, bevor sie dann nach Carol Stream zurückgebeamt und in Form eines schwarzen Strichcodes auf die Vorderseite des Umschlags aufgebracht wird. Getöse kommt von den Formattrenn-, Aufstell- und Entwertungsmaschinen, von optischen Klarschriftlesern, von Briefsortiermaschinen, von herumfahrenden elektrischen Gepäckzügen, von Hakenbändern und Großformatsortieranlagen und DBCS-Systemen, doch es ist ein gleichbleibendes, ein stabilisierendes Getöse. Das einzige Produkt, das diese Anlage herstellt, ist Ordnung. Der Strom, der in eine Ordnung gebracht wird, ist vornehmlich weiß. Er passt angenehm zu den Gurtbandförderern und roboterartigen Greifern. Er fließt, er flüstert. Er heißt «Poststrom», und anders als der Post im Chicagoer Hauptpostamt geht ihm das erkennbar Persönliche hier völlig ab. Ich empfinde eine absurde Freude, als ich in einem Päckchensack mit dem Etikett «Nixie» eine einsame wattierte, etwas angestoßene Wurfsendung entdecke, die an eine Bereichsnummer in Prudhoe Bay, Alaska, adressiert ist und als Absender «Ungewiss, Texas», nennt.

Von Carol Stream fahre ich vorbei an Sojabohnenfeldern und einer Fabrik, in der das Malzgetränk Zima abgefüllt wird. Am Ende einer zwölfhundert Meter langen und bloß ein Geschäft tiefen Einkaufszeile stoße ich auf K's Mail Center, einen hellen, sauberen Laden, der nicht nur mit Briefkästen und amerikanischen Briefmarken aufwartet, sondern auch mit einem Notardienst, einem Normalpapierfax, Desktop-Publishing, einem Schlüsseldienst, Packpapier und lustigen Grußkarten. Der Besitzer, ein sympathischer Einwanderer aus Nigeria namens Chris Kator, hat lange Öffnungszeiten und bietet jeden nur denkbaren Versandservice an. Er erzählt mir, er habe sein Franchise-Geschäft wegen der Synergieeffekte zwischen den Diensten, die er anbiete, aufgemacht, wegen der Wachstumsmöglichkeiten. Über die Post, sagt er, gebe es keine Klagen, allerdings würden nur wenige seiner Kunden Pakete mit der Post verschicken.

In der klimatisierten Kühle von Kators Laden, zwischen nicht summenden, beigefarbenen Geräten im Energiesparmodus, erscheint mir der Weg in die Privatisierung – in eine fragmentierte Republik der irrsinnigen Schnäppchen und unfeinen Übervorteilungen – genauso unwiderstehlich wie der Gedanke, dass der Ort, an dem sich die Amerikaner einfinden sollen, um Teil des Systems zu sein, das sie regiert, kein kleinstädtisches Postamt mit den Stars and Stripes in der Schalterhalle mehr ist, sondern ein Einzelhandelsgeschäft im Speckgürtel mit neonfarbenen Plakaten (WIR FÜHREN PIEPSER) im Schaufenster.

Wieder in der Stadt, nach einer erneut unangenehmen Fahrt auf dem Superhighway, ergebe ich mich dann doch der Nostalgie. Ich denke daran, mit welcher Freude Mary Ann Smith die Weihnachtskarte geschrieben hat, «mit Goldfolienumschlag und goldgeprägtem Absender», die ihr ein ehemaliger Stadtrat aus dem Gefängnis schickte. Ich denke daran, mit welcher Freude ich selbst reagiert habe, als ich herausfand, dass Debra Hawkins, bevor sie Expertin für Öffentlichkeitsarbeit wurde, als einfache Angestellte im Hauptpostamt arbeitete, wo sie Post für den Stadtteil Pilsen sortierte und so vielleicht auch meine Briefe, die ich an meinen Bruder schickte, in Händen hielt. Ich denke an den Zusteller aus Evanston, Erich Walch, der gesagt hat, die Kunden auf seiner neuen Tour hätten allesamt seinen Vorgänger nicht leiden können und deshalb genauso wenig ihn. «Es hat über ein Jahr gedauert, bis die ersten in mir ein menschliches Wesen gesehen haben und nicht nur grimmig geworden sind, wenn ich ihnen einen guten Morgen gewünscht habe, aber ich habe ihre Einstellung geändert.» Ich denke an die alten polnisch-amerikanischen Frauen, die auf ihrer Veranda stehen und übers ganze Gesicht strahlen, wenn sie ihre Umschläge aus der Hand des afroamerikanischen Zustellers entgegennehmen, der in seinem anderen Leben Prediger ist. Ich denke an die Post, die sich bei mir zu Hause in Philadelphia stapelt, und ich empfinde eine große Vorfreude auf sie.

Was uns den Anblick eines Menschen in Postuniform willkommen macht, ist nicht einfach die Möglichkeit, dass er uns einen Liebesbrief oder einen Lotteriegewinn bringt. Es sind die Hoffnung und der Glaube, dass die Post uns *dient*. Seit sie von Postreitern in abgelegene Appalachensiedlungen gebracht wurde, bietet die amerikanische Post einem einsamen Volk ein universelles menschliches Handauflegen. Das ist so heilig wie nur irgendwas in diesem Land. Brennende Post unter einer Eisenbahnbrücke versetzt unserer Unschuld denselben Schlag wie Päderastie bei Priestern, und sobald ein Sakrament nach der Art von Fernsehpredigern virtuell gespendet wird, reduziert es Gläubige auf Konsumenten. Von allen Chicagoern, mit denen ich gesprochen habe, ist selbst der Verzweifeltste nicht dafür, die Post zu zerschlagen.

Am 1. August kam Rufus Porter der alten Bitte Gayle Campbells nach, von der Filiale Hyde Park versetzt zu werden. Sie ist jetzt Koordinatorin eines externen Teams, das die Laufzeit von Briefen misst. Als Campbell ihrem Arzt erzählte, was ihre neue Aufgabe sei – die Aufsicht über Abholung und Auslieferung der Briefpost, ohne das Beaufsichtigte beeinflussen zu können –, sagte er: «Die wollen Sie kaputt machen.» Unlängst bezahlte sie einer Zeitarbeiterin, die einen Tag lang Messdaten eingab, 278 Dollar aus eigener Tasche, und als nicht einmal das sie zufriedenstellte, stand sie um zwei Uhr morgens auf, um die Daten selbst in ihr Notebook einzugeben. «Wenn ich es nicht mache», sagt sie, «wer dann?»

Campbell und ich sind geteilter Meinung, wenn es um die Frage geht, was sie kaputt macht. Als das eigentliche Opfer sucht sie nach Schuldigen. Sie sieht eine böse Allianz aus betrügerischen Managern und arroganten Gewerkschaften, die ihr Ideal vom Kundenservice unterlaufen. Ich dagegen muss leider beide Seiten der Medaille sehen, das Persönliche und das Strukturelle. Ich sehe eine Frau, deren Arbeit ihr Leben ist. Ich sehe auch ein Wirtschaftssystem, das die Stadt kaputt macht, in der Campbell lebt – ausgerechnet die Stadt, in der der moderne Warenmarkt erfunden wurde. Die Chicagoer Post ist das Relikt eines älteren, auf Zuständigkeit und Verantwortung basierenden Modells, dem selbst die Führungsriege der Post in Washington schleunigst den Rücken kehren will. Um in der Welt der Großunternehmen zu überleben, will die Post jetzt nur ein Mittler unter anderen sein – ein ebenso effizienter Kassierer von Verbraucherdollars und Versender von Produkten, wie es das Internet trotz allen Geredes seiner Fürsprecher über «Nichtlinearität» und «Pluralismus» sein wird. Der technologische Kapitalismus ist eine Höllenmaschine. Er macht mit uns, was er will. Wenn er die Post nicht von außen zerschlägt, wird er ihr von innen die Seele nehmen. Die Bindung der Amerikaner an ihre Post ist pure Nostalgie. Sie sind ein Volk, dessen Herz nicht mag, was seine Bedürfnisse geschaffen haben, sie sehen beide Seiten der Medaille.

Als ich endlich wieder zu Hause in Philadelphia bin, erwarten mich fünf Zentimeter Post. William Henderson wird erfreut sein zu erfahren, dass ich vier verschiedene Kreditkartenangebote bekommen habe, die prompt und ohne Zusatzkosten von meinen vorherigen Adressen nachgesendet wurden. Auch Wurfsendungen von Abgeordneten, die ich nicht gewählt habe, sind darunter, Rechnungen von Kreditkarten, die ich schon besitze, vier Nummern der *Los Angeles Times Book Review*, deren gelbe Nachsendeaufkleber mich auffordern, meine neue Adresse mitzuteilen, ein großer, mit dem Gesicht des Entertainers Ed McMahon bedruckter Umschlag, drei fette Werbepacken, die bestimmt interessante Angebote für Discount-Teppichshampoos und Gratispizzas von Little Caesars enthalten, sowie ein einsamer Brief von einem Freund in England. Obwohl er ihn vor Wochen abgeschickt haben muss, reiße ich ihn eilig auf. Er fragt mich, warum ich nicht geschrieben habe.

(1994)

Erika Imports

Während meiner Highschool-Zeit war ich drei Jahre lang Packjunge bei einem deutschen Emigrantenpaar, Erika und Armin Geyer, die im Souterrain ihres düsteren Hauses ein Kleinunternehmen betrieben, Erika Imports, in einem Vorort von St. Louis. Mehrmals die Woche ließ ich nachmittags eine angenehm riechende Welt der Freiheit und Logik hinter mir, erklomm die Stufen zur dunklen Veranda der Geyers und spähte ins Wohnzimmer, wo Erika, Armin und ihr überfütterter Schnauzer auf alten deutschen Sesseln und Sofas, die Holzfüße hatten, auf für sie typische Weise ausgestreckt lagen und schnarchten. Drinnen war die Luft von Schnitzelfett und runtergebrannten Zigaretten geschwängert. Auf dem Esstisch standen die Ruinen dessen, was bei ihnen *Mittagessen* hieß: mit Butter und Petersilie besprenkelte Teller, eine teilweise geschlachtete Sahnetorte, eine leere Flasche Mosel. Erika, in einem gesteppten Morgenmantel, der klaffend einen Büsten- oder Hüfthalter der Alten Welt enthüllte, schnarchte weiter, während Armin aufstand und mich zu meinem Arbeitsplatz im Souterrain führte.

Erika Imports hatte Exklusivverträge mit Werkstätten im kommunistischen Ostdeutschland, die handgearbeitete Geschenkartikel herstellten – emaillierte Osterhasen und Weihnachtsmänner, raffiniert bemalte Holzeier, geschnitzte Luxusweihnachtskrippen, Tangram-Puzzles aus Hartholz, kerzenbetriebene Weihnachtspyramiden von bis zu einem Meter Höhe –, nach denen die Geschenkartikelgeschäfte über die ganze Breite des amerikanischen Herzlands verrückt waren. Daher konnte Erika auch unverschämt zu ihren Kunden sein. Mit beleidigender Achtlosigkeit verschickte sie kaputte oder von Armin wieder zusammengeleimte Ware. Ihre Rechnungen schrieb sie per Hand in einer deutschen Schrift, die für Amerikaner unleserlich war. Die Aufträge von Kunden, die bei ihr in Ungnade gefallen waren, strich sie zusammen; sie sagte: «Die wollen zwanzig – *ach*! Die kriegen drei.»

Meine Arbeit im Keller bestand darin, Pappkartons zusammenzubauen, sie mit kleineren Schachteln und Holzwolle zu füllen, anhand der Rechnungen zu prüfen, ob die bestellte Ware auch vollständig war, und die Kartons mit einem Klebeband zu verschließen, das ich mit einem Badeschwamm befeuchtete. Da ich mehr als den Mindestlohn bekam, da ich Spaß an topologischen Verpackungstüfteleien hatte und da die Geyers mich mochten, meine Deutschkenntnisse lobten und mir viel Kuchen zu essen gaben, war es erstaunlich, wie sehr ich die Arbeit hasste – wie sehr ich sogar die Freunde beneidete, die bei Long John Silver's an der Fritteuse standen oder bei Kentucky Fried Chicken die Ölwannen reinigten.

Ich hasste, zumindest teilweise, die willkürlichen Übergriffe auf meine Autonomie: die Samstagnachmittage, die von Erikas jähem Bellen am Telefon torpediert wurden: «Ja, komm immediately!» Ich hasste den üppigen Schimmel, der auf dem Badeschwamm in seiner Schale mit dem schwiemeligen Wasser spross. Dann war da noch der Schnauzer samt allem, was zu ihm gehörte. Ganz zu schweigen von Armins Abneigung, einen einzigen Handgriff zu tun, ohne sich vorher die Finger abgeleckt zu haben, und seinem rasselnden Atem, wenn er auf einer mechanischen Olivetti UPS-Lieferscheine tippte. Da waren Erikas strenger Körpergeruch und die kräftigen Parfüms, mit denen sie ihn vergeblich zu überdecken suchte. Und dann war da noch die kitschige, schrille Seite ihres Unternehmens, die saisonale Flut von Styroporglöckchen und sentimentalen Schneemännern und billigem Plastikspielzeug, die in mir ein allzu lebhaftes Bild vom ästhetischen Ödland der Krankenhausgeschenkläden im Mittleren Westen entstehen ließen.

Meine Freunde in den Fastfood-Küchen beneidete ich aber vor allem darum, dass ihre Arbeit mir so wunderbar *unpersönlich* erschien. Nie mussten sie mit ansehen, wie der blau geäderte Bauch ihrer Arbeitgeberin aus deren Morgenmantel fiel, während aus einem umgekippten Glas zu ihren Füßen billiger Sekt den Teppich tränkte. An ihrem Arbeitsplatz moderten keine Hamburger-Fragmente und Petersilienkartoffeln in einer Hundeschüssel. Das Wichtigste aber war, dass ihre Mütter mit ihren Chefs kein Mitleid hatten.

Wenn ich in den Jahren nach der Highschool vom College für ein paar Tage nach Hause kam, drängte mich meine Mutter immer, ich solle doch mal bei den Geyers vorbeischauen und mich mit ihnen «unterhalten» oder sie nach dem Gottesdienst begrüßen und für einen Augenblick ihre gesellschaftliche Isolation aufheben oder ihnen eine Ansichtskarte schicken, wenn ich nach Europa fuhr. Meine Mutter selbst lud die Geyers aus christlicher und masochistischer Nächstenliebe manchmal zum Essen mit anschließender Partie Bridge ein, während deren Erika in zunehmender Lautstärke und mit sich umkehrendem Englisch/Deutsch-Verhältnis Armin wegen seiner Bietsünden und Kartenspielvergehen beschimpfte, woraufhin Armin hochrot anlief und sich lärmend verteidigte. Obwohl meine Mutter inbrünstig an persönliche Verantwortung glaubte, bediente sie sich der durchsichtigsten Tricks, wenn Erika anrief und ich gerade da war. Sie reichte mir das Telefon («Jonathan möchte Ihnen guten Tag sagen!»), und wenn ich daraufhin versuchte, ihr den Hörer zurückzugeben, ließ sie mich Erika ausrichten, sie werde sie «nächste Woche» zurückrufen. Die armen Geyers mit ihren Blutgerinnseln, ihren kaputten Knochen, ihren jähen Einweisungen ins Krankenhaus! Jeden Schritt ihres Verfalls berichtete mir meine Mutter getreulich in den Briefen, die sie an mich schrieb. Jetzt sind sie alle tot, und ich frage mich: Kann man dem Persönlichen denn gar nicht entrinnen? Fünfundzwanzig

Jahre später bin ich noch immer auf der Suche nach einem Arbeitsverhältnis, das sich nicht irgendwie um Familie, Loyalität, Sex, Schuld oder alle vier auf einmal dreht. Allmählich glaube ich, ich finde es nie.

(2001)

Aschelese

Zigaretten sind das Letzte auf der Welt, worüber ich nachdenken möchte. Ich betrachte mich nicht als Raucher, identifiziere mich nicht mit den sechsundvierzig Millionen Amerikanern, die diese Sucht haben. Ich mag Zigarettengestank nicht und auch nicht den Eingriff in die nasale Privatsphäre, den er darstellt. Bars und Restaurants mit einem gestylten Ambiente – mit einer Klientel, deren Exklusivität sich teilweise den Giftwolken verdankt, hinter denen sie sich verbirgt – stoßen mich zunehmend ab. Ich werde in Hotelzimmern vergiftet, in denen die Nacht davor ein Raucher war, und auf öffentlichen Toiletten, wo Männer die eklige, nach Körper riechende Winston als Abführmittel benutzen. (*«Winston tastes bad / Like the one I just had»*, lautete die grammatisch einwandfreie Parodie des Werbespruchs *Winston tastes good / Like a cigarette should»* in meiner Kindheit.) An manchen Tagen hat es in New York den Anschein, als hätten zwei Drittel der Leute auf dem Gehsteig, umgeben vom Abgasdunst, eine Zigarette brennen; ständig laviere ich so, dass ich auf Luv bin. Mit dem Ziel, die Emissionen der Nachbarn unter mir einzudämmen, habe ich schon zur Dichtpistole gegriffen, um die Ritzen zwischen Dielen und Fußleisten in meiner Wohnung zu versiegeln. Das erste Spielkasino, das ich besuchte, in Nevada, erlaubte mir einen Vorausblick auf die Verdammnis: Reihe um Reihe von Frauen mittleren Alters mit ellenlangem Gesicht, die an einer ellenlangen Kent pafften und zwanghaft Silberdollars in die Schlitze steckten. Wenn jemand zu mir sagt, Zigaretten seien sexy, denke ich an Nevada. Und wenn ich einen Schauspieler oder eine Schauspielerin in einem Film einen tiefen Zug tun sehe, stelle ich mir vor, wie die Pyrene und Phenole die zarten Epithelzellen und hart arbeitenden Zilien ihrer Bronchien verwüsten, wie das Monoxid und Cyanid sich an ihr Hämoglobin binden, wie ihr chemisch in Panik geratenes Herz ächzt und stöhnt. Zigaretten sind das Destillat einer allgemeineren Paranoia, die unsere Kultur befallen hat, das schreckliche Wissen um die Anfälligkeit unseres Körpers in einer Welt molekularer Gefahren. Sie machen mir eine Heidenangst.

Weil ich in der Lage bin, nahezu alles an Zigaretten zu verabscheuen (von Zigarren wollen wir erst gar nicht reden), und ich meine vermeintlich letzte Zigarette vor fünf Jahren geraucht und nie einen Aschenbecher besessen habe, fällt es mir leicht, mich für nikotinfrei zu halten. Doch wenn der Mann, der meinen Namen trägt, kein Raucher ist, warum hat er dann zu Lüftungszwecken einen Ventilator im Wohnzimmerfenster? Warum liegt am Ende eines jeden Arbeitstages eine kleine Sammlung Zigarettenkippen auf der Untertasse, die auf dem Tisch vor diesem Ventilator steht?

Zigaretten waren in meinem in kultureller Hinsicht konservativen Elternhaus das absolute Tabu – sogar noch geächteter als Sex oder Drogen. Ein Jahr vor meiner Geburt starb der Vater meiner Mutter an Lungenkrebs. Er hatte sich als Soldat im Ersten Weltkrieg das Rauchen angewöhnt und sein ganzes Leben stark geraucht. Jeder, der meinem Großvater begegnet war, scheint ihn gemocht zu haben, und wie sehr ich den Gesundheitswahn in Amerika auch verspotten mag – die Erhebung der Fitness zu einer Gottheit und bloßer Langlebigkeit zu einem Zeichen göttlicher Gunst –, bleibt doch die Tatsache, dass ich, hätte mein Großvater nicht geraucht, ihn vielleicht noch hätte kennenlernen können.

Meine Mutter spricht von Zigaretten weiterhin mit Abscheu. Ich selbst habe heimlich als Student mit dem Rauchen angefangen, zum Teil vielleicht, weil sie es abstoßend fand, und im Lauf der Jahre entwickelte ich eine Furcht vor Entlarvung, die der Furcht eines Schwulen, sich vor seinen Eltern zu erklären, bestimmt sehr ähnlich war. Schließlich hatte meine Mutter meinen Körper aus dem ihren erschaffen. Welche Ablehnung der Elternschaft konnte extremer sein, als diesen Körper bewusst zu vergiften? Beim Coming-out verkündet man: So bin ich nun mal, das ist meine Identität. Das Eigenartige am «Raucher»-Etikett ist jedoch seine Unbeständigkeit. Ich könnte morgen beschließen, keiner mehr zu sein. Warum also nicht vorgeben, dass man schon heute keiner ist? Um ihr Leben in den Griff zu bekommen, legen sich Menschen über die Person, die sie gern sein wollen, Geschichten zurecht. Es ist das besondere Vorrecht des Rauchers – der die Entschlossenheit aufzuhören zuweilen so stark verspürt, dass ihm ist, als hätte er es längst getan –, sich mit unwiderlegbaren Indizien konfrontiert zu sehen, dass diese Geschichten nicht unbedingt der Wahrheit entsprechen: hier die Kippen im Aschenbecher, da der Geruch in den Haaren.

Als Raucher habe ich also gelernt, nicht nur meinen Geschichten über mich zu misstrauen, sondern *allen* Auslassungen, die Anspruch darauf erheben, von unzweideutig moralischer Tragweite zu sein. Und gerade in den letzten Monaten sind die Amerikaner solchen Auslassungen in der Tagespresse ausgesetzt: Da werfen «Geheim»dokumente ein Licht auf die Machenschaften von Big Tobacco, formulieren Wissenschaftler Vorwürfe gegen ihre ehemaligen Arbeitgeber, bereiten neun US-Staaten und ein Konsortium aus sechzig Anwaltskanzleien massive Schadenersatzklagen vor, plant die Lebens- und Arzneimittelzulassungsbehörde, die Produktion von Zigaretten, da sie Nikotinlieferanten sind, zu begrenzen. Die herrschende liberale Sichtweise, wonach Big Tobacco das schlechthin Böse ist, wird in der *Times*-Besprechung von Richard Klugers hervorragender neuer Geschichte der Tabakindustrie, *Ashes to Ashes*, resümiert. Der Rezensent Christopher Lehmann-Haupt schilt Kluger (ausgerechnet) wegen seiner «Objektivität» und «Unvoreingenommenheit» und behauptet, die Zigarettenbranche stehe moralisch mit der Sklaverei und dem Holocaust auf einer Stufe. Kluger hingegen, unvoreingenommen oder nicht, verwendet wiederholt das Wort «Engel» im Zusammenhang mit Nichtraucher-Aktivisten. In der Einleitung zu seinem Buch spricht er unumwunden von zwei Alternativen: Entweder sind die Zigarettenhersteller «grundsätzlich Geschäftsleute wie alle anderen auch», oder sie sind «moralisch Aussätzige, die die Unwissenden, die Armen, die emotional Labilen und die genetisch Vorbelasteten ausplündern».

Mein Unbehagen an solchen Dichotomien mag die Tatsache spiegeln, dass ich, anders als Lehmann-Haupt, mir das Rauchen erst noch abgewöhnen muss. Doch in keiner nationalen Debatte empfinde ich mich weniger im Einklang mit dem Mainstream als in der. Bei allem Misstrauen, das ich gegen die amerikanische Industrie und vor allem gegen eine Industrie verspüre, die derart rigoros Kongressabgeordnete kauft, will etwas in mir beharrlich für den Tabak sein. Ich zucke zusammen, wenn ich mich zwinge, die neuesten Gesundheitsmeldungen zu lesen: STUDIE BELEGT: NEUGEBORENE VON RAUCHERINNEN MIT GRÖSSERER WAHRSCHEINLICHKEIT ZURÜCKGEBLIEBEN. Ich stürze mich auf besonders ausgesuchte Kollisionen von Metapher und Melodrama wie die folgende aus der *Times*: «Die eidesstattlichen Erklärungen sind das neueste Glied in einer Kette von Schlägen, die die frühere Aura der Unbesiegbarkeit unterminiert haben, welche die 45 Milliarden Dollar schwere Tabakindustrie umgab, die nun einer Flut von Klagen entgegensieht.» Meine Sympathie mit den Kohorten, die unverhältnismäßig viel rauchen – Fabrikarbeiter, Afroamerikaner, Schriftsteller und Künstler, entfremdete Teenager, Geisteskranke –, erstreckt sich auch auf die Unternehmen, die sie mit Zigaretten versorgen. Ich denke: Jetzt sind wir alle Underdogs. Kriegszeiten sind Lügenzeiten, sage ich mir, und die größte Lüge im Zigarettenkrieg ist, dass die moralische Gleichung auf Einsen und Nullen reduziert werden kann. Oder bin auch ich von dem Kraut korrumpiert?

Ich begann zu rauchen, als ich in den dunklen Jahren der frühen Achtziger in Deutschland studierte. Kurz zuvor hatte Ronald Reagan seine Rede vom «Reich des Bösen» gehalten, und Jonathan Schell brachte *Das Schicksal der Erde* heraus. In Berlin hieß es, dass man sich, wenn man samstagmorgens in einer unzerstörten Welt aufwache, wieder eine Woche in Sicherheit wiegen könne, denn man ging davon aus, dass die NATO freitagabends am verschlafensten war und die Streitkräfte des Warschauer Pakts also diese Stunden wählen würden, um durch die Fuldaer Lücke vorzustoßen, worauf die NATO sie mit einem Wahnsinnsschlag würde zurückwerfen müssen. Da meine Chancen, dieses Jahrzehnt zu überleben, schätzte ich, bei fünfzig zu fünfzig lagen, erschien mir das zusätzliche Risiko, das sich aus dem Rauchen ergab, vernachlässigenswert. Tatsächlich hatten Zigaretten sogar etwas einladend Apokalyptisches. Der Albtraum sich ausbreitender Nuklearwaffen hatte seine Entsprechung in der Art und Weise, wie Zigaretten – anonyme, todbringende, geschossartige Zylinder – sich in meinem Leben ausbreiteten. Zigaretten sind ein fester Bestandteil moderner Kriegführung, des Soldaten bester Freund, und so wurde das Rauchen in einer Zeit, in der ein wahrscheinlicher Kriegsschauplatz mein Wohnzimmer war, zu einem Symbol meiner hilflosen zivilen Teilnahme am Kalten Krieg.

Zu den Ängsten, die sich durch Zigaretten eindämmen lassen, gehört paradoxerweise die Angst vorm Sterben. Welcher starke Raucher hat nicht schon mal beim Gedanken an Lungenkrebs den Panikschwall verspürt und sich sofort eine Zigarette angesteckt, um die Panik zu bekämpfen? (Das ist eine Logik des Kalten Kriegs: Wir haben Angst vor Atomwaffen, also bauen wir noch mehr davon.) Mit dem Tod wird die Verbindung zwischen Ich und Welt durchtrennt, und da das Ich sich seine Nichtexistenz nicht vorstellen kann, ist vielleicht das eigentlich Beängstigende an der Aussicht aufs Sterben nicht die Auslöschung des eigenen Bewusstseins, sondern die Auslöschung der Welt. Die Angst vor einem globalen nuklearen Holocaust war daher funktional identisch mit meiner privaten Todesangst. Und die potentiell todbringende Wirkung von Zigaretten war tröstlich, weil sie mir erlaubte, mit der Apokalypse vertraut zu werden, mir die Konturen ihrer Schrecken vorstellen zu können, das potentielle Ende der Welt weniger fremd und mithin ein bisschen weniger bedrohlich zu finden. Für die Dauer einer Zigarette bleibt die Zeit stehen: Wenn man raucht, ist man sich selbst sehr gegenwärtig; man tritt aus dem unbewussten Voranstürzen des Lebens heraus. Deshalb wird dem zum Tode Verurteilten eine letzte Zigarette gewährt, deshalb (so heißt es jedenfalls) standen Herren im Abendanzug paffend an der Reling, als die *Titanic* unterging: Es ist um einiges einfacher, die Welt zu verlassen, wenn man genau weiß, dass man darin anwesend gewesen ist. Wie Goethe im *Faust* schreibt: «Dasein ist Pflicht, und wär's ein Augenblick.»

Die Zigarette ist bekanntermaßen die Verkünderin der Moderne, die lustige Gefährtin des Industriekapitalismus und des hoch verdichteten Ballungsraums. Menschenmengen, Hyperkinese, Massenproduktion, stumpfsinnige Arbeit und gesellschaftliche Umwälzung, sie alle haben ein Korrelat in der Zigarette. Die schiere Anzahl der konsumierten Einheiten stellt mit Sicherheit die jedes anderen Konsumguts in den Schatten. «Kurz, flott, leicht begonnen, leicht vollendet oder genauso leicht vor der Vollendung weggeworfen», schrieb die *Times* 1925 in einem Leitartikel, den Richard Kluger zitiert, «ist die Zigarette das Symbol eines Maschinenzeitalters, in dem die eigentlichen Zähnchen und Rädchen und Hebel die menschlichen Nerven sind.» Selber das Produkt einer mechanischen Rolle namens Bonsack-Maschine, diente die Zigarette den Fließbandarbeitern als Opiat, das lange Tage zermürbender Gleichheit in erträgliche Abschnitte unterteilte. Für Frauen war die Zigarette, wie die *Atlantic Monthly* 1916 bemerkte, das «Symbol der Emanzipation, der vorübergehende Ersatz für die Wahlurne». Kurz, es ist unmöglich, sich das zwanzigste Jahrhundert ohne die Zigarette vorzustellen. Sie taucht mit Zelig-artiger Allgegenwart auf alten Fotos und Wochenschauen auf, so bar jeder Individualität, dass sie kaum auffällt, und dennoch, einmal wahrgenommen, absolut seltsam ist.

Klugers Geschichte der Zigarettenindustrie liest sich wie die Geschichte der amerikanischen Industrie überhaupt. Eine Branche, um 1880 noch in Hunderte kleiner Familienbetriebe zersplittert, war 1900 unter die Kontrolle eines einzigen Mannes geraten, James Buchanan Duke, der – indem er als Erster die Bonsack-Maschine einsetzte, einen hohen Anteil seines Gewinns in die Werbung steckte und dann abwechselnd zur Peitsche des Preiskrieges und zum Zuckerbrot attraktiver Übernahmeangebote griff – seine American Tobacco Company zum Äquivalent von Standard Oil oder Carnegie Steel aufbaute. Wie seine Monopolistenkollegen geriet er mit der Kartellbehörde in Konflikt, und 1911 ordnete der Oberste Gerichtshof die Auflösung des Unternehmens an. Das daraufhin entstehende Oligopol brachte rasch neue Marken hervor – Camel, Lucky Strike, Chesterfield und Marlborough –, die seitdem um Marktanteile kämpfen. Für den amerikanischen Einzelhandel war die Zigarette die perfekte Ware, ein Produkt, das trotz niedriger Investitionen in Verkaufsfläche und Inventar hohe Profite eintrug; Zigaretten, schreibt Kluger, «wogen nicht viel und waren haltbar verpackt, selten verdorben und schwer zu stehlen, da sie üblicherweise hinterm Ladentisch verkauft wurden, unterlagen geringen Preisschwankungen und bedurften fast keinerlei Verkaufsanstrengung».

Da jede Marke mehr oder weniger gleich schmeckte, lernten die Tabakfirmen schon früh, sich auf dem neuesten Stand der Werbung zu positionieren. In den zwanziger Jahren bot American Tobacco jedem Arzt, der Lucky Strike («It's toasted») empfahl, fünf Stangen gratis und startete dann eine Kampagne mit dem Slogan: «20 679 Ärzte sagen, Luckys verursachen weniger Atemwegsirritationen»; American war auch die erste Firma, die figurbewusste Frauen als Zielgruppe anvisierte («Wird der Appetit zu groß, greifen Sie doch zu einer Lucky»). Die Branche war Vorreiter bei der Werbung mit Prominenten (Tennisstar Bill Tilden: «Ich rauche Camel seit Jahren und finde ihren samtigen, vollen Geschmack noch immer toll»), bei der Rundfunkwerbung (Arthur Godfrey: «Ich hab täglich zwei, drei Schachteln von den Dingern [Chesterfield] geraucht – mir geht's ziemlich gut»), bei der aggressiven Außenwerbung (die berühmteste war die «I'd Walk a Mile for a Camel»-Plakatwand am Times Square, auf der fünfundzwanzig Jahre lang riesige Rauchringe geblasen wurden) und schließlich beim Sponsoring von Fernsehshows wie *Candid Camera* und *I Love Lucy*. Die großartigen Fernsehwerbespots anzusehen, die für Philip Morris entstanden – Benson & Hedges-Raucher, deren Hundert-Millimeter-Zigaretten von Fahrstuhltüren zerquetscht werden, oder scheinbar handgekurbeltes Filmmaterial von Zimmermädchen, die sich zur Melodie von «You've got your own cigarette now, baby» heimlich eine anstecken –, war für mich in der Kindheit eine lebenswichtige Belustigung. Auch an das skandierte «Silva Thins, Silva Thins» erinnere ich mich, das Mantra für eine kurzlebige Marke von American Tobacco, das das weibliche Marktsegment mit grauenhaften Sprüchen wie «Zigaretten sind wie Mädchen, die besten sind schlank und reich» einlullen sollte.

Die erfolgreichste Kampagne überhaupt war natürlich die für Marlboro, eine höherwertige Damenzigarette, die Philip Morris 1954 in einer Filterversion für die breite Masse wieder auf den Markt warf. Wie alle modernen Produkte wurde auch die neue Marlboro akribisch konzipiert. Man machte die Tabakmischung herber, damit der Geschmack unter dem abschwächenden Filter nicht litt, man sorgte dafür, dass die «Flip-top»-Schachtel in den nationalen Wortschatz einging, die Farbe Rot wurde gewählt, um kräftiges Aroma zu signalisieren, und am Graphischen wurde endlos herumgebastelt, bis man sich auf das endgültige Aussehen einschließlich des Wappenimitats mit dem Helmbusch und dem Motto *Veni, vidi, vici* einigen konnte; in vier Städten gab es sogar Markttests, bevor hinsichtlich der Farbe des Filters eine Entscheidung fiel. Den wahren Geistesblitz hatte jedoch Leo Burnett mit seiner Anzeigenkampagne für Marlboro. Der Schlüssel zum Erfolg war ihre Transparenz. Man stelle eine einsame Ranch vor einen Hintergrund aus Hügeln bei Sonnenuntergang, und das Bild wird praktisch jede positive Assoziation transportieren, die eine Zigarette nur auslösen kann: rauen Individualismus, maskuline Sexualität, Flucht aus der urbanen Modernität, kräftigen Geschmack, das intensive Erlebnis des Lebens. Marlboro markiert den Übergang unserer Kommerzkultur von einem Zeitalter der Verheißungen zu einem Zeitalter der angenehmen, leeren Träume.

Es überrascht nicht allzusehr, dass ein Unternehmen, das clever genug ist, so gute Werbung zu machen, in nur drei Jahrzehnten zur Hegemonialmacht in der Branche aufstieg. Klugers Darstellung des Triumphs von Philip Morris ist der Stoff, den Wirtschaftsfakultäten ihren Studenten zur Erbauung und Inspiration zum Lesen geben: Um mit einem amerikanischen Unternehmen Erfolg zu haben, könnte die Lektion lauten, machen Sie es wie Philip Morris. Konzentrieren Sie sich auf das Produkt mit der höchsten Gewinnspanne. Konzipieren Sie ein neues Produkt mit Sorgfalt, machen Sie sich dann stark dafür, und drücken Sie es *mit aller Kraft in den Markt*. Setzen Sie Überschüsse ein, um in Geschäftsbereiche zu diversifizieren, die dem eigenen strukturell ähnlich sind. Seien Sie eine Meritokratie. Bieten Sie so hoch, dass keiner mithalten kann. Vermeiden Sie lähmende Schulden. Bauen Sie geduldig Ihre Auslandsmärkte auf. Zögern Sie nie, Ihre Kunden zu übervorteilen, wenn Sie die Gelegenheit dazu sehen. Hetzen Sie Anwälte auf Ihre Kritiker. Zeigen Sie Klasse – sponsern Sie das *Mahabharata*. Verachten Sie herkömmliche Moral. Vergessen Sie nie, dass Ihre oberste Loyalität Ihren Aktionären gilt.

Als der Hauptkonkurrent, die R.J. Reynolds Tobacco Company in Winston-Salem, North Carolina, zunehmend in Lethargie und internen Querelen versank – sie sackten ins Billigzigarettengeschäft ab, wo die Gewinnmarge gering ist, diversifizierten katastrophal und standen nach ihrer Übernahme durch Kohlberg Kravis Roberts & Company vor einem gewaltigen Schuldenberg –, wurde Philip Morris Weltmarktführer in der Zigarettenbranche und eines der profitabelsten Unternehmen überhaupt. Anfang der neunziger Jahre betrug sein Anteil am amerikanischen Nicht-Discount-Zigarettenmarkt achtzig Prozent. Der Wert eines Aktienpakets von Philip Morris stieg zwischen 1966 und 1989 um den Faktor 192. Gesund, reich und klug derjenige, der 64 zu rauchen aufhörte und sein Zigarettengeld in Philip Morris steckte.

Der spektakuläre Erfolg des Unternehmens ist umso bemerkenswerter, weil er sich in den Jahrzehnten einstellte, als das wissenschaftliche Belastungsmaterial gegen die Zigarette erdrückend wurde. Nichts in der Moderne, außer vielleicht der Wasserstoffbombe, erzeugt mehr Paradoxa als die Zigarette. Daher erwies sich 1955 die Absicht der Bundeshandelskommission, durch das Verbot von Angaben zum Teer- und Nikotingehalt irreführende Werbung zu begrenzen, als Glücksfall für die Branche, da sie die angebliche Unbedenklichkeit von Filterzigaretten selbst dann noch bewerben konnte, als der toxische Gehalt längst erhöht wurde, um die Wirkung des Filters auszugleichen. Ebenso erging es dem Gesetz von 1965, das Warnhinweise auf der Schachtel vorschrieb, was potentiell strengeren staatlichen und regionalen Vorschriften zuvorkam und ein unschätzbarer Schild gegen zukünftige Schadenersatzklagen war. Ebenso erging es dem 1971 vom Kongress erlassenen Verbot von Zigarettenwerbung in Funk und Fernsehen, das der Industrie nicht nur Millionen Dollar ersparte, sondern auch potentielle neue Konkurrenten, indem es ihnen die Werbeplattform verwehrte, wirkungsvoll kaltstellte und den verheerenden Anti-Raucher-Spots ein Ende machte, die zu der Zeit entsprechend der Ausgewogenheitsdoktrin gesendet wurden. Selbst eine so ungeschickte Verordnung wie die Erhöhung der Verbrauchssteuer 1982 nutzte der Industrie, indem sie die Tabaksteuer als Vorwand für eine Reihe von Preiserhöhungen nahm, die den Preis einer Schachtel innerhalb eines Jahrzehnts verdoppelten, und den unverhofften Gewinn in Diversifikationen investierte. Jeder Vorstoß der Regierung zur Eindämmung des Rauchens – das Werbeverbot in Funk und Fernsehen, das Rauchverbot im Flugzeug, das Durcheinander der lokalen Rauchverbote an öffentlichen Orten – führte dazu, dass die Zigarette mehr und mehr aus dem Bewusstsein nicht rauchender Wähler zurückgedrängt wurde. Da die tabakanbauenden US-Staaten über erheblichen politischen Einfluss verfügten, wurden Zigaretten von diversen Verordnungen ausgenommen: dem Gesetz zur verbraucherfreundlichen Etikettierung und Verpackung von 1966, dem Gesetz zur Kontrolle der Inhaltsstoffe von 1970, dem Gesetz zur Sicherheit von Verbrauchsgütern von 1972 und dem Gesetz zur Kontrolle giftiger Inhaltsstoffe von 1976. In den von der Branche erhobenen Einsprüchen in Schadenersatzprozessen zeigt sich das Paradox in seiner reinsten Form: Da kein Kläger behaupten kann, von den Gefahren des Tabaks nichts gewusst zu haben – gerade *weil* die Zigarette bekanntermaßen der für Leib und Leben gefährlichste amerikanische Konsumartikel ist –, können die Hersteller, die ihn verkaufen, nicht der Fahrlässigkeit bezichtigt werden. Wen wundert es da, dass kein Zigarettenhersteller auch nur einen Cent Schadenersatz bezahlt hat – bis der Tabakkonzern Liggett in diesem Frühjahr ausscherte.

Nun könnte die Zeit der Paradoxa zu Ende gehen. Während die Nation ihre Raketen verschrottet, wendet sie sich der Zigarette zu. Die Mauer des Schweigens, die die Branche schützte, fällt so sicher, wie die Berliner Mauer fiel. Das postindustrielle Informationszeitalter bricht an und droht, alles grundlegend Moderne auszulöschen. Es ist wohl kaum ein Zufall, dass die Vereinigten Staaten, die auf dem Weg in das Informationszeitalter vorangehen, auch im Kampf gegen die Zigarette an vorderster Front stehen. Anders als die europäischen Staaten, die das Problem des Rauchens pragmatischer angegangen sind, indem sie Zigaretten mit bis zu fünf Dollar die Schachtel besteuert haben, ziehen die Gegner des Rauchens in diesem Land mit puritanischem Eifer in die Schlacht. Wir brauchen ein neues Reich des Bösen, und da kommt uns Big Tobacco gerade recht.

Wer die Tabakindustrie mit Sklavenhändlern und dem Dritten Reich gleichsetzt, argumentiert so: Weil jährlich nahezu eine halbe Million Amerikaner an unmittelbaren Folgen des Rauchens vorzeitig sterben, sind die Zigarettenhersteller des Massenmordes schuldig. Das offenkundige Problem dieser Argumentation ist, dass die Tabakindustrie niemanden gezwungen hat, Zigaretten zu rauchen. Um von der «Tötung» von Menschen zu sprechen, muss man also subtilere Formen des Zwangs postulieren. Zu nennen sind hier drei Kategorien. Erstens: Indem die Tabakindustrie eine den Wissenschaftlern wohlbekannte Wahrheit öffentlich leugnete, nämlich dass Raucher in Lebensgefahr schweben, hat sie sich zu einem gigantischen, mörderischen Betrug verschworen. Zweitens: Indem die Tabakindustrie leicht zu beeindruckende Kinder zu einer schwer aufzugebenden Angewohnheit verführte, hat sie ihre Produkte Menschen «aufgezwungen», die die volle Widerstandskraft von Erwachsenen noch nicht entwickeln konnten. Und schließlich: Indem die Tabakindustrie ein Produkt, um dessen suchterzeugende Wirkung sie wusste, verfügbar und attraktiv machte und außerdem die Nikotinwerte manipulierte, hat sie die Öffentlichkeit willentlich einer Macht (der Sucht) ausgesetzt, die das Zeug zum Töten hat.

Eine «schockierende» Sammlung «geheimer» Dokumente der Tabakindustrie, die von einem vergrätzten Mitarbeiter von Brown & Williamson offengelegt und nun unter dem Titel *The Cigarette Papers* veröffentlicht wurde, verdeutlicht, dass Big Tobacco schon seit Jahrzehnten wusste, dass Zigaretten todbringend sind und süchtig machen, und alles in seiner Macht Stehende getan hat, um dieses Wissen für sich zu behalten und zu leugnen. Die *Cigarette Papers* und andere jüngste Enthüllungen haben das Justizministerium veranlasst, gegen mehrere Manager der Tabakindustrie Anklage wegen Meineids zu erheben, was diejenigen, die die Branche jetzt verklagen, mit eindeutigem Beweismaterial für den Tatbestand der arglistigen Täuschung ausstatten könnte. Schockierend sind diese Enthüllungen indes mitnichten. Wie konnte jemand, dem auffiel, dass die verschiedenen Marken unterschiedliche (aber gleichbleibende) Nikotinwerte haben, nicht daraus schließen, dass die Industrie die Dosierung beeinflussen kann und es auch tut? Welcher vernünftige Mensch konnte annehmen, dass die öffentlichen Beteuerungen der Industrie, «Zweifel» an der Tödlichkeit ihrer Produkte zu haben, etwas anderes als obligatorische, rituelle Lügen waren? Falls Ermittler ein Geheimdokument zutage fördern würden, das beweist, dass Bill Clinton den zugegebenen Joint doch inhaliert hat, wären wir dann schockiert? Wenn Sprecher der Tabakindustrie die Integrität des Gesundheitsministers bezweifeln und beharrlich das Unbestreitbare bestreiten, machen sie sich weniger des Betrugs als vielmehr eines Sprechgebarens auf dem Niveau von (um das Wort eines von Kluger zitierten Managers aufzugreifen) «Neandertalern» schuldig.

«Die schlichte Wahrheit war», schreibt Kluger, «dass die Zigarettenhersteller immer reicher wurden, je höher sich die Stapel der wissenschaftlichen Erkenntnisse gegen sie auftürmten, und noch bevor jemand die Lage so richtig erfasste, schien ihr Handlungsspielraum auf jämmerliche Geständnisse und die Kapitulation vor den Gesundheitsverfechtern oder auf standhaftes Leugnen und Erklären verengt.» Anfang der fünfziger Jahre, als epidemologische Studien erstmals den Zusammenhang von Rauchen und Lungenkrebs nachwiesen, hatten die Zigarettenproduzenten durchaus die Möglichkeit, ihre Unternehmen zu liquidieren und sich andere Betätigungsfelder zu suchen. Aber viele dieser Produzenten stammten aus Familien, die über Jahrzehnte ehrbaren Handel mit Tabak getrieben hatten, und die meisten scheinen selbst starke Raucher gewesen zu sein; anders als der typische Heroingroßhändler gingen sie bereitwillig dasselbe Risiko ein, das sie ihren Kunden zumuteten. Da sie außerdem noch in der Firmenleitung saßen, galt ihre Loyalität in erster Linie den Aktionären. Wenn der bloße Verbleib im Unternehmen schon eine Schuld darstellt, dann muss der Kreis derjenigen, die mitschuldig sind, auf jeden ausgeweitet werden, der nach 1964 noch Anteile an einem Tabakunternehmen hielt, sei es direkt oder im Rahmen eines Rentenfonds, eines Investmentfonds oder einer Universitätsstiftung. Hinzu kämen jeder Drugstore und Supermarkt, die Zigaretten verkauften, und jedes Druckerzeugnis, in dem sie Anzeigen schalteten; schließlich waren die Warnhinweise des Gesundheitsministers dort für jedermann zu sehen.

Nachdem die Unternehmen sich entschieden hatten weiterzumachen, war es nur noch eine Frage der Zeit, bis die Anwälte auf den Plan traten. Nichts geht aus *Ashes to Ashes* deutlicher hervor als der torpedierende Einfluss von Rechtsberatern auf das Vorgehen der Tabakindustrie. Viele in der Branche tätige Wissenschaftler und einige Manager hatten offenbar den aufrichtigen Wunsch, eine unbedenklichere Zigarette herzustellen und die bekannten Risiken des Rauchens offen einzugestehen. Doch paradoxerweise bewirkten die Bemühungen der Tabakindustrie, Verbesserungen zu erreichen, ebenso das Gegenteil wie die Bemühungen der Regierung, regulierend einzugreifen. Als Verantwortliche des Bereichs Forschung & Entwicklung anregten,

Filterzigaretten und einen reduzierten Teer- und Nikotingehalt als potentiell gesundheitsfördernd zu vermarkten, wandten die Justitiare ein, dass die Bezeichnung einer Marke als «unbedenklich» oder «unbedenklicher» das Eingeständnis beinhalte, dass andere Marken schädlich seien, weswegen der Hersteller mit Schadenersatzklagen rechnen müsse. Ähnlich verhielt es sich, als man bei Liggett in den siebziger Jahren Millionen Dollar in die Entwicklung einer beträchtlich weniger Krebs erregenden «Palladiumzigarette» steckte, denn die Justitiare behandelten sie wie eine ansteckende Krankheit. Vom Standpunkt der Haftbarkeit aus sei es schlecht, sie zu vermarkten, und sie zu entwickeln und dann *nicht* zu vermarkten sei noch schlechter, weil die Firma dann wegen fahrlässiger Unterlassung, sie auf den Markt zu bringen, verklagt werden könne. Die Epic, wie die neue Zigarette heißen sollte, wurde schließlich unter Rechtsgutachten erstickt.

Kluger beschreibt eine Branche, in der eine anwaltliche Paranoia in jedem lebenswichtigen Unternehmensteil rasch Metastasen bildete. Anwälte brieften die Manager, die vor Kongressausschüssen aussagten, überwachten die bestürzend eigennützige «unabhängige» Forschung, die von der Tabakindustrie gesponsert wurde, und sorgten dafür, dass man sämtliche Papiere, die mit Studien zu Sucht oder Krebs zu tun hatten, über externe Anwälte schleuste, damit sie durch die anwaltliche Schweigepflicht geschützt waren. Das Ergebnis war eine seltsame Wiederholung der beiden sich widersprechenden Versionen, mit denen ich als Raucher mir mein Leben erkläre: eine wahre Geschichte, die hinter einer zweckmäßigen Fiktion verborgen ist. Ein langjähriger Manager bei Philip Morris fasst dies, von Kluger zitiert, wie folgt zusammen:

> Im Unternehmen gab es einen Konflikt zwischen Wissenschaft und Recht, der nie aufgelöst wurde … und so führen wir einen rituellen Tanz auf – was ist «bewiesen»

> und was nicht, was ist kausale Folge von etwas, und was ist nur Idee –, und die Antwort der Anwälte ist: «Wir mauern.» … Wenn es nach Helmut Wakeham [dem Leiter des Bereichs F&E] gegangen wäre, hätte es wohl einige Eingeständnisse gegeben. Doch er wurde von den Anwälten ausgetrickst, … die … in etwa sagten: «Mein Gott, dieses Eingeständnis können Sie nicht machen», ohne Schadenersatzklagen gegen die Firma zu riskieren. Es gab also keinen einheitlichen Plan – wenn Kritiker der Tabakindustrie von einer «Verschwörung» sprechen, überschätzen sie die Unternehmen gewaltig.

In dem auf den Kopf gestellten moralischen Universum eines Schadenersatzprozesses gegen eine Zigarettenfirma wird jede ehrliche oder Besorgnis ausdrückende Erklärung eines Managers dazu benutzt, die Schuld des Beklagten zu beweisen, während jedes kalkulierte Ausweichmanöver dessen Unschuld belegt. Da ist etwas ganz und gar verquer, doch mangels eines Beweises, dass die Amerikaner die Lügen der Branche tatsächlich geschluckt haben, ist es alles andere als klar, dass man dieses Etwas als Mord betrachten muss.

Belastender sind da schon jüngste Berichte über das Anwerben minderjähriger Raucher durch die Tabakindustrie. Vertreter der Lorillard Tobacco Company wurden dabei beobachtet, wie sie an Kinder in Washington kostenlose Newport-Zigaretten verteilten: Philip J. Hilts nennt in seinem Buch *Smoke Screen* Beweise dafür, dass R.J. Reynolds spezielle Werbedisplays vorzugsweise in Läden und Kiosken platzierte, die gern von Oberschülern aufgesucht werden, und das knuddlige, penisköpfige Kamel Joe Camel ist gewiss eine der abscheulichsten Erscheinungen, die je unsere kulturelle Landschaft betreten haben. Die Tabakunternehmen behaupten, sie kämpften lediglich um Marktanteile in der wichtigen Altersgruppe der Achtzehn- bis Vierundzwanzigjährigen, doch die von Hilts beschriebenen internen Dokumente der Tabakindustrie lassen den Schluss zu, dass zumindest eine kanadische Firma richtiggehend Studien betrieben hat, wie sich Raucher im Einstiegsalter von zwölf Jahren am besten ansprechen lassen. (Hilts zufolge zeigen Studien, dass neunundachtzig Prozent aller heutigen erwachsenen Raucher sich das Rauchen vor dem neunzehnten Lebensjahr angewöhnt haben.) Nach Meinung der Nichtraucher-Aktivisten fängt die Zigarettenwerbung junge Kunden damit ein, dass sie Bilder von sorglosen, attraktiven erwachsenen Rauchern zeigt, ohne auf die Verheerungen hinzuweisen, die das Rauchen anrichtet. Wenn junge Raucher dann alt genug sind, um zu erkennen, was Sterblichkeit bedeutet, sind sie der Sucht schon hoffnungslos verfallen.

Auch wenn der Gedanke, ein Hersteller könne bereit sein, auf die Nachteile seines Produkts hinzuweisen, absurd ist – man stelle sich vor, McDonald's würde Bilder von Fettleibigkeit oder verkalkten Arterien verbreiten –, bezweifle ich nicht, dass die Tabakindustrie mit ihrer Werbung junge Amerikaner erreichen will. Wohl aber bezweifle ich, dass diese Werbung eine nennenswerte Anzahl von Kindern zum Rauchen verführt. Der unsichere oder entfremdete Teenager, der sich zum ersten Mal eine Zigarette ansteckt, reagiert auf den Druck der gleichaltrigen Freunde oder auf das Beispiel von Erwachsenen-Rollenbildern – Filmschurken, Rockstars, Supermodels. Die Zigarettenwerbung wirkt allenfalls als Rückversicherung, dass Rauchen eine gesellschaftlich akzeptierte Aktivität von Erwachsenen ist. Allein aus diesem Grund sollte sie wahrscheinlich verboten oder strenger kontrolliert werden, so wie Zigarettenautomaten verboten werden sollten. Die meisten, die mit dem Rauchen anfangen, bereuen es irgendwann, weshalb jedes Vorgehen löblich ist, das die Anzahl der Einsteiger reduziert.

Dass Zigaretten auf Teenager auch einfach so einen Reiz ausüben, ist den Herstellern kaum in die Schuhe zu schieben. In den letzten Wochen sind mir etliche Zeitungsanzeigen gegen das Rauchen aufgefallen, die, einer Schockwirkung halber, das Bild eines vorpubertären Mädchens mit einer Zigarette zeigen. Die Modelle sind offensichtlich keine echten Raucherinnen, und dennoch werden sie von ihrer Zigarette vollkommen sexualisiert. Das Erschreckende an rauchenden Minderjährigen verschleiert das Erschreckende an Teenager- und Kindersexualität, und einer der größten schönen leeren Träume, die neuerdings von den Werbern der Madison Avenue verbreitet werden, ist der, dass ein Kind vor seinem achtzehnten Geburtstag unschuldig ist. In Wahrheit aber treffen Teenager ohne strenge elterliche Anleitung alle möglichen unwiderruflichen Entscheidungen, bevor sie alt genug sind, um die Folgen abzuschätzen – sie schmeißen die Schule, sie werden schwanger, sie studieren Soziologie. Vor allem aber wollen sie die Freuden des Erwachsenseins kosten, also Sex, Alkohol oder Zigaretten. Der Zigarettenwerbung eine «raubtierhafte» Macht zu unterstellen heißt daher zuzugeben, dass Eltern heute weniger Einfluss auf die moralische Erziehung ihrer Kinder haben als die Kommerzkultur. Auch hier beschleicht mich der Verdacht, dass die Tabakindustrie zum Sündenbock gemacht wird – dass sie die weit umfassendere Wut über die Ablösung der Familie durch die Gesellschaft am stärksten abbekommt.

Das entscheidende Argument für die moralische Schuld von Big Tobacco ist, dass Sucht eine Form von Nötigung sei. Nikotin ist ein Giftstoff, dessen Aufnahme zur Folge hat, dass das Gehirn des Rauchers zur Abwehr dieses Gifts seine Chemie verändert. Ist die Gehirnchemie erst mal verändert, muss sich der Raucher weiter regelmäßig Nikotin zuführen, um das neue chemische Gleichgewicht aufrechtzuerhalten. Das alles wissen die Tabakunternehmen sehr wohl, und ein von Kluger zitierter Anwalt fasst die rechtlichen Voraussetzungen für Nötigung wie folgt zusammen: «Ihr habt mich süchtig gemacht, und ihr habt gewusst, dass es süchtig macht, und jetzt sagt ihr, ich sei selber schuld.»

Wie Kluger aber weiter ausführt, ist diese Argumentation nicht wasserdicht. Noch bevor jedermann wusste, dass Rauchen beispielsweise Krebs verursacht, wusste man, dass man vom Rauchen nur sehr schwer wieder loskommt. Die Nikotinverträglichkeit eines Menschen ist überdies sehr unterschiedlich, und die Tabakindustrie bietet schon seit langem eine breite Auswahl an Marken mit ultraniedrigen Werten an. Und schließlich ist keine Sucht unüberwindbar: Jahr für Jahr hören Millionen Amerikaner mit dem Rauchen auf. Wenn ein Raucher sagt, er wolle aufhören, schaffe es aber nicht, sagt er eigentlich: «Ich will aufhören, aber noch mehr will ich nicht die Qualen des Entzugs erleiden.» Das Gegenteil zu behaupten hieße, jeden noch vorhandenen Gedanken an Eigenverantwortung über Bord zu werfen.

Wäre die Nikotinsucht rein körperlich, dann könnte man relativ leicht aufhören, da die akuten Entzugssymptome, das körperliche Verlangen danach, selten länger als ein paar Wochen anhalten. Als ich vor sechs Jahren aufhörte, konnte ich über Wochen am Stück nikotinfrei sein, und selbst bei der Arbeit rauchte ich nur selten mehr als ein paar Ultraleichte am Tag. Doch sowie ich beschloss, die Zigarette, die ich am Tag davor geraucht hatte, solle meine letzte gewesen sein, war ich völlig erledigt. Ein Monat verging, in dem ich zu aufgewühlt war, um ein Buch zu lesen, zu hibbelig, um mich auch nur auf die Zeitung einzulassen. Ein weiterer Monat verging, bis ich die Konzentration aufbrachte, einen beiläufigen Brief an einen Freund zu schreiben. Hätte ich damals eine Anstellung gehabt oder eine Familie, für die ich hätte sorgen müssen, dann hätte ich den psychischen Entzug vielleicht kaum gespürt. Doch zufällig war mein Leben zu der Zeit nicht sonderlich ereignisreich. «Rauchen Sie?», fragt Lady Bracknell Jack Worthing in Oscar Wildes Komödie *Ernst – und seine tiefere Bedeutung*, und als er das bejaht, antwortet sie: «Das freut mich zu hören. Ein Mann sollte stets mit irgendetwas beschäftigt sein.»

Es gibt keinen einfachen, allgemeingültigen Grund dafür, warum Leute rauchen, aber eines steht für mich fest: Sie tun es nicht, weil sie vom Nikotin abhängig sind. Dass mich das Rauchen reizt, liegt wohl am ehesten daran, dass ich einer Personengruppe angehöre, deren Leben unzureichend strukturiert ist. Auch Geisteskranke und Mittellose gehören dazu. Wir öffnen uns einem so tödlichen, in einem Aerosol aus Kohlenwasserstoffen und Nitrosaminen suspendierten Giftstoff wie Nikotin, weil wir noch keine Freuden oder Routinehandlungen gefunden haben, die den tröstlichen, strukturierenden Rhythmus aus Bedürfnis und Befriedigung ersetzen können, den eine Zigarette bietet. Ein Wort für diese Strukturierung könnte «Selbstmedikation» sein, ein anderes «Zurechtkommen». Doch es gibt nur wenige starke Raucher über dreißig, vielleicht auch keine, die wegen der Schäden, die sie sich zufügen, kein schlechtes Gewissen haben. Sogar Rose Cipollone, die Frau aus New Jersey, deren Erben Anfang der achtziger Jahre eine Schadenersatzklage gegen die Industrie beinahe durchgebracht hätten, musste von einem Aktivisten mobilisiert werden. Die sechzig Anwaltskanzleien, die nun ihre geballte Kraft in einer im Namen aller amerikanischen Raucher formulierten Sammelklage gebündelt haben, kommen mir nicht wesentlich weniger raubtierhaft vor als die Justitiare der Tabakindustrie. Mir ist noch kein Raucher begegnet, der die Schuld an seiner Sucht auf jemand anderen geschoben hat.

Die Vereinigten Staaten als Ganzes gleichen einer Suchtpersönlichkeit, deren unternehmerisches Es seinen schmutzigen Geschäften nachgeht, während sein gespaltenes politisches Ego klagt und schwankt. Klar ist, dass es der Tabakindustrie dreißig Jahre nach dem ersten Bericht des Gesundheitsministeriums nicht noch immer gutgehen würde, wenn unsere Legislative nicht käuflich wäre, wenn die Begriffe Ehre und Eigenverantwortung nicht weitgehend der Macht von Rechtsstreitigkeiten und des Dollars nachgegeben hätten und wenn das Land nicht grundsätzlich gut fände, dass ein Unternehmen in letzter Konsequenz nicht der Gesellschaft, sondern dem Saldo verpflichtet ist. Zweifellos haben sich manche Zigarettenhersteller verachtenswert verhalten, und dass die Verfechter des Gemeinwohls diese Zigarettenhersteller hassen, so wie der Nikotinsüchtige irgendwann seine Zigaretten hasst, ist nur natürlich. Doch sie als moralische Monster hinzustellen – als Punktquelle des Bösen – ist nur eine andere Form der Primetime-Unterhaltung.

Indem die Tabakindustrie ihre Seele an die Rechtsberater verkaufte, offenbarte sie, und zwar vor langem, ihre Erwartung, dass das Raucherproblem des Landes irgendwann vor Gericht gelöst werden würde. Schon bald könnte sie in einem Schadenersatzprozess so verheerende Verluste erleiden, dass es sich danach nur noch ausländische Zigarettenhersteller leisten könnten, bei uns Geschäfte zu machen. Vielleicht wird es auch einmal ein Bundesgericht auf sich nehmen, die Lösung eines Problems, dem sich die Politik eindeutig nicht gewachsen gezeigt hat, in ein Gesetz zu gießen, und wird der Oberste Gerichtshof ein Urteil fällen, das für das Thema Rauchen dasselbe bewirkt, was die Prozesse *Brown gegen Die Erziehungsbehörde* für die Rassentrennung und *Roe gegen Wade* für die Abtreibung bewirkt haben.

Auch wenn Liggetts unlängst eingeknickt ist, dürften die von fünf US-Staaten angestrengten Medicare-Prozesse das Verhalten der Tabakindustrie wohl kaum ändern. Kluger merkt an, dass das Ansinnen der staatlichen Gesundheitsfürsorge durchaus auf «verkappte Schadenersatzansprüche wegen Körperverletzung» hinauslaufen könnte, der Oberste Gerichtshof aber längst entschieden hat, dass Bundesgesetze zur Etikettierung von Zigarettenpackungen mit Warnhinweisen ein wirksamer Schutz gegen solche Klagen sind. Mit anderen Worten: Es wäre nur logisch, wenn die US-Staaten nicht die Zigarettenhersteller, sondern die Raucher verklagen. Und vielleicht sollten die Raucher wiederum die Sozialversicherung und private Rentenfonds auf das Geld verklagen, das diese durch ihren frühen Tod einsparen. Die besten Schätzungen der bundesweiten «Kosten» des Rauchens in Dollar, einschließlich der Einsparungen durch vorzeitigen Tod und Einkünfte durch Verbrauchssteuern, ergeben negative Zahlen. Würde die Gesundheit des Landes nach finanzpolitischen Kriterien gemessen, dann müsste, witzelt ein von Kluger zitierter Volkswirtschaftler, «Zigarettenrauchen eher subventioniert statt besteuert werden».

Letztlich erscheint der Glaube, die ein Jahrhundert währende Liebesaffäre des Landes mit der Zigarette könne auf vernünftige und freundschaftliche Weise beendet werden, ebenso kühn wie der, dass es eine schmerzfreie Methode gebe, vom Nikotin loszukommen. Als ich das erste Mal aufhörte, blieb ich beinahe drei Jahre standhaft. Ich stellte fest, dass ich ohne die Ablenkung und die ganzen Unannehmlichkeiten von Zigaretten *produktiver* arbeitete, und schließlich war ich auch froh darüber, endlich der Nichtraucher zu sein, für den mich meine Familie immer gehalten hatte. Dann aber, in einer Zeit großen persönlichen Verlusts, ärgerte es mich, dass ich weniger um meinet- als um anderer Leute willen aufgehört hatte zu rauchen. Ich war viel mit Rauchern zusammen, und schon verfiel ich der Gewohnheit wieder. Auch wenn ich den Anblick nicht mehr sexy finde, *fühlt* sich Rauchen noch so an. Das Vergnügen, die Droge bei sich zu haben, sich ihren Imperativen zu ergeben und hinter einem Rauchschleier zu entspannen, ist durch und durch lasterhaft. Wäre ein langes Leben das höchste Gut, das ich mir denken könnte, dann könnte ich mir auf der Stelle die nötige Angst einreden, um mit dem Rauchen aufzuhören. Doch für den Fatalisten, dem die Gegenwart mehr bedeutet als die Zukunft, ist die greinende Stimme des Gewissens – der

Gesellschaft, der Familie – auch nur ein Faktor des seelischen Gleichgewichts, das einen weiterrauchen lässt.

«Vielleicht», schreibt Richard Klein in *Schöner blauer Dunst*, «hört man erst dann auf zu rauchen, wenn man anfängt, Zigaretten zu lieben, weil man auf einmal so bezaubert ist von ihren Reizen und ihre Wohltaten einen mit so viel Dank erfüllen, dass man endlich begreift, wie viel verlorengeht, wenn man es aufgibt, ja wie dringend man Ersatz für manche der Verlockungen und Kräfte suchen muss, die in der Zigarette so wunderbar vereint sind.» Mit nicht kontaminierter Lunge und einem Herzen zu leben, das nicht mehr rast, ist eine Freude, die ich hoffentlich einmal der Freude an einer Zigarette vorziehe. Für mich selbst bin ich also vorsichtig optimistisch. Für das Gemeinwesen hingegen, rhetorisch hin und her gerissen zwischen schriller Verurteilung und neandertalerhafter Leugnung und wie ein Suchtkranker an das Tabakgeldergift in seinem Rechtssystem, seiner Gesetzgebung, seinen Finanzmärkten und seiner Außenhandelsbilanz gewöhnt, bin ich es erheblich weniger.

Vor einigen Wochen, es war in Tribeca, sah ich in einem Magritte'schen Dämmerlicht eine Frau an einem erleuchteten Fenster hoch oben in einem Wohnhausloft. Sie stand auf einem Stuhl und zog die obere Fensterhälfte herunter. Sie warf die Haare zurück und machte etwas Kompliziertes mit den Armen, was sich als das Anzünden einer Zigarette erwies. Dann stützte sie Ellbogen und Kinn auf den Fensterrahmen und blies den Rauch in die schwüle Luft. Ich verliebte mich auf den ersten Blick, weil sie so dastand, drinnen und draußen zugleich, Widersprüchlichkeit inhalierte und Ambivalenz ausstieß.

(1996)

Der Leser im Exil

Vor ein paar Monaten habe ich meinen Fernseher weggegeben. Es war ein klobiger alter Sony Trinitron, das Geschenk eines Freundes, dessen Freundin das penetrante Pfeifen, das von der Bildröhre ausging, nicht ertrug. Sein Holzimitatfurnier erinnerte an eine Zeit, als Fernseher, wie kläglich auch immer, noch als Möbel durchzugehen versuchten – eine Zeit, als sich die Designer einen Fernseher noch im Zustand des Nichtangeschaltetseins vorstellen konnten. Er stand bei mir an unzugänglichen Orten wie im Schrankzimmer auf dem Fußboden, und ich bekam nur dann ein gutes Bild, wenn ich genau davor im Schneidersitz saß und die Antenne anfasste. Es fiele schwer, den Vorgang des Fernsehens freudloser zu gestalten, als ich es tat. Dennoch fand ich, der Trinitron müsse weg, denn solange er im Haus war, erreichbar durch eine Kette von Verlängerungskabeln, las ich keine Bücher.

Ich wurde 1959 geboren, kurz bevor sich eine große Kluft zwischen den Generationen auftat, und für mich ist völlig offen, was mehr Angst macht: ein Leben ohne elektronischen Zugang zur Kultur meines Landes oder der Versuch, ohne die Selbstdefinition, die ich aus dem regelmäßigen Eintauchen in Literatur beziehe, in dieser Kultur zu bestehen. Ich sehe mein Leben nicht im Kontext von David Letterman oder Jerry Seinfeld, sondern von Raskolnikow und Quentin Compson. Doch das Leben, wie ich es durchs Bücherlesen sehe, erscheint mir zunehmend einsam. Mit der Medienlandschaft, die die Gegenwart so vieler anderer ausmacht, hat es wenig zu tun.

Für jeden Leser, der heute stirbt, wird ein Zuschauer geboren, und es sieht so aus, als würden wir jetzt, Mitte der unruhigen Neunziger, erleben, wie ein Gleichgewicht endgültig kippt. Für

Kritiker, die zu Panikmache neigen, hat der Wandel von einer Kultur, die auf dem gedruckten Wort basiert, zu einer, die auf virtuellen Bildern gründet – ein Wandel, der mit dem Fernsehen begann und mit dem Computer gerade abgeschlossen wird – etwas Apokalyptisches. In einer ganz ähnlichen Weise, wie das Silicon Valley von der «Killeranwendung» träumt, die den PC für jeden Amerikaner unverzichtbar werden lässt, sind die Panikmacher auf der Suche nach dem Killerargument, das die drohende Apokalypse von selbst erklärt.

Ein jüngster Versuch eines solchen Argumentierens ist das Buch *Der Verlust der Sprachkultur* des Literaturwissenschaftlers Barry Sanders, das von zwei bedrückenden Trends ausgeht: der zunehmenden Gewalt unter Jugendlichen und den abnehmenden sprachlichen Fähigkeiten in den Aufnahmetests fürs College. Als Begründung für die gut belegte Tatsache, dass Kinder nicht mehr wie früher lesen und schreiben, lehnt Sanders es erfrischenderweise ab zu sagen, dass Barney, der große Dino, den guten alten Kinderreim auf dem Gewissen hat. In seiner Kosmologie spielt das Fernsehen durchaus den Schurken, doch es tut sein böses Werk weniger, indem es das Lesen verdrängt, als vielmehr dadurch, dass es sich zwischen die verbale Interaktion mit Eltern und Freunden schiebt. Egal, wie hochwertig die Programmgestaltung ist, ein Übermaß an passiver Rezeption hemmt die Sprachentwicklung des Kindes und legt den Grundstein dafür, dass es später von den scheinbar willkürlichen Regeln der Hochsprache frustriert ist. Computer und Videogeräte im Klassenzimmer verstärken die Entfremdung von der gesprochenen Sprache nur noch mehr. Aus Frustration wird Ablehnung: Kinder gehen von der Schule ab und schließen sich im schlimmsten Fall gewalttätigen Gangs aus, wie Sanders sie nennt, «Postanalphabeten» an. Seiner These nach kann es ohne eine im Mündlichen verwurzelte Lese- und Schreibfähigkeit weder ein Ich, wie wir es verstehen, noch ein Ich-Bewusstsein geben. Die Vergangenheit zu begreifen, in der Gegenwart Wahlmöglichkeiten zu erkennen, eine Zukunft zu entwerfen, Schuld oder Reue zu erfahren – das alles sind, Sanders zufolge, Leistungen, die den seelenlosen jungen Gangstern von heute und der durchcomputerisierten, weder sprech- noch schreibfähigen Gesellschaft von morgen versagt bleiben.

Das Problem mit Sanders' Argumentation als einer Killerargumentation ist, dass er zu viele Übeltäter benennen muss. Die nationale Krise der Lese- und Schreibfähigkeit schiebt er auf den Rückgang der Zeit, die Eltern ihren Kindern widmen, sowie auf den Bilderinput, der das Vakuum gefüllt hat. Junge Gangster, merkt er an, sind nicht nur süchtig nach Bildern, sondern kommen auch aus einem verarmten, labilen Elternhaus. Sehen wir also einer Techno-Apokalypse entgegen, oder ist es bloß eine schlichte, altbekannte gesellschaftliche Dysfunktion? Jede Mutter in meinem Bekanntenkreis begrenzt den Fernsehkonsum ihrer Kinder und sät Widerstand dagegen, indem sie zum Lesen anhält. So wie die Leser dieses Essays gehören meine Freunde und ich der Schicht gebildeter «Symbolanalytiker» an, der nach Meinung des Arbeitsministers Robert Reich einmal die Welt gehören wird. Sanders' Verallgemeinerungen über «die jungen Leute von heute» gelten nur für das Segment der Bevölkerung (zugegebenermaßen ein großes), dem das Geld oder die Muße fehlt, seine Kinder gegen die schlimmsten Verheerungen der elektronischen Medien zu impfen. Was er als die Selbst-Opferung der Zivilisation beschreibt, ist tatsächlich nur eine Partitionierung, und die Ironie dieser Partitionierung besteht darin, dass diejenigen mit dem größten Zugriff auf Informationen auch diejenigen sind, die sich am wenigsten in den die Informationen übermittelnden Drähten verheddern.

Jeder mit einem Sinn für solche Ironien wird Gefallen an Nicholas Negropontes *Total digital* finden, einem Zukunftsland-Führer für jene, die glauben, dass die Technologie keine Probleme geschaffen hat, die eine bessere Technologie nicht lösen könnte. Negroponte ist Direktor des Media Lab am Massachusetts Institute of Technology, und *Total digital* ist eine Sammlung seiner monatlichen Kolumnen in der Zeitschrift *Wired*, der «Bibel» der Cyberwelt (wie sie schon genannt wurde) mit ihrem experimentierfreudigen Layout. *Wired* will das Insidertum der Insider feiern und gleichzeitig Neulingen die Tür aufhalten, und das gelingt ihr, indem sie Visionen wie auch Insiderinformationen verkauft. Negropontes Spezialität sind die Visionen. Er ist das Hausorakel.

Führungskräfte aus Politik und Wirtschaft bitten Negroponte scharenweise um Rat, und folglich handelt *Total digital* viel von (wie sonst sollte man es nennen?) Ressourcenverteilung. Sollen die Entwickler von Virtual-Reality-Technik ihre begrenzte EDV-Kraft darauf verwenden, die Bildauflösung zu erhöhen, oder sollen sie darauf hinwirken, dass die Geschwindigkeit der technischen Abläufe den Kopf- und Halsbewegungen eines Benutzers besser entspricht? Macht sie schneller, sagt Negroponte. Soll die Wall Street in elektronische Hochleistungsleitungen investieren oder in eine Fernsehtechnologie, die die bestehenden Leitungen effizienter nutzt? Macht, was intelligenter und weniger aufwendig ist, sagt Negroponte.

Vielleicht weil der Titel *Total digital* die Artikulierung einer neuen Art des Menschseins zu verheißen scheint, dauerte es eine Weile, bis ich merkte, dass das Buch nicht von einem kulturellen Wandel handelt, sondern von Geld. Die erste Frage, die sich Negroponte bei einer Entwicklung wie der virtuellen Realität stellt, ist die, ob es einen Markt dafür gibt. Gibt es einen, dann ist es unvermeidlich, dass jemand ihn ausschöpft, daher ist es sinnlos zu fragen: «Brauchen wir das?», oder «Schadet uns das vielleicht?» «Der Konsument» ist in Negropontes Buch etwas fröhlich Allgegenwärtiges, ein hochbegehrter Bestimmer.

Total digital wimmelt von Bezügen auf eine Welt des begüterten Internationalismus – auf Luxushotels, in denen der Autor absteigt, auf seine Lunchs mit Premierministern, auf Transpazifikflüge, burgundische Weinhändler, Schweizer Internate, bayerische Kindermädchen. Die Leichtigkeit, mit der Jobs, Kapital und digitale Signale heute Staatsgrenzen überschreiten, wird gleichgesetzt mit der Mobilität der neuen Informationselite, jenen glücklichen Symbolanalytikern, die wie so manche Angehörige herrschender Kasten vor ihnen meinen, mehr mit den Auserwählten anderer Länder gemein zu haben als mit den Übergangenen des eigenen. Ist es einem erst mal aufgefallen, kommt es einer Offenbarung gleich, wie frei von Nationalismus *Total digital* ist, wie austauschbar die Schauplätze sind. In einer kleinen Randbemerkung beklagt sich Negroponte, dass die Leute ihm Vorträge über das Leben in der wirklichen Welt hielten – «als lebte ich», sagt er, «in einer unwirklichen». Er beklagt sich zu Recht. Seine Welt ist ebenso wirklich wie die Unterwelten, die Barry Sanders evoziert. Doch die beiden Welten werden füreinander zunehmend unwirklich.

Über den Wolken scheint immer die Sonne. Negroponte zeichnet ein Morgen mit sprechenden Toastern, intelligenten Kühlschränken und eigenwilligen Computern («Sie können sich doch für Ihr Zeitungsinterface eine Larry-King-Persönlichkeit kaufen»), das wegen der Beibehaltung heutiger Vorstadtwerte an die *Jetsons* denken lässt. Um Hinweise auf einen tiefergehenden Wandel zu finden, muss man zwischen den Zeilen lesen. Negroponte hat beispielsweise die Angewohnheit, die menschlichen Körperfunktionen auf Funktionen von Maschinen zu reduzieren: das menschliche Auge ist «Bezieher des Bildes», das Ohr ist ein «Kanal», Gesichter sind «Displays», und «Disneys fester Kundenstamm wird mit einer Geschwindigkeit, die 12500 Geburten pro Stunde übersteigt, erneuert». Künftig könnten «CD-ROMs essbar sein und Parallelprozessoren benutzt werden wie Sonnencreme». Der neue, digitale Mensch wird sich aber nicht nur Speichereinheiten einverleiben, sondern auch Narzissmus. «Zeitungen werden in einer Auflage von einem Exemplar gedruckt … Nennen wir es *Das Tages-Ich*.» Derweil werden Autoren auf ihrem Weg vom Text zum Multimedia-Erzeugnis die Rolle des «Bühnenbildners oder Themenpark-Designers» übernehmen.

Wenn Barry Sanders junge Menschen vor sich hat, sieht er verlorene, regungslose Gesichter. Negroponte sieht eine «mathematisch kompetente und vornehmlich visuell gebildete» Generation, die in einem Cyberspace glücklich miteinander wetteifert, wo das «Streben nach intellektueller Leistung eher weniger zum Bücherwurm tendiert». Er redet einer Art therapeutischem Korporatismus das Wort, verteidigt Videospiele als förderlich für «strategisches Denken» und «Planungsgeschick» und erinnert sich, dass sein Sohn Schwierigkeiten hatte, Addieren und Subtrahieren zu lernen, bis der Lehrer vor die Zahlen Dollarzeichen setzte. Am ehesten zeigt sich Negropontes Einsicht, dass es gesellschaftliche Dysfunktion tatsächlich gibt, wenn er die Roboter beschreibt, die uns in naher Zukunft Getränke bringen und unsere leeren Bücherregale abstauben werden: «Aus Sicherheitsgründen muss ein Haushaltsroboter auch wie ein bissiger Hund bellen können.»

Es fällt leicht, Negropontes resoluten Ahistorismus zu kritisieren, schwerer hingegen, einen Autor nicht zu mögen, der sein Buch mit dem Bekenntnis «Als Dyslexiker lese ich nicht gern» beginnt. Negroponte ist nicht mehr und nicht weniger als ein Mann, der von seinen Spekulationen über die Zukunft profitiert hat und, wie ein erfolgreicher Börsenmakler, bereit ist, seine Geheimnisse zu verraten. Abgesehen von einigen nebulösen Versicherungen («Die Digitaltechnik kann eine Naturgewalt sein, die die Menschen in eine größere Weltharmonie katapultiert»), tut er nicht so, als löse seine Revolution ernstere Probleme als die Beschwernis, die Videothek persönlich aufsuchen zu müssen, wenn man einen Film ausleihen will.

In einer Kultur der falschen Perspektiven, in der der Staranwalt Johnny Cochran bedeutender als Boris Jelzin scheinen kann, ist es schwer zu sagen, ob das Internet zu Recht so toll ist. Russell Baker hat den Hype um das Netz mit dem um die Atomenergie in den fünfziger Jahren verglichen, als Industriesprecher uns weismachen wollten, wir würden bald nur noch «Pennys» für unseren monatlichen Energieverbrauch bezahlen. Wer heute die Technologie propagiert, kann dem Normalverbraucher keinen so messbaren Nutzen wie billigen Strom anbieten. Die Verkaufsanreize sind vielmehr immateriell – übermittelt in der Sprache von Gesundheit und Hipsein.

Die Digitaltechnik, so das Argument, ist wirksame Medizin für eine kranke Gesellschaft. Das Fernsehen hat uns Regierungen beschert, die mittels Bildern regieren; die Interaktivität wird die Macht dem Volk zurückgeben. Das Fernsehen hat Millionen bildungsferner Kinder herangezüchtet; der Computer wird sie unterrichten. Von oben nach unten vorgegebene Fernsehprogramme haben uns isoliert; von unten nach oben drängende Netzwerke werden uns wieder zusammenführen. Als Dreingabe schmeckt die Medizin der totalen Digitalität auch noch gut. Sie ist ein popkulturelles Vergnügen, dem wir gern frönen dürfen. Tatsächlich ist heute mit das Beste, das im Fernsehen läuft, von IBM finanziert: Nonnen in einem italienischen Kloster unterhalten sich wispernd übers Internet, marokkanische Geschäftsleute schlürfen Pfefferminztee und reden über Schnittstellen. Das ist Werbung und phantastische postmoderne Kunst zugleich. Natürlich ist das simple Ziel solcher Kunst, es als unvermeidlich erscheinen zu lassen, dass wir unsere Dollars IBM in den Rachen werfen. Popularität aber ist zum Selbstzweck geworden.

Würde ich mir mein eigenes Killerargument gegen die digitale Revolution zurechtlegen, dann würde ich mit der Beobachtung anfangen, dass sowohl Newt Gingrich als auch Timothy Leary hin und weg von ihr sind. Irgendwie passt da etwas nicht zusammen. Douglas Rushkoff zitiert in *Media Virus!* – seiner buchlangen Erforschung der Medien-Gegenkultur – einen skeptischen New-Age-Denker, für den die Revolution folgende Sonnenseite hat: «Private Bereiche gibt es nicht mehr. Der Gedanke einer Sprachkultur ist im Grunde eine Vorstellung der Mittelschicht – der feine Herr in seinem büchergesäumten Studierzimmer als privatem Bereich zum Nachdenken. Das ist eine sehr elitäre Vorstellung.» Robert Coover, der in zwei Essays für die *New York Times Book Review* eine ähnliche Auffassung an den Tag legt, verheißt, der Hypertext werde «die vorbestimmte Einbahnstraße» des konventionellen Romans durch Werke ersetzen, die auf jede beliebige Art und Weise gelesen werden könnten und mithin den Leser von der «Vorherrschaft des Autors» befreiten. Gleichzeitig preisen die New-Age-Autoren, die Newt Gingrich um sich versammelt hat, die politische Diskussion im Internet als ideales Gegenmittel gegen den lahmen Industriezeitalter-Liberalismus an. Wo die Wall Street Profite für Investoren winken sieht, sehen Visionäre jeder politischen Couleur eine Ermächtigung der Massen.

Dass Nachrichten von dieser besseren Zukunft nach wie vor gedruckt eintreffen – als «einsargende, distanzierende Vergewaltigung des Papiers», wie es ein Kolumnist in *Wired* formulierte –, mag schlicht ein Paradox der Veralterung sein, genauso wie die Notwendigkeit, mit dem Pferd zu dem Händler zu reiten, der einem das erste Auto verkauft. Negroponte aber nennt als Erklärung für seinen Entschluss, ein richtiges Buch zu veröffentlichen, einen verblüffenden Grund: «Interaktive Medien lassen der

Phantasie kaum noch Spielraum. Im Gegensatz dazu», sagt er, «löst das geschriebene Wort Bilder aus und evoziert Metaphern, die ihre Bedeutung zum großen Teil aus der Phantasie und den Erfahrungen des Lesers erhalten. Wenn Sie einen Roman lesen, kommt viel von seiner Farbe, seinem Klang und seiner Bewegung aus einem selbst.»

Wäre es Negroponte mit dem Wohl des Gemeinwesens ernst, müsste er der Frage nachgehen, was dieses Argument über den Muskeltonus unserer Phantasie in einem vollständig digitalen Zeitalter aussagt. Aber bei ihm und den handfesten Firmeninteressen, die er vertritt, kann man sich darauf verlassen, dass er nicht sentimental wird. Die Wahrheit ist einfach, wenn auch unschön. Der Roman stirbt, weil der Konsument ihn nicht mehr will.

Natürlich ist der Roman keinesfalls tot – man frage nur Annie Proulx oder Cormac McCarthy. Der Roman als Hort kultureller Autorität aber taumelt am Abgrund, und in *Die Gutenberg-Elegien*, einer Essaysammlung mit dem Untertitel *Lesen im elektronischen Zeitalter*, bringt Sven Birkerts seine Verblüffung und Bestürzung darüber zum Ausdruck, dass dieser Niedergang nicht auf breiterer Ebene beklagt worden sei. Nicht einmal professionelle Literaturkritiker, die unter den Verteidigern des Romans doch in vorderster Linie stehen müssten, hätten Alarm geschlagen, und Birkerts, der selbst Kritiker ist, klingt wie ein loyaler Soldat, den sein Regiment im Stich gelassen hat. Der Ton seiner Elegien ist unerschrocken, aber traurig.

Birkerts eröffnet seine Verteidigung des Romans, indem er erzählt, wie er, in einer Einwandererfamilie aufgewachsen, durch die Lektüre Jack Kerouacs, J.D. Salingers und Hermann Hesses zu einem Begriff von sich selbst gefunden hat. Die Autoren genauso wie die entfremdeten, romantischen Helden ihrer Bücher wurden ihm zu Vorbildern, denen er nacheifern und mit denen er sich vergleichen konnte. Später, an dem trostlosen emotionalen Strand, an dem die Welle des Sechziger-Jahre-Idealismus offenbar viele ausgesetzt hat, trotzte er jahrelangen Depressionen, indem er las, in Buchhandlungen arbeitete und schließlich Literaturkritiker wurde. «Im Grunde», sagt er, «haben Bücher mich gerettet.»

Bücher als Katalysatoren der Selbstfindung und Bücher als Zufluchtsort: diese Vorstellungen werden zusammengespannt, weil Birkerts glaubt, dass «Innerlichkeit, die nachdenklichere Komponente des Ich», eines «Raums» bedarf, in dem der Mensch über die Bedeutung der Dinge nachdenken kann. Verglichen mit dem Zustand eines Menschen, der einen Film sieht oder sich durch einen Hypertext klickt, sagt er, kommt der Zustand von einem, der sich in einen Roman versenkt, dem der Meditation besonders nah, und am besten ist Birkerts, wenn er den Feinheiten dieses Zustands nachspürt. Hier seine Beschreibung der Eindrücke zu Beginn einer Romanlektüre: «Ich spüre einen Sog. Die Kette hat sich aufs Zahnrad gelegt; es folgt das Gefühl des Ineinandergreifens, dann das Vorwärtsgleiten.» Und nun seine prägnante Entgegnung auf die Verheißung, der Hypertext werde vom Autor befreien: «Diese ‹Vorherrschaft des Autors› war und ist doch, jedenfalls bis jetzt, der *Sinn* des Lesens und Schreibens. Der Autor meistert die Mittel der Sprache, um eine Vision zu kreieren, die den Leser packt und in gewisser Weise auch überwältigt; der Leser unterzieht sich der Arbeit, die darin besteht, sich dem kreativen Willen eines anderen zu unterwerfen.» Birkerts schreibt übers Lesen von Literatur wie M. F. K. Fisher übers Essen oder Norman Maclean übers Fliegenfischen. Er schafft es, dass man es sofort selber machen will.

Das Gegenstück zu seinem Idyll des büchergesäumten Studierzimmers ist jedoch wilde Panikmache. Im Niedergang des Romans sieht Birkerts mehr als einen Wandel unserer Unterhaltungsgewohnheiten. Er sieht eine Veränderung der menschlichen Natur an sich. Gewiss, sein Albtraum «ist nicht der grunzende und Keulen schwingende Neotroglodyt, sondern der effiziente und wohlhabende Informationsmanager, der in den Untiefen dessen lebt, was es heißt, Mensch zu sein, und um das Besondere daran nicht zu wissen». Er räumt ein, dass die Technologie unsere Sicht der Dinge globaler und toleranter, unseren Zugriff auf Informationen leichter, unsere Selbstdefinitionen weniger festgelegt sein ließ. Doch, wie er wiederholt betont, «je komplexer, verfeinerter und unorthodoxer unsere Zugriffssysteme, desto mehr opfern wir an Tiefe». Statt Augie March also Arnold Schwarzenegger. Statt der Schlachten bei Manassas ein historischer Themenpark. Statt ordnenden Erzählens eine Weltkarte, die so komplex ist wie die Welt selbst. Statt einer Seele die Zugehörigkeit zu einer Menge. Statt Weisheit Daten.

In einer Coda zu den *Gutenberg-Elegien* beschwört Birkerts aus den Seiten von *Wired* den Teufel persönlich, «glatt und selbstbewusst», einen «Hexer der binären Ordnung», der anbietet, den Kampf der irdischen Existenz durch einen «bunten, angenehmen Traum» zu ersetzen. Das Einzige, was er dafür haben will, ist die Seele der Menschheit. Birkert bekennt, auf den Teufel neidisch zu sein: «Ich frage mich wie damals an der Highschool, als ich es mit den Lässigen und Athletischen, den Mannschaftskapitänen und Klassensprechern zu tun hatte, ob ich nicht tief im Innern all das Zweifeln und Grübeln eintauschen und nur er sein möchte.» Doch sosehr er auch von der Erotik der Technologie des Teufels versucht ist, sagt eine Stimme in seinem Herzen: «Verweigere dich.»

Die Technologie als die Inkarnation des Teufels, die totale Digitalität als Verdammnis: Bedenkt man, dass Autoren wie Toni Morrison ein weit größeres Publikum haben als Jane Austen zu ihrer Zeit, scheint mir Birkerts' Hyperbel doch von etwas anderem als nüchterner Analyse motiviert. Der Schlüssel liegt, glaube ich, in den Einblicken, die er auf sein eigenes Leben in den Untiefen dessen, was es bedeutet, Mensch zu sein, gewährt. Er erwähnt, dass er raucht und literweise Bier trinkt, spricht von seinen morbiden Vorahnungen einer Katastrophe, seiner Schlaflosigkeit, seinen Grübeleien. Als wichtigstes Publikum seines Buches nennt er seine vielen Freunde, die ihm die Schwärze unseres kulturellen Augenblicks nicht abnehmen wollen und in den elektronischen Entwicklungen eine höhere Stufe des geschriebenen Wortes sehen. «Manchmal frage ich mich, ob meine nachdenklichen Freunde und ich in derselben Welt leben … Natürlich neige ich eher zu der Ansicht, dass das Problem bei ihnen liegt.»

Diese Zeilen triefen vor Depression und dem Gefühl einer Entfremdung von der Menschheit, das von der Depression gefördert wird. Nichts verschärft diese Entfremdung mehr als das Monstrum Hipsein, wie es das Fernsehen kreiert hat und die Vermarkter der digitalen Revolution nun ausbeuten. Es ist kein Zufall, dass Birkerts die Apokalypse auf den oberhippen *Wired*-Seiten ortet. Er ist noch immer der Einzelgänger an der Highschool, ausgeschlossen von denen, die das Sagen haben, und daher den alternativen und «echteren» Befriedigungen des Lesens in die Arme getrieben. Aber was, so könnten wir ihn fragen, ist schlimm daran, ein effizienter und wohlhabender Informationsmanager zu sein? Haben Mannschaftskapitäne und Klassensprecher tatsächlich keine Seele?

Der Elitismus ist die Achillesferse einer jeden ernsthaften Verteidigung von Kunst, er zieht die Giftpfeile populistischer Phrasen auf sich. Der Elitismus der modernen Literatur ist zweifellos ein besonderer – eine Aristokratie der Entfremdung, eine Bruderschaft der Zweifler und Grübler. Gleichwohl ist Birkerts, nachdem er den Verdacht geäußert hat, die Nichtleser würden das Lesen «als eine Art Werturteil über sich, als elitären und ausschließenden Akt verstehen», so mutig, ihre ärgsten Befürchtungen zu bestätigen: «Lesen *ist* ein Urteil. Es brandmarkt die Begriffe und Prioritäten, die das gewöhnliche Leben bestimmen, als ungenügend.» Hätte er bei der unumstößlichen Tatsache aufgehört, dass Literatur nicht auf jeden Menschen Reiz ausübt, dann wären die *Gutenberg-Elegien* ein unangreifbarer, wenn auch ungehörter Lobgesang geworden. Doch weil Bücher ihm das Leben gerettet haben und er die Vorstellung einer Welt ohne sie nicht ertragen kann, gerät er in den Bann einer anderen, populäreren Verteidigung der Kunst. Der Verteidigung mit dem Stipendienantrag, derjenigen also, die Elitismus meidet. Grob gesagt, Technologie ist bloß Palliativ, Kunst dagegen Therapie.

Ich gestehe, dass mich dieses Argument ins Schwanken bringt. Deshalb habe ich auch meinen Trinitron weggeschafft und mich den Büchern zurückgegeben. Aber das möchte ich eher für mich behalten. Unglückliche Familien mögen glücklichen, deren Glück immer gleich ist, ästhetisch überlegen sein, «dysfunktionale» dagegen sind es nicht. Es war leicht, einen Roman über das Unglück zu verteidigen; jeder war schon einmal unglücklich, es gehört zum Menschsein dazu. Ein Roman über eine emotionale Dysfunktion jedoch wird reduziert auf einen Manichäismus der Nützlichkeit. Entweder ist er ein finsterer Befähiger, der das Gesunde blockiert, indem er das Pathologische feiert, oder er ist Anschauungsmaterial, das dem Leser hilft, die eigene Dysfunktion zu verstehen und zu überwinden. Besessenheit vom Gemeinwohl erzeugt eine ähnliche Vulgarität: Ist ein Roman nicht Teil einer politischen Lösung, muss er Teil des Problems sein. Der Doktorand, der Joseph Conrad als Kolonialisten «entlarvt», ähnelt der Schulbehörde, die Holden Caulfield als schlechtes Rollenbild verbannt – aber er ähnelt leider auch Birkerts, dessen Drang, das Lesen zu verteidigen, aus seiner Annahme erwächst, Bücher müssten uns irgendwie «dienen».

Ich mag Romane ebenso sehr wie Birkerts, und auch ich habe mich schon von ihnen gerettet gefühlt. Sein Plädoyer als Lobbyist in Sachen Literatur für eine intellektuelle Unterstützung seines Mandanten rührt mich. Doch Romanautoren wollen, dass ihre Arbeit genossen und nicht wie Medizin eingenommen wird. Den Niedergang des Romans teuflischen Technologien und verräterischen Literaturkritikern zuzuschreiben, wie Birkerts es tut, wird den Schaden nicht beheben. Ebenso wenig das Argument, dass das Lesen uns bereichert. Wenn Romanautoren wollen, dass ihre Werke gelesen werden, liegt die Verantwortung dafür, dass sie interessant und bezwingend sind, ausschließlich bei ihnen.

Bestehen bleibt der bittere Umstand, dass, wie Birkerts schreibt, «das Alltagsleben des Durchschnittsamerikaners für den Romanschriftsteller zu Teflon geworden ist». Früher einmal bewohnten Figuren Spannungsfelder hinsichtlich Status und Geographie. Heute ist ihre Welt zunehmend binär. Entweder man hat, oder man hat nicht. Man ist funktional oder dysfunktional, man ist vernetzt oder vergrätzt. Unglückliche Familien sind, vielleicht mehr noch als glückliche, alle gleichermaßen mit CNN, dem *König der Löwen* und America Online verbunden. Dabei geht es um mehr als nur kulturelle Bezüge, es ist vielmehr die Struktur ihres Lebens selbst. Und da Romane nun einmal von der Realisierung komplexer Figuren vor dem Hintergrund einer breiteren Gesellschaft leben, wie schreibt man dann einen, wenn der Hintergrund vom Vordergrund nicht zu unterscheiden ist?

«Literatur», so Birkerts, «bewahrt sich seine kulturelle Vitalität nur so lange, wie sie dem Leser bedeutungsvolle Neuigkeiten darüber bringen kann, was es heißt, in der Welt der Gegenwart zu leben.» Dabei denkt er an vielgelesene Großleinwandromane von Tolstoi und Dickens, Bellow und Steinbeck, und tatsächlich gibt es wohl kaum Zweifel daran, dass das Genre denselben Weg wie die Shakespeare-Tragödie und die Verdi-Oper nimmt. Doch die Nachricht vom Dahinscheiden des Genres ist vielleicht weniger bedeutsam, als Birkerts meint. Das Publikum mag im Lauf der letzten Jahrzehnte eingebrochen sein, doch die kulturelle Vitalität hat sich schon unser ganzes technologisches Jahrhundert hindurch mit Verstummen, Schläue und Exil abfinden müssen. Kafka sagte zu Max Brod, er solle seine Romane verbrennen, Henry Green und Christina Stead fielen schon zu ihren Lebzeiten dem Vergessen anheim, Faulkner und O'Connor tauchten im ländlichen Süden unter. Die originellsten und weitsichtigsten Romanschriftsteller unserer Zeit ertragen das Dunkel nicht nur, sondern suchen es von sich aus auf. «Alles in der Kultur spricht gegen den Roman», sagte Don DeLillo in einem Interview mit der *Paris Review*. «Deshalb brauchen wir den widerständigen Autor, den Romanschriftsteller, der gegen die Macht anschreibt, der gegen die Unternehmen anschreibt oder gegen den Staat oder den ganzen Anpassungsapparat.»

Der moderne Gedanke des widerständigen Autors hat eine lange schon bestehende Tradition, und seine modernen Varianten gibt es mindestens seit dem Ersten Weltkrieg, als Karl Kraus sich als das «hoffnungslose Gegenteil» des Nexus aus Technologie, Medien und Kapital beschrieb. Etwas, das länger gebraucht hat, um sich herauszubilden, aber einem Werk wie den *Gutenberg-Elegien* innewohnt, ist der Gedanke des widerständigen *Lesers*. Der Elitismus der Literatur ist insofern paradox, als er völlig frei wählbar ist. Jedem, der lesen kann, steht es frei, daran teilzuhaben. Und indem die Informationselite sich weiterhin Lesebildung einimpft, wird es nicht ausbleiben, dass ein gewisser Prozentsatz der Leser wie der berühmte Marijuana-Raucher nach härteren Sachen süchtig wird. Auch werden ruhelose Seelen, je mehr sich die Reihen der Übergangenen mit Absteigern füllen, noch mehr Anlass haben, sich Methoden des Widerstands zu überlegen – «ein Anderswo zu postulieren», wie Birkerts das Lesen beschreibt, «und sich dorthin aufzumachen». Die scheinbare Demokratie der heutigen digitalen Netzwerke ist ein Artefakt aus der Zeit, als sie noch in den Kinderschuhen steckten. Früher oder später bewegen sich alle gesellschaftlichen Organismen von der Anarchie zur Hierarchie, und welche Ordnung sich aus dem Urchaos des Internets auch herausbildet, sie wird ebenso wahrscheinlich dystopisch wie utopisch sein. Besonders dräuend ist die Möglichkeit endloser Langeweile. Doch selbst wenn die digitale Revolution sich zu einer Freier-Markt-Version des stalinistischen Totalitarismus entwickelt, zu der die bolschewistische Revolution geführt hat, könnte der folgewidrige Effekt auch ein neuer, verbesserter Status des Lesens sein. Die Welt des Samisdat, die Entfaltung einer Leserschaft, die die gesamte Lyrik Ossip Mandelstams und Anna Achmatowas auswendig lernte, sollte uns in Erinnerung rufen, dass das Lesen im Exil überdauern und sogar gedeihen kann.

Keineswegs nur Negroponte, der nicht gern liest, sondern selbst Birkerts, der das Ende der Geschichte voraussieht, unterschätzen die Instabilität der Gesellschaft und die ungebärdige Vielfalt ihrer Mitglieder. Die elektronische Apotheose der Massenkultur hat den Elitismus des literarischen Lesens, der während der Blütezeit des Romans nur überdeckt war, lediglich neu bestätigt. Ich trauere um den Niedergang der kulturellen Autorität, die die Literatur einst hatte, und ich verwünsche den Beginn eines Zeitalters, das so unruhig ist, dass das Vergnügen an einem Text immer schwerer zu bewahren ist. Vermutlich werden nicht viele andere ihren Fernseher weggeben. Ich bin mir auch nicht sicher, ob ich es lange aushalten werde, ohne mir einen neuen anzuschaffen. Aber das Erste, was das Lesen bietet, ist eine Anleitung zum Alleinsein.

(1995)

Die erste Stadt

Zwei Dinge, die dieses Jahr passiert sind, haben in mir die Frage aufgeworfen, warum amerikanische Städte im Allgemeinen und New York im Besonderen überhaupt noch existieren. Das erste war ein Flug von St. Louis zurück an die Ostküste. Ich saß neben einer eleganten, freundlichen Frau aus Springfield, Missouri, die mit ihrem elfjährigen Sohn auf dem Weg zu Verwandten in Boston war. Der Sohn hatte bei mir schon Punkte gemacht, als er statt eines Gameboy ein Buch aus seinem Rucksack zog, und als seine Mutter mir erzählte, sie würden noch zwei Tage in New York verbringen und es sei das erste Mal für ihren Sohn, fragte ich sie, was sie denn besichtigen wollten. «Wir wollen ins Fashion Café», sagte sie, «und wir wollen versuchen, in die *Today*-Show reinzukommen. Da ist doch so ein Fenster, vor dem man stehen kann? Mein Sohn möchte da hin.» Ich sagte, von diesem Fenster hätte ich noch nicht gehört und es klinge wirklich interessant, aber was denn mit der Freiheitsstatue und dem Empire State Building sei? Die Frau sah mich komisch an. «Wir würden zu gern auch zu *Letterman* gehen», sagte sie. «Meinen Sie, man kriegt da überhaupt Karten?» Ich sagte, Hoffnung gebe es immer.

Das zweite, das mir passierte, nachdem mir auf diese Weise klargemacht worden war, dass New York für den Rest des Landes heutzutage eine weitgehend abstrakte Stadt ist – bestenfalls ein Ort für die Voodoo-Verwandlung von Fernsehbild in Fleisch –, war ein Spaziergang, den ich durch Silicon Alley in Lower Manhattan unternahm. Silicon Alley ist eine Gegend, in der der Flirt der Downtown-Hipsters mit der digitalen Revolution aus den Schlafzimmern der oberen Stockwerke herabgekommen und sich hinter Flachglas eingerichtet hat; ich sah junge Frauen, die aussahen wie Models und sich im Fashion Café nicht mal tot hätten blicken lassen, um Monitore geschart, während Gurus mit rasiertem Schädel ihnen beim Konfigurieren halfen. Das Cyber Café in der Lafayette Street 273 ist ein eigenartiges Phänomen. Dem Web-Dogma zufolge dürfte es gar nicht vorhanden sein. «Klick dich durch den Cyberspace», schreibt William J. Mitchell in seinem kürzlich erschienenen Manifest *City of Bits*. «Das ist die neue Architekturpromenade … eine Stadt, die an keinen geographischen Ort der Erdoberfläche gebunden und eher von Datenvernetzung und Bandbreitenbeschränkungen geprägt ist als von Erreichbarkeit und Grundstückswerten, weitgehend asynchron in ihrer Funktionsweise und bewohnt von entkörperlichten und fragmentierten Subjekten, die als Sammlung von Pseudonymen und Vertretern existieren.» Doch das Cyber Café – ganz zu schweigen von den Tausenden von Clubs und Galerien, Buchhandlungen und Nicht-Cyber-Cafés, die es im Umkreis von einer Meile gibt – ähnelt nichts so sehr wie der altbekannten Promenade, auf der man sieht und gesehen wird.

Zwei New Yorks also: das eine eine virtuelle Provinz des Planeten Hollywood, das andere ein geographischer Ort der Erdoberfläche, bevölkert von jungen Menschen, die nicht einmal dann, wenn sie sich entkörpern und fragmentieren, dem Drang widerstehen können, *dort zu sein*. Zwischen dem New York, wie man es sich in Springfield vorstellt, und dem New York der Lafayette Street besteht eine Disjunktion, die zu schätzen ich mich gut gerüstet fühle. Ich bin in Missouri aufgewachsen und während der vergangenen fünfzehn Jahre sechsmal nach New York gezogen. Nie wartete eine Arbeitsstelle oder ein schon bestehender Bekanntenkreis auf mich. Als freier Schriftsteller kann ich leben, wo ich will, allerdings wäre es für mich sinnvoll, einen preisgünstigen Wohnort auszuwählen. Doch jedes Mal, wenn ich in so einem preisgünstigen Ort wohne, drängt es mich wieder, mir New York anzutun – und das trotz meiner Furcht vor Nachbarn mit Fernsehern und Klavieren, meiner Abneigung gegen die Gotham'sche Provinzialität und meiner Immunität gegen seine «kulturelle Lebendigkeit». Wenn ich hier bin, verbringe ich viel Zeit zu Hause; grundsätzlich renne ich in die Museen und Theater erst in Torschlusspanik, also kurz bevor ich wieder wegziehe. Und sosehr ich den Central Park und die U-Bahn auch mag, empfinde ich keine überwältigende ♥ für den Big Apple insgesamt. Die Stadt hat wenig von der ergreifenden Trostlosigkeit von, sagen wir, Philadelphia und nichts von der tiefgehenden Vertrautheit Chicagos, wo ich geboren wurde. Was mich aber immer wieder hinzieht, ist Sicherheit. Nirgendwo sonst bin ich vor der Frage sicher: Warum gerade *hier*?

Insbesondere Manhattan bietet Beruhigung durch hohe Mieten, was besagt, dass es eine Stadt ist, in der die Menschen leben und auch bleiben wollen. Nicht von ungefähr schwärmen die Pariser für New York. Ungeachtet des orthogonalen Straßenrasters fühlen sie sich hier zu Hause, denn zu den Dingen, die Europa zu Europa machen, gehört, dass seine Stadtzentren das öffentliche Leben noch immer nicht abstoßen, sondern anziehen. Umgekehrt kommt New York für einen amerikanischen Mittelwestler wie mich, der nach einem Gefühl kultureller Verortung lechzt, Europa am nächsten.

Die meisten Metropolen Nordamerikas sind dagegen völlig zentrifugal, und der Kontrast zwischen dem unbelebten Straßenraster unserer Innenstädte und den blühenden Zentren Europas hat den Architekten und Essayisten Witold Rybczynski zu der Frage veranlasst: «Warum sind unsere Städte nicht so?» In seinem jüngsten Buch *City Life* macht er sich daran, die «urbanen Zukunftsaussichten» in der Neuen Welt zu untersuchen. Obwohl er große Teile des Buches darauf verwendet, den anderen *Look* unserer Städte zu erklären, weiß er doch, dass dieses «so» etwas Grundsätzlicheres bedeutet: eine urbane Lebendigkeit, die Selbstverständlichkeit, in einer Stadt zu leben. Washington, D.C., hat zwar wie Paris diagonal verlaufende Boulevards, eine einheitliche Bauhöhe und eine monumentale Architektur, aber niemand würde die Atmosphäre einer Wohnstraße in Washington um zehn Uhr abends mit dem 14. Arrondissement verwechseln. Nicht zu verwechseln ist auch die gegenwärtige feindselige Haltung unseres Landes gegenüber Städten. Der Staat New York hat sich an seiner Hauptstadt in der Person des Gouverneurs George Pataki gerächt; geplante Kürzungen bei der Krankenfürsorge für Senioren, der Sozialhilfe und anderen Bundesprogrammen nehmen die Stadtzentren ins Visier wie Interkontinentalraketen, und die Gruppen, die von den Republikanern aus dem Westen und aus den Vorstädten, die im Kongress nun auf dem Vormarsch sind, als das Haar in der Suppe ausgemacht wurden – Arme, Schwule, die liberale Elite, Rapmusiker, von der Kunststiftung NEA gesponserte Performance-Künstler, Regierungsbeamte –, leben zufällig alle überwiegend in großen Städten.

City Life zeichnet die Herkunft dieser Feindseligkeit nach. Bei einem Besuch in Williamsburg, Virginia, staunte Rybczynski, wie er berichtet, nicht «über dessen bemüht ‹historischen› Charakter ... sondern eher darüber, wie vertraut das alles schien». Williamsburg ist der Prototyp der amerikanischen Kleinstadt, charakteristisch nicht nur wegen seiner «räumlichen Großzügigkeit», sondern auch wegen seines Bezuges zur Natur. Europäische Städte waren traditionell von Steinmauern und sozialen Mauern umschlossen; die Zugehörigkeit zur Bourgeoisie (wörtlich: Stadtbewohnerschaft) brachte diverse, eifersüchtig bewachte Privilegien mit sich. Amerikanische Städte waren von Beginn an offen. Da sie von Wildnis umgeben waren, «betonten die Erbauer der Stadt», so Rybczynski, «nicht den Kontrast zwischen dem Natürlichen und dem von Menschenhand Geschaffenen, vielmehr integrierten sie so viele natürliche Elemente in die Stadt wie möglich, sei es in Form von grünen Plätzen, baumgesäumten Straßen oder weitläufigen Gärten». Dass aber gerade die Kolonialstadt zu einer «Apotheose des Hauses» wurde, rührt von dem zufälligen Umstand her, dass Nordamerika von Engländern und Holländern besiedelt wurde, in deren Heimat die wohlhabenden Bürger, anders als in anderen europäischen Ländern, den individuellen Hausbesitz deutlich bevorzugten. In Amerika konnten sich selbst Leute mit bescheidenen Mitteln ein Eigenheim leisten, und Land war so reichlich vorhanden, dass jedes Haus einen Garten haben konnte. Auch war die Entflechtung der Gesellschaft nicht einfach eine räumliche. Rybczynski entdeckt in unserer frühesten Geschichte «eine verblüffende Tendenz zu einer weit verstreuten Homogenität», und er schildert, wie Alexis de Tocqueville, als er um 1830 die abgelegenen Waldgebiete nach der amerikanischen Bauernschaft durchkämmte, statt ihrer einen Siedler fand, der Bücher und Zeitungen besaß und «die Sprache der Städte» sprach. Mit der die Regel bestätigenden Ausnahme der afrikanischen Sklaven und der amerikanischen Ureinwohner gab es nördlich des Rio Grande keine Bauernschaft, und das Ergebnis dieser Disjunktion zwischen dem Ländlichen und dem Bäuerlichen war typisch amerikanisch: Urbanität ohne urbanes Leben.

In Rybczynskis Darstellung waren die ersten anderthalb Jahrhunderte postkolonialer amerikanischer Geschichte bei der unausweichlichen Verwirklichung dieser proto-suburbanen Ideale im Grunde genommen ein Umweg. Die zupackende Art der Quäker und eine Überfülle von Einwanderern sorgten dafür, dass beispielsweise in Philadelphia, das William Penn als «grüne Kleinstadt» angelegt hatte, das großzügige Straßenraster rasch von Spekulanten parzelliert und mit Häuserreihen zugemauert wurde. Penns Straßenraster, nicht seine grüne Vision wurde zur Norm für die amerikanische Großstadt. Da man zudem von der Stadt als einzigartiger Quelle und Hüterin von Kultur keinen Begriff hatte, gab es wenig, was amerikanische Städte daran hindern konnte, sich zu reinen Wirtschaftszentren zu entwickeln. Sosehr sich die urbane Oberschicht auch nach europäischer Kultiviertheit sehnte, scheiterten Versuche, die Städte mehr «wie Paris» aussehen zu lassen – Daniel Burnhams Plan eines horizontalen Chicago der Parks und Alleen ist vielleicht der berühmteste –, schon bald an der Wirtschaftlichkeit von Wolkenkratzern oder versanken in der Flut der Einwanderer. In Rybczynskis Worten: «An die Stelle der schönen trat die profitable Stadt.»

Doch die profitable Stadt funktionierte. Die ersten Jahrzehnte dieses Jahrhunderts waren die Blütezeit des urbanen Lebens in Amerika. Im Allgemeinen widerstehe ich dem Impuls, mir zu wünschen, in einer früheren Zeit gelebt zu haben (ich stelle mir immer vor, dass ich an einer Krankheit gestorben wäre, an deren Heilmittel bereits gearbeitet wurde), aber für diese Jahre, als das Herz des Landes in seinen Städten schlug, die Jahre von Lou Gehrig und Harold Ross, der Automatenrestaurants und Wolkenkratzer, Straßenbahnen, Fedoras und wimmelnden Bahnhöfe, mache ich eine Ausnahme. Ich mache diese Ausnahme deshalb, weil mir jene Epoche in dem Kontinuum, das die Kolonisten von Williamsburg und Tocquevilles urbane Waldbewohner mit den Bewohnern der weit verstreuten Reihenhaussiedlungen von heute verbindet, so abseitig, so isoliert vorkommt. Sie kommt mir vor wie eine Zeit, in der sich das Land noch in eine weniger verschwenderische, mehr von Gemeinsinn bestimmte, *europäischere* Richtung hätte entwickeln können.

Ironischerweise waren diese Jahrzehnte eine Zeit, vielleicht die einzige, als die europäischen Städte, um sich inspirieren zu lassen, nach Westen blickten. Wenn es in *City Life* einen Schurken gibt, so ist es Le Corbusier, der mit einem, so Rybczynski, «Warhol'schen Talent für Eigenwerbung» um die Welt tourte und seine Vision von der *Ville radieuse* der Zukunft verbreitete. Das Buch bietet einen hübschen Kontrast zwischen der heroischen, deskriptiven Arbeit Tocquevilles im 19. Jahrhundert und den schlimmen Torheiten Le Corbusiers im 20. Jahrhundert, dessen Vision präskriptiv war: Superwolkenkratzer, umgeben von Rasenflächen und Superhighways, eine kartesische Trennung von Arbeit und Spiel, von Wohnen und Geschäftsleben. Als Le Corbusier vorschlug, im Zentrum von Paris zweihundertfünfzig Hektar zu schleifen, ignorierten ihn alle bis auf seine französischen Intellektuellenfreunde. In Amerika hingegen beeinflussten seine Ideen eine Generation von Städteplanern und führten schließlich zu Hunderten von städtischen «Erneuerungs»projekten. In Manhattan leben wir noch immer mit der Strahlkraft der NYU-Studentenwohnheime und dem Sozialwohnungsghetto von East Harlem.

Das Konzept der «strahlenden Stadt», dessen Verbohrtheit heute eine alte Kamelle ist, zerstörte die amerikanische Innenstadt aber keineswegs im Alleingang. Kenneth T. Jackson beschloss seine Studie über die amerikanische Suburbanisierung, *Crabgrass Frontier*, mit einer hervorragenden Analyse des «dezentralen Wohnens» in Amerika. Das einzigartige Ausmaß der amerikanischen Suburbanisierung führt er auf zwei fundamentale Ursachen zurück: Rassenvorurteile und preiswertes Wohnen. Die Vorstadt hält für den besorgten Weißen ein sicheres Refugium bereit, und eine Vielzahl von Faktoren – hohes Pro-Kopf-Einkommen, billige Grundstücke und Verkehrsmittel, staatliche Subventionen und Steuervorteile – haben die Stadtflucht für die breite Mittelschicht bezahlbar gemacht.

Die heute wichtigste urbane Zukunftsaussicht für amerikanische Städte ist daher, dass ihre Zentren arm und nichtweiß, ihre Vororte dagegen beruhigend homogen sein werden. Seltsam, dass Rybczynski sich gerade dieser Aussicht nicht bewusst ist. Im letzten Kapitel von *City Life*, «Die beste beider Welten», rühmt er die Siedlung Chestnut Hill in Philadelphia, die in den ersten Dekaden des 20. Jahrhunderts, als ein ortsansässiger Millionär namens George Woodward und sein Schwiegervater mehrere hundert schöne Miethäuser aus Wissahickon-Schiefer bauten, zu einem Refugium der Mittelschicht wurde. Die Woodward'sche Siedlung mit ihrer mittleren Bevölkerungsdichte, dem parkähnlichen Ambiente und der sorgfältig entworfenen Architektur zeigte den Einfluss der Hampstead Garden Suburb, einer Modellsiedlung, die 1906 vor den Toren Londons begonnen wurde. In ihrem Buch *Tod und Leben großer amerikanischer Städte* bemerkte Jane Jacobs, dass Gartenstädte, da sie weder das öffentliche Leben wirklicher Städte noch die Abgeschiedenheit wirklicher Vorstädte auszeichnet, nur dann gelingen, wenn ihre Bewohner homogen und relativ wohlhabend sind. Rybczynski, der heute ein Haus in Chestnut Hill besitzt, widerspricht Jacobs mit der Behauptung, dass die Siedlung «sozial und wirtschaftlich heterogener geworden» sei. Er preist sie als «eine Kleinstadt und Großstadt in einem» an, als ein «nur leicht urbanisiertes Arkadien», dessen Haupteinkaufsstraße, die Germantown Avenue, «genau jene gute alte Fußgängerzone ist, die die Menschen so reizvoll finden». Er spricht von der «langen» Warteliste für die Woodward'schen Häuser.

Um die Wirklichkeit der amerikanischen Städte zu überprüfen, lohnt es sich, einen genaueren Blick auf die Gegend zu werfen, in der Rybczynski zu Hause ist. Als ich das letzte Mal nach New York zog, kam ich aus Philadelphia. Meine Frau und ich hatten von der Warteliste für die Woodward-Häuser gehört und waren überrascht, als uns bei dem Vorstellungsgespräch, dem sich alle Bewerber unterziehen mussten, gesagt wurde, mehrere Häuser seien sofort verfügbar. Erst später erfuhren wir, dass alle Bewohner, und das waren – im überwiegend schwarzen Philadelphia – Dutzende Familien in den Woodward-Häusern unseres Blocks, Weiße waren. Im nächsten guten Supermarkt und im nächstgelegenen Einkaufszentrum, beide in gemischten Vierteln, sieht man nur selten weiße Kunden aus Chestnut Hill. Wenn ich dort einkaufte, verblüffte mich die beispielhafte Herzlichkeit und Zuvorkommenheit des schwarzen Personals. Da ich wusste, dass ein schwarzer Kunde in einem überwiegend von Weißen frequentierten Supermarkt oder Einkaufszentrum vermutlich etwas ganz anderes erlebt hätte, fragte ich mich unwillkürlich, ob die Höflichkeit nicht *im Wortsinn* beispielhaft gemeint war. Nämlich so: Wir möchten gern so behandelt werden, wie wir Sie behandeln.

In europäischen Ländern ist die erste Stadt in jeder Hinsicht – Handel, Kultur, Regierung und Demographie – zumeist auch die Hauptstadt. Das frühe Amerika dagegen war so verstreut besiedelt und so misstrauisch gegenüber jeder Machtkonzentration, dass die vier Kennzeichen erst um 1900, als sich Wall Street und Großmedien als Schattenregierung des Landes etabliert hatten, vollständig in New York zusammenfanden. Ein Gradmesser für die anhaltende Vorrangstellung New Yorks ist, dass es nach wie vor als Blitzableiter für den Groll des ganzen Landes dient. Wenn die Amerikaner auf «Washington» schimpfen, meinen sie die abstrahierte Bundesregierung, nicht den District of Columbia. Bei New York aber gilt der Groll der Stadt – wegen ihrer Grobheit, ihrer Arroganz, der Menschenmassen und des Drecks, ihrer moralischen Verkommenheit und so weiter. Umfassender Groll ist das höchste Kompliment, das eine Stadt erhalten kann, und indem er dem Bild vom Big Apple als der nationalen Verbotenen Frucht weiter Nahrung gibt, garantiert er nicht nur, dass es ehrgeizige Gemüter der «If I can make it there, I'd make it anywhere»-Fraktion dorthin zieht, sondern auch, dass ihnen die kulturell am lautesten rebellierenden jungen Leute des Herzlands folgen. Wer seine Herkunft ablehnt und die Absicht, sich neu zu erfinden, deutlich erklären will, kann nichts Besseres tun, als nach New York zu ziehen; ich spreche aus eigener Erfahrung.

Es treibt mich daher ein wenig um, dass der Stadt nun das zusätzliche Kompliment einer vierzehnhundert Seiten starken Enzyklopädie gemacht worden ist. Die *Encyclopedia of New York*

City, herausgegeben von jenem Kenneth Jackson, der auch *Crabgrass Frontier* schrieb, hat eindeutig etwas von einem Abgesang. Sie hat das Gewicht und den Ehrgeiz eines Monuments. Sie ist eine prächtige Auflistung für eine Zeit, die Auflistungen liebt. Als ich das Buch in Händen hielt, schlug ich sogleich das Stichwort «Kanalisation» nach, ein Thema von unvergänglicher Faszination. Ich fand einen guten historischen Überblick, aber keinen Hinweis auf das tägliche Drama der Kanalisation in unserer Gegenwart. Überhaupt leiden fast alle längeren Artikel in der *Encyclopedia* an einer betäubenden Gleichförmigkeit. Jeder Eintrag beginnt mit einer irgendwie schillernden Obskurität aus der frühesten Stadtgeschichte (wenn man beispielsweise über «Intellektuelle» nachliest, erfährt man, dass «der führende Intellektuellenzirkel des späten achtzehnten Jahrhunderts der Friendly Club» war), dann wird der Gegenstand verbissen Dekade um Dekade abgearbeitet, erreicht seine Betriebstemperatur häufig um 1930 (daher werden unter dem Stichwort «Intellektuelle» die Zeitschriften *The New Republic* und *Partisan Review* ausführlicher behandelt) und verläuft am Ende recht trübselig im Sand der Gegenwart («Mitte der neunziger Jahre ... wurden in der Stadt weiterhin bedeutende meinungsbildende Zeitschriften publiziert, doch mangelte es ihnen an der Eindringlichkeit und dem Einfluss, deren sie sich in früheren Zeiten erfreut hatten»). Es ist eigenartig, die Gegenwart, die ja schließlich so *gegenwärtig* ist, immer wieder als den staubigen Sackbahnhof historischer Nebengleise serviert zu bekommen. In Rezensionen der *Encyclopedia* wurde breit aufgezählt, was in ihr fehlt, und die Kritteleien bestätigen das Bild der Stadt als eines abgeschlossenen statt eines in Arbeit befindlichen Werks.

Das Hauptvergnügen an der *Encyclopedia* liegt in einer Art Derrida'scher lateraler Assoziationskette. Ich gelange von «Terrorismus» zu «Anarchismus», von dort auf die gegenüberliegende Seite zu «Amphibien und Reptilien», weiter zu «Vögel» und (nach einem Abstecher ins «Birdland» und einem Höflichkeitsbesuch bei «Parker, Charlie») zu «Kakerlaken», die «bekanntermaßen von Zahnpasta angezogen werden», was mich zu «Colgate-Palmolive» und seinem Gründer «Colgate, William» führt, der 1795 aus England floh, «um den öffentlichen Ressentiments gegen seinen Vater zu entkommen, der die Französische Revolution unterstützt hatte». Es ist wie stille Post: Das Bindeglied zwischen «Anarchismus» und den Sansculotten ist nicht etwa Geschichte, sondern «Kakerlaken».

Doch dieses Vergnügen hat etwas Sinnentleertes. Eine Stadt lebt in Augen, Ohren und Nase des einsamen Betrachters. Also greift man zur Literatur, um die innere Schnittstelle zwischen Subjekt und Stadt zu finden, und als lebendige Verbindung zu New Yorks Geschichte wiegen ein paar Zeilen Herman Melville oder Don DeLillo ganze Seiten einer Enzyklopädie auf. Hier nun Ishmael in der Stadt:

> Dort liegt nun eure Inselstadt der Manhattos, umgürtet mit Kais wie die Inseln im Indischen Meere mit Korallenriffen – der Handel umgibt sie mit seiner Brandung. Nach rechts und nach links führen euch die Straßen zum Wasser.

Und nun DeLillos Bucky Wunderlick, der durch dieselben Straßen mehr als hundert Jahre später geht:

> Es war früher Nachmittag und würde bald regnen, in der Luft Nichterlösung, vom Fluss her ein Chemiegeruch. Die Brücken waren in diesem Wetter grausam schön, graue Frauen, fast tot für all die Poesie, die in ihrem Namen geschrieben wurde.

DeLillo, ein wichtiger New Yorker Künstler, kommt in der *Encyclopedia* nicht vor; der längere Artikel «Literatur» hat über die

Zeit nach Norman Mailer wenig mehr als das Folgende zu sagen: «Viele der Schriftsteller, die in den sechziger Jahren berühmt wurden, verließen die Stadt in den siebziger und achtziger Jahren.»

In jenen siebziger und achtziger Jahren wurde, wie Rybczynski schreibt, in den Vereinigten Staaten alle sieben Stunden ein neues Einkaufszentrum eröffnet. Er erklärt in *City Life*, dass den Malls in dem Maße, wie ihnen Hotels angegliedert und Museen, Eislaufbahnen und öffentliche Büchereien einverleibt würden, das Recht zuwachse, als «neue Innenstadt» zu gelten. Er staunt über die «Vielfalt» im Lebensmittelbereich eines Einkaufszentrums («Tex-Mex, chinesisch, italienisch, arabisch») und vergleicht die Szenerie mit einem Straßencafé. Seiner Ansicht nach zieht es die Menschen in die Malls, weil sie «ein (in den Augen der meisten) vernünftiges Maß an öffentlicher Ordnung» böten, und «darauf Verlass ist, dass man in ihnen keinem befremdlichen Benehmen ausgesetzt und nicht von ungehobelten Jugendlichen, lärmenden Trunkenbolden und aggressiven Bettlern belästigt oder eingeschüchtert wird». Er setzt hinzu: «Das ist doch nicht zu viel verlangt.» Seinen «akademischen Kollegen», die Einwände gegen den «Hyperkonsumismus» und die «künstliche Wirklichkeit» der Malls formulieren könnten, antwortet er, dass «kommerzielle Kräfte schon immer das Zentrum der amerikanischen Stadt geprägt haben» und dass «es mir nicht einleuchten will, warum es künstlicher sein soll, in der Mall auf einer Bank zu sitzen als auf einer Bank im Park».

Was mich betrifft, so gebe ich gern zu, dass ich eine geradezu körperliche Sehnsucht nach den Annehmlichkeiten der Vorstadt-Mall habe. Natürliche Opiate überfluten meine neuralen Rezeptoren, wenn ich vom Parkplatz in die Luftschleuse trete. Drinnen ist die Beleuchtung gedämpft, jedes Geräusch klingt weit entfernt. Was tut es schon zur Sache, dass Waldenbooks nichts von Denis Johnson führt und Sam Goody nichts von Myra Melford; ich habe Bargeld in der Tasche, meine Haut ist weiß, und ich fühle mich ganz ungeheuer willkommen. Ist das eine Gemeinschaft? Ist die Wirklichkeit künstlich, oder bin ich einer unter anderen auf einer echten Promenade? Ich weiß es nicht. Wenn ich nicht gerade vom Purpurrot und Krickentenblau, den diesjährigen Modefarben für suburbane Freizeitkleidung, abgestoßen werde, bin ich zu beschäftigt damit, den Kaufrausch zu genießen, um allzusehr darauf zu achten.

Meine Sehnsucht nach dem Stadtleben ist etwas ganz anderes. Oft haftet ihr eine gewisse Unruhe an; so richtig entspannt bin ich erst, wenn ich wieder zu Hause bin; zwischen Drinnen und Draußen besteht ein gewaltiger Unterschied. Wie ist es möglich, dass das Leben in New York, dessen Gebäude wie erstarrte Aufwallungen reinen geschmolzenen Kapitals sind, der Welt des Konsumismus so viel *weniger* verpflichtet ist als das Leben in der Vorstadt, das angeblich mehr Freiheit und Privatsphäre bietet? Die Antwort ist, in einem engeren Sinne, dass Städte ein älteres, weniger fortgeschrittenes Stadium in der Entwicklung des Kaufens und Verkaufens darstellen, da die Produzenten dort noch dicht an dicht mit den Konsumenten arbeiten und der wirtschaftliche Mechanismus leicht zu überprüfen und somit weniger anfällig für die plötzliche Verzauberung des Kunden durch die modernen Verkaufstechniken ist, und, in einem allgemeineren Sinne, dass es in der Natur der Städte liegt, die Verantwortlichkeit erwachsener Menschen zu stärken. Damit will ich nicht behaupten, dass wir Städter auch nur ein bisschen weniger verrückt nach Konsumgütern als die Vorstädter sind oder dass die Säuberungs- und Polizeiaktionen in manchen «Business Improvement Districts» nicht schon heute breite Schneisen von Manhattan in Freiluft-Malls verwandeln – nur, dass man auf den Straßen New

Yorks viel eher Dinge erlebt, die nichts mit Geldausgeben zu tun haben, als in einer herkömmlichen Passage.

Rybczynski hat dennoch recht, wenn er betont, dass «städtisch» und «kommerziell» in Amerika schon immer Beinahe-Synonyme waren. Obwohl auch europäische Städte historisch die Funktion von Handels- und Gewerbezentren erfüllten, besaßen sie darüber hinaus Funktionen, die noch älter waren: als Festung, als Ort von Kathedralen und Universitäten, als Residenz von Fürsten und, was das Wichtigste ist, als die Verkörperung einer regionalen oder nationalen Identität. Barcelona *ist* Katalonien, und jedes dort neu errichtete Gebäude dient dazu, die Identität Kataloniens noch glanzvoller und konkreter werden zu lassen. Es ist unmöglich, sich eine amerikanische Stadt vorzustellen, die solchermaßen geliebt wird, und sei es nur deshalb, weil wir keine regionalen Identitäten haben, die so kohärent und dauerhaft – so *stammesbezogen* – wie die katalanischen sind. Unser Land wurde vornehmlich von Einwanderern auf der Suche nach Freiheit oder wirtschaftlichen Möglichkeiten oder beidem besiedelt, und vermutlich ist es kein Zufall, dass die Blütezeit der amerikanischen Städte auf die Jahrzehnte der stärksten Einwanderung folgte. Diese Einwanderer glichen einander lediglich in ihrer Ablehnung der Alten Welt und konnten somit nie eine städtische Loyalität ausbilden, die über ihr jeweiliges ethnisches Viertel hinausreichte. Es war nur eine Frage der Zeit, bis sie das Ideal der Neuen Welt vom Eigenheim als Königreich übernahmen und mit ihm das, was es implizierte, dass es viel wichtiger ist, was man verdient und was man kauft, als wo man es tut.

Das eigentliche Rätsel ist daher nicht, dass wir so wenige Städte «wie Paris» haben, sondern dass wir überhaupt welche haben. Auch wenn viele Amerikaner die Vorstadt vorziehen, gibt es doch noch immer Millionen, die sich ausdrücklich für die Stadt entscheiden. «Yuppie» ist keine freundliche Bezeichnung, doch die *young urban professionals* beeindrucken nach wie vor durch ihre bloße Zahl. Selbst die heruntergekommensten urbanen Zentren – Syracuse im Industriegürtel New Yorks, Colorado Springs inmitten der neokalifornischen Zersiedelung – bringen es wenigstens auf ein paar Blocks mit einer lebendigen Mischnutzung. Und viele größere Städte – New York, Boston, San Francisco, Chicago, Los Angeles, Seattle – haben ganz klar eine beständige kritische Masse. Ob gut oder schlecht, das verlässlichste Maß für die Lebendigkeit einer Stadt ist, ob Reiche gern in ihrem Zentrum leben wollen. Einstmals war die Mittelschicht der Leithammel der urbanen Lebendigkeit; in Bürgermeister Giulianis Reden ist sie das noch immer. Doch wie Arbeitsminister Robert Reich feststellte, ist der Begriff «Mittelschicht» heute weniger wirtschaftlich als soziologisch definiert. Und die beste Definition könnte dafür «suburban» sein.

Wie verlässlich die Präsenz der Reichen als Indikator auch sein mag – sie ist lediglich die letzte Wirkung in einer Kette von Ursachen, die mit der Anziehungskraft einer Stadt auf junge Leute beginnt. Wie lange würden die oberen Zehntausend es wohl ohne die Horden junger Singles, die Yorkville bevölkern, in der Park Avenue aushalten? Wie lange würde Manhattan ohne den unablässigen Zustrom junger Künstler, Studenten und Musiker eine Hauptstadt der Kultur bleiben? Wir hören oft, dass die Armen auf die Stadt angewiesen sind, doch junge Leute, insbesondere die kreativen, brauchen sie genauso. Die Vorstadt mag ideal sein, um dort seine Kindheit zu verbringen, aber Leute in den Jahren zwischen Nestflucht und Nestbau brauchen einen Ort, wo sie zusammenkommen können. Die Städte werden also weiterhin zumindest in der Nacht und an den Wochenenden sehr gebraucht werden – es sei denn natürlich, durchs Internet gestiftete Ehen werden die Regel, und das Einzige, was in der Vorstellung noch trostloser ist als virtuelle Brautwerbung, ist der Ehealltag zweier Menschen, die auf diese Weise umeinander geworben haben.

In Manhattan mache ich an windigen Tagen oder nach Sonnenuntergang, wenn sich die Dieseldämpfe heben, gern lange Fußmärsche. Ich gehe, weil ich mich dabei erholen will, und in den letzten Jahren ist mir etwas Eigenartiges aufgefallen, wenn ich auf den Bürgersteigen der Vorstädte von St. Louis und Colorado unterwegs gewesen bin: Eine nicht unwesentliche Zahl von Männern, die in ihrem Auto oder Geländewagen (es sind immer Männer) an mir vorbeirauschen, fühlt sich bemüßigt, mir Obszönitäten nachzuschreien. Es ist schwer zu begreifen, warum sie das tun. Das einzig Ungewöhnliche an mir ist, dass ich nicht fahre und weder Krickentenblau noch Purpurrot und auch keine nach hinten gedrehte Baseball-Kappe trage. Ich schätze mal, dass sie mir einfach deshalb nachschreien, weil ich fremd bin, und vom Innern ihrer verglasten Fahrzeuge aus gesehen, besitze ich tatsächlich nicht mehr menschliche Realität als der Trainer auf ihrem Fernsehschirm, der einen missliebigen Spielzug angeordnet hat.

Auch in New York wurde ich schon angeschrien, aber nur von entlassenen Psychotikern, und immer war das in der U-Bahn inmitten von anderen Fahrgästen, deren Mitgefühl ich hatte. Jane Jacobs benennt als Wesensmerkmal des städtischen Lebens die Existenz von Privatsphäre in Menschenaufläufen – einer Privatsphäre, deren Aufrechterhaltung nicht nur pseudoelterlicher Notbehelfe wie abgeschirmter Häuser und überwachter Einkaufszentren bedarf, sondern vernünftiger Umgangsformen, die man am besten an öffentlichen Orten wie dem Bürgersteig erlernt. Dass der weithin beklagte «Niedergang der Höflichkeit» in Amerika zu Hause begann und nicht im sogenannten Großstadtdschungel, findet man in jedem Kino bestätigt, wo das Publikum, das gewohnt ist, Videos im Bett anzuschauen, vergessen hat, wie man die Klappe hält.

In *Tod und Leben* zitierte Jacobs auch Paul Tillich, der der Überzeugung war, dass die Stadt naturgemäß «bietet, was man sonst nur auf Reisen findet, nämlich das Fremde». Vertrautheit, sei es die von Ladenketten oder plätzchengleich ausgestochenen Grundstücken, höhlt die unabhängige Intelligenz aus und untergräbt auf bizarre Weise die Privatsphäre. In der Vorstadt bin *ich* der Fremde, fühle *ich* mich exponiert. Nur an einem belebten, bunt durchmischten Ort wie New York, umgeben von Fremdheit, finde ich zu mir selbst.

Ich bin natürlich nicht so naiv von Städten angetan, um zu übersehen, dass die Flachglasfassaden von Silicon Alley genau wie die CRT-Monitore dahinter etwas zeigen sollen: dass die verborgene Verbindung zwischen Fashion Café und Cyber Café eine Kultur des Gesehenwerdens ist. Auch kann man sich Gedanken darüber machen, dass junge Leute, die nach Manhattan kommen und das suchen, was ich suche – das Im-Zentrum-Sein, die Privatheit in der Menge, die Befriedigung, die dadurch erwächst, dass man ein Haar in der Suppe ist –, irgendwann von dem Miasma der Disneyfizierung abgestoßen werden, das über SoHo und der Fifty-seventh Street hängt und schon ins East Village und auf den Times Square kriecht. Vorerst jedenfalls arbeite und schlafe ich in einem Gebäude, das zwei Schneider, einen Immobilienmakler, einen Antiquitätenhändler, einen Partyservice und einen Fischverkäufer beherbergt. Wenn ich auf dem Fußboden liege und mich entspanne, indem ich meinem Atem lausche, höre ich die langsamere Atmung der Stadt, ein Geräusch wie das Grollen von Brandung: U-Bahn-Züge voller Menschen, die sich selbst beibringen, wie man hier lebt.

(1995)

Verwertet

[Nicht viele Lagerhäuser kostümieren sich als Château, und von diesen wenigen ist das Mercer Museum in Doylestown, Pennsylvania, sicherlich eines der größten. Das Museum ist dreißig Meter hoch, hat die glatte Fassade und die eckigen Türmchen einer Besserungsanstalt oder Sandburg und besteht ganz aus Schüttbeton. Ein reicher Exzentriker namens Henry Mercer hat es im ersten Jahrzehnt des 20. Jahrhunderts gebaut, teils als Werbung für Beton, teils als Behausung für seine unvergleichliche Sammlung von Gebrauchsgegenständen, die im Zuge der amerikanischen Industrialisierung nutzlos geworden sind. Mercer hat die Scheunen und Versteigerungen seiner sich wandelnden Welt abgegrast und jede erdenkliche Art von Schusterleisten, Apfelmostpressen und Schmiedebälgen nach Bucks County geschafft, auch ein Walfangboot samt Harpunen. Im höchsten Turm des Museums findet sich ein Galgen mit Falltür und ein Leichenpferdewagen. Dutzende handgefertigter Schlitten und Wiegen sind, wie von einem Poltergeist, an der gewölbten Betondecke des sieben Stockwerke hohen Atriums angebracht.

Im Mercer kann es sehr eisig sein. Als ich kürzlich an einem Dezembernachmittag dort war, widmete ich mich gegen Ende meines Besuchs den Exponaten im Erdgeschoss, wo die Heizöfen stehen. Hier begegnete ich meinem Telefon, das in einem Glaskasten mit der Aufschrift VERALTETE TECHNIK stand.

Mein Telefon ist ein schwarzes Standardmodell von AT&T mit Wählscheibe, 1982 von New England Bell gemietet, dann, im Chaos des Zusammenbruchs von Ma Bell, zwei Jahre später erworben. (Ich meine mich daran zu erinnern, dass ich nichts dafür bezahlt habe.) Ein identisches Gerät hockte im Mercer wackelig auf einem Stapel Achtspur-Tonbänder – eine Kombination, die mich sogleich schmerzte. Achtspur-Tonbänder sind eins der himmelschreienden Klischees von etwas, das veraltet ist. Ein Wählscheibentelefon hingegen verrichtete in meinem Wohnzimmer noch immer stolz seinen Dienst. Es ist noch nicht lange her, da bestellte ich mit ihm direkt aus Silicon Valley Peripheriegeräte für meinen Computer, was doch ganz schön modern war.

Die Art, wie man es im Mercer ausgestellt hatte, war eine offensichtliche Provokation. Doch je mehr ich versuchte, sie abzutun, desto schärfer fühlte ich mich angeklagt. Beispielsweise wurde mir bewusst, wie viel repressive Energie es mich kostete, meine Gänge zum Tonwahlgerät im Schlafzimmer zu verdrängen, auf das ich zum Abfragen von Konto-, Flug- und Bahnauskünften neuerdings zurückgriff. Ich wurde mir der zusätzlichen Energie bewusst, die ich darauf verwandte, die Voice-Mail-Systeme zu hassen, weil sie ein Wählscheibentelefon zu einem Gegenstand zweiter Klasse machen («bitte bleiben Sie in der Leitung, ein Mitarbeiter kümmert sich gleich um Sie»). Mit einem Wort, ich wurde mir meiner Koabhängigkeit bewusst. Mein Wählscheibentelefon verlor zunehmend die Fähigkeit, mit der modernen Welt zurechtzukommen, ich aber hielt weiter zu ihm und ließ es, weil ich es mochte und Angst vor Veränderungen hatte, im Erdgeschoss sichtbar stehen. Aber es war nicht das Einzige, das ich so schützte. Mir wurde jäh bewusst, dass ich eine ganze dysfunktionale Familie veralteter Geräte hatte.

Mein Fernseher war ein wuchtiges altes Ding, das nur Schneegeriesel brachte, es sei denn, das Verlängerungskabel, das als Antenne diente, hatte direkten Kontakt mit meiner Haut. Kann man sich, so frage ich mich, eine düsterere Vision von Koabhängigkeit vorstellen als die zahllosen Stunden, die ich, spitze Litzen Kupferdraht zwischen Daumen und Zeigefinger geklemmt, hinter mir habe, um meinem Fernseher zu Bildern zu verhelfen?

Was meinen Videorecorder angeht, traf es sich, dass der Freund, mit dem ich das Mercer besuchte, just am Abend davor, aus Los Angeles kommend, mit einem Videorecorder in einer Plastiktüte aus dem Flugzeug gestiegen war. Er schenkte ihn mir, damit ich nicht mehr davon redete, keinen zu haben.

Noch immer aber rede ich davon, keinen CD-Player zu besitzen, und auch keine CDs. Aber seit über einem Jahr finde ich mich bei Freunden wieder, in geliehenen Wohnungen, sogar in der Bibliothek einer Künstlerkolonie, wo ich heimlich Stücke aufnehme, die nur auf CD erhältlich sind. Hinterher spiele ich die Kassetten auf meinem Kassettenrecorder ab und vergesse, woher ich sie habe – bis ich in einer jener trostlosen Wiederholungen, die eine Koabhängigkeit zeitigt, eine andere CD überspielen muss.

Die Vitrine im Mercer an jenem kalten Dezembernachmittag war wie eine Ohrfeige von der modernen Welt: *Es wurde Zeit, erwachsen zu werden.* Zeit, das Wählscheibentelefon auszurangieren. Zeit, sich ins Gedächtnis zu rufen: Wandel ist gesund. Sich in das Unvermeidliche zu fügen ist gesund. Wenn man nicht aufpasst, ist man mit fünfunddreißig schon ein alter, alter Mann.

Doch jetzt, Monate später, während ich das schreibe, ist mein Wählscheibentelefon immer noch im Dienst. Ich habe die Veralterung meiner Geräte als deren Charakterfehler dargestellt, den ich, wie der Ehepartner einer Drogensüchtigen, zu kompensieren suche. In Wahrheit aber steckt der Fehler, die Krankheit, in mir. Veraltet bin ich. Es rührt unmittelbar daher, was ich mache und nicht mache, um mir meinen Lebensunterhalt zu verdienen. Meine beiden Gründe, das Wählscheibentelefon zu behalten, wurzeln in der Existenz eines Autors, der Romane schreibt.

Ein Grund, der naheliegende, ist der, dass ein Telefon zwar billig, aber nicht kostenlos ist. Als Schriftsteller, der ein vierstelliges Jahreseinkommen bezieht, bin ich de facto Erbe zweier hoffnungslos veralteter Wertesysteme: der Sparsamkeit der Generation meiner Eltern, die sich auf die Wirtschaftskrise zurückführen lässt, und des Sechziger-Jahre-Radikalismus der Generation meiner Brüder. In den sechziger Jahren waren die Menschen noch so naiv, dass sie fragen konnten: «Soll ich die ganze Woche arbeiten, nur um noch mehr Konsumentendollars in ein korruptes und entmenschlichendes System zu pumpen?» Diese Frage hört man nicht mehr allzu oft gestellt.

In seinem Roman *Die Aufzeichnungen des Malte Laurids Brigge* zieht Rilke eine Parallele zwischen der Entwicklung eines Dichters und der Geschichte Venedigs. Er beschreibt Venedig als eine Stadt, die etwas aus der Leere heraus geschaffen hat, als eine «mitten im Nichts auf versenkten Wäldern gewollte» Stadt, einen «abgehärtete[n], auf das Nötigste beschränkte[n] Körper», einen «suggestive[n] Staat, der das Salz und Glas seiner Armut austauschte gegen die Schätze der Völker». Rilke selbst war der Schnorrer schlechthin, ein Meister der totalen Vermeidung einträglicher Beschäftigungen, und wie kein anderer trug er dazu bei, meine Vorstellung davon zu prägen, was Literatur sein sollte und wie ein junger Schriftsteller sie am besten zustande bringen konnte. Literatur, so glaubte ich, sei die Umwandlung von Erfahrungsstroh in sprachliches Gold. Literatur bedeutete, das aufzuheben, was die Welt am Straßenrand abgestellt hatte, und etwas Schönes daraus zu machen.

Wie einer jener Ureinwohner Neuguineas, die angeblich außerstande sind, zwischen einer Fotografie und dem, was fotografiert ist, zu unterscheiden, verbrachte ich die Jahre zwischen meinem zwanzigsten und dreißigsten Geburtstag buchstäblich damit, Unkraut, Müllcontainer und Verbrennungsanlagen nach Material zu durchwühlen und zu versuchen, mein Leben zu einer noch vollkommeneren Metapher für meine Kunst zu machen. Die triumphale Heimkehr mit verwertbarer Beute – Schneeschaufeln, einer Harke mit abgebrochenem Stiel, Stehlampen, Weihnachtssternen, in denen noch Leben war, Alukochgeschirr – gehörte ebenso zur Literaturproduktion wie das Abtippen der Endfassung. Ein altes Telefon war ebenso sehr Erzählgegenstand wie Haushaltsgerät.

Sparsamkeit also, reale wie metaphorische, ist der eine Grund dafür, dass das Wählscheibentelefon noch immer da ist. Der andere ist, dass die Tonwahldinger mich abstoßen. Ich mag ihr steriles Klingeln nicht, ihre Überfülle an Nutzungsmöglichkeiten, ihr rückständiges Design, die ganze Selbstgefälligkeit ihrer Vorherrschaft. Lieber ist mir da die vorwurfsvolle Schwere meines Wählscheibentelefons, genau wie ich die Siebziger-Jahre-Klobigkeit der Komponenten meiner Stereoanlage bevorzuge, weil sie die Legionen geschmackvoller schwarzer Kästen beleidigt, die landauf, landab in jedem Haushalt einquartiert worden sind.

Lange schien ein solcher ästhetischer Widerstand wertvoll oder wenigstens harmlos zu sein. Doch eines Tages wache ich auf und stelle fest, dass ich von *allen* abgehängt worden bin. Eines Tages erstarren der Reiz der Sparsamkeit und das Ideal der Schlichtheit zu unfruchtbaren, zeitraubenden Obsessionen. Eines Tages erweist sich, dass Opfer des Marktes gar keine trivialen Dinge sind wie ein Wählscheibentelefon oder eine Vinylschallplatte, sondern etwas, bei dem es für mich um Leben und Tod geht, wie der literarische Roman. Eines Tages stehen dann statt des Telefons meine Bücher von Singer, Gaddis und O'Connor mit aufwieglerischer Achtlosigkeit auf einem Stapel Achtspur-Tonbänder («Veraltete Technik oder: Das Urteil des Marktes») wie auf dem Aschehaufen der Geschichte. Eines Tages besuche ich das Mercer, und am nächsten Morgen erwache ich mit einer Depression.

Seit sechs Jahren hebt das Antidepressivum Prozac die Stimmung von Millionen Amerikanern und Tausenden von Eli-Lilly-Aktionären.

Zentraler Satz eines Artikels in der *New York Times* vom 9. Januar 1994

Es ist gesund, sich der Wirklichkeit anzupassen. Es ist gesund – wenn man erst mal erkannt hat, dass Literatur, wie Proust und Faulkner sie geschrieben haben, dem Untergang geweiht ist –, sich für die siegreiche Technologie zu interessieren, sich in der neuen Informationsordnung eine Nische zu schaffen und die Werte und Methoden der literarischen Moderne nicht nur abzulegen, sondern auch zu vergessen, denn ältere Leser sind ohnehin zu abgelenkt und demoralisiert, um sie in dem, was man schreibt, zu würdigen, und die jüngeren, aufgewachsen mit dem Fernsehen und erzogen in der neuen Orthodoxie der Identitätspolitik sowie der Überlegenheit des Lesers gegenüber dem Text, sind weitgehend blind und taub dafür. Es ist gesund, sich durch anspruchsvolle Arbeit, die womöglich ein paar bedrängten Gleichgesinnten gefallen mag, ansonsten aber bei Möchtegernlesern Unbehagen oder gar offene Ablehnung auslöst, keine Magengeschwüre und Migräneanfälle mehr zuzuziehen. Es ist gesund, das Handtuch zu werfen, wenn etwas zu hart wird. Genauso ist es, per definitionem fast, gesund, den Tod zu vergessen, wenn man sein Leben leben will. Es ist gesund, sich in der eigenen Marginalisierung als Schriftsteller einzurichten (und damit an ihr teilzuhaben) und ein schrumpfendes Publikum, eine sich mehr und mehr verschlechternde Beziehung zum Literaturbetrieb, einen Rückzug in die schützenden Isolierstationen, die Universitäten heutzutage für Schriftsteller bereithalten, als unvermeidlich hinzunehmen. Es ist gesund, die eigenen Maßstäbe herunterzuschrauben und «großartig» zu nennen, was man fünf Jahre zuvor vielleicht noch «ordentlich, aber nicht herausragend» gefunden hätte. Es ist gesund, nicht die Fassung zu verlieren, wenn man feststellt, dass die höheren Semester der Creative-Writing-Studenten zwischen *«liegen»* und *«legen»* nicht unterscheiden können und noch nie Jane Austen gelesen haben, sondern einfach in den sauren Apfel zu beißen und den notwendigen, zeitraubenden Unterricht zu machen. Noch gesünder ist es, sich gar nicht erst darüber aufzuregen – in den Seminaren zu nicken und zu lächeln und schlafende Hunde nicht zu wecken, ja die Studenten Austen entdecken zu lassen, wenn Merchant und Ivory ihr Werk verfilmen.

Wenn ich diese Reaktionen auf das Todesurteil, das die Veralterung darstellt, als «gesund» bezeichne, dann tue ich das allenfalls halb ironisch. Um Gesundheit geht es hier tatsächlich. Der Schmerz der Bewusstheit, der Schmerz des Wissens, er wächst rasch mit den Informationen, die wir sowohl über die Verschandelung unseres Planeten haben als auch über die Unzulänglichkeit unseres politischen Systems, die Unhöflichkeit unserer Gesellschaft, die Zahlungsunfähigkeit unserer Staatskasse und die Ungerechtigkeit in einem Fünftel unseres Landes und in vier Fünfteln unserer Welt, die nicht so reich sind wie wir. Angesichts dieses wachsenden Schmerzes ist es verständlich, dass ein großes und wachsendes Segment der Bevölkerung Trost bei den starken Narkotika sucht, die die Technologie ihnen anbietet. Je beliebter diese Narkotika werden, desto größer wird die gesellschaftliche Akzeptanz ihres Gebrauchs – und desto einsamer der winzige Trupp derer, die vom Temperament her außerstande sind, sich einzureden, die «Kultur» der Technologie sei etwas anderes als eine schlimme Droge. Jedes Mal, wenn man mitbekommt, dass ein Freund aufhört, Bücher zu lesen, jedes Mal, wenn man liest, dass wieder ein fröhlicher junger Autor Fernsehen in Buchform macht, ist das eine Qual. Man wird depressiv davon. Und dann sieht man, was die Technologie für diejenigen leisten kann, die depressiv werden. Sie kann bewirken, dass ihre Depression verschwindet. *Sie kann sie gesund machen.* Und das ist der Augenblick, wo ich selbst ins Spiel komme: Ich schaue mich um und sehe, wie wirklich jeder (so scheint es jedenfalls) Gesundheit findet. Sie freuen sich am Fernsehen und an ihren Kindern, und sie sorgen sich auch nicht übermäßig. Sie nehmen ihr Prozac und sind nicht depressiv. Sie gehen alle höflich miteinander um und lächeln ihr nicht depressives Lächeln, und sie sehen mich mit Augen von so reiner Verständnislosigkeit an, dass ich zunehmend an mir zweifle. Ich komme mir vor wie jemand, der Gesundheit unbändig hasst. Ein Anruf nur, und ich lasse mir selber was verschreiben ...]

Damit endet das Fragment jenes Essays, den ich verwertet habe, um diesen hier zu montieren. Ich schrieb das Fragment vor zwei Jahren, als ich allein und unfähig war, Prosa zu schreiben – unfähig beinahe, die Zeitung zu lesen, so sehr deprimierten mich die Artikel. Die Welt hat sich in den letzten beiden Jahren kaum geändert, ich dagegen, so scheint mir, schon. Wer weiß, ob ich von mir auf andere schließen kann. Ich weiß nur, dass ich kurz nach Abfassung des Fragments aufgab. Einfach aufgab. Egal um welchen Preis, ich wollte nicht mehr unglücklich sein. Also hörte ich auf, mich zu bemühen, ein hochbedeutender Schriftsteller zu werden. Nur morgens aufstehen zu wollen, mehr verlangte ich von mir nicht.

Und dann war es, als setzte bei mir die Erinnerung ein. Ich erinnerte mich, dass ich als Junge samstags viele Stunden damit zubrachte, aus den Stapeln der Holzverkleidung, die mein Vater im Keller herausgerissen hatte, rostige Nägel zu ziehen. Ich erinnerte mich, wie ich sie mit dem Hammer auf einem Stück Alteisen, das mein Vater als Amboss wiederverwertet hatte, gerade schlug und meinem Vater dann zusah, wie er diese Nägel weiterverwendete, als er sich eine Werkstatt baute und den Keller neu vertäfelte. Ich erinnerte mich an meine jugendliche Bewunderung für meinen älteren Bruder Tom, der in den siebziger Jahren eine Zeit lang avantgardistischer Filmemacher in Chicago war und in Pilsen eine Wohnung mit Werkzeug und Materialien renovierte, die er größtenteils auf dem inzwischen nicht mehr existenten Trödelmarkt in der Maxwell Street abgestaubt hatte. Er besaß zwei alte Karmann Ghias, einen schlechten gelben von unserem anderen Bruder, Bob, und einen noch schlechteren hellblauen, der ihm hundertfünfzig Dollar wert gewesen war. Er baute abwechselnd Sachen aus ihnen aus, um sie im anderen einzubauen; das war sehr zeitaufwendig. Als beim gelben eine Pleuelstange brach und nichts mehr ging, saß ich mit im Wagen, genauso wie an dem Tag, als auf dem Dan Ryan Expressway die Motorhaube des blauen hochkam und sich vor die Windschutzscheibe legte. Ich erinnere mich sehr genau, dass ich damals nirgendwo anders auf der Welt sein wollte als neben Tom auf dem von Schalldämpfern und Auspuffrohren übersäten Randstreifen, während er die Haube des Ghia wieder mit einem Stück Draht befestigte.

Als ich am College ernsthaft zu schreiben begann, benutzte ich eine schwarze Remington, ein wahres Ungetüm, das sich beinahe dreißig Zentimeter auf meinem Schreibtisch erhob, so viel wie eine kleine Klimaanlage wog und beim Tippen meine gesamte Karpalkraft beanspruchte. Später schrieb ich meinen ersten Roman und die Hälfte meines zweiten auf zwei tragbaren Silver-Reed-Schreibmaschinen (fünfzig Dollar 1980, schlappe neunundsechzig Dollar 1985). Wenn sie kaputt gingen, reparierte ich sie. In der Woche, als mir mehrere Zeitschriften fünf Kurzgeschichten mit einem Ablehnungsbrief zurückschickten, war es mir ein Triumph, dass ich die Nylonschnur, die den Wagen voranzog, durch Zahnseide ersetzte.

Für Reinschriften teilten meine Frau und ich uns eine achtzehn Kilo schwere elektrische Smith-Corona. Unser alter Chevy

Nova war eindeutig ein Schönwetterauto, und die Smith-Corona ging offenbar immer nur kaputt, wenn es schneite. Anfang der achtziger Jahre türmte sich in Boston der Schnee zu hohen Wehen, über die meine Frau und ich, eingemummt wie Bauern, hinwegstapften und die Smith-Corona zum Harvard Coop mehr zerrten als trugen. Irgendwo in den Tiefen des Coop hauste ein Mann namens Mr. Palumbo. Von Angesicht zu Angesicht begegnet bin ich Mr. Palumbo nie, aber wir haben öfter telefoniert. Er hatte eine Raspelstimme, und man wusste, dass er bis zu den Ellbogen in Maschinenöl steckte. Mr. Palumbo liebte preiswerte Reparaturen, und weil er sie liebte, liebte ich ihn. Einmal, an einem jener indigofarbenen Spätnachmittage, die sich vorzeitig über Boston senken, rief er an, um mir zu sagen, die Hauptwelle der Smith-Corona sei gebrochen und dass der Motor wohl ausgetauscht werden müsse, was fünfzig Dollar koste. Es war offensichtlich, dass er mir das nur sehr ungern sagte. Ein, zwei Stunden später, lange nach Einbruch der Dunkelheit, rief er wieder an. «Ich hab's repariert!», schrie er. «Ich hab's *geklebt*! Ich hab die Welle mit *Epoxidkleber* an den Motor geklebt!» Wenn ich mich recht erinnere, berechnete er uns für diese Reparatur achtzehn Dollar.

Meinen ersten Computer kaufte ich 1989. Es war eine lärmende Metallkiste von Amdek. Nach guter Koabhängigkeitsmanier mochte ich das lärmende Summen des Amdek-Ventilators schon bald. Ich redete mir ein, es gefalle mir, wie er den Lärm von der Straße und aus anderen Wohnungen abhielt. Aber nach ungefähr zwei Jahren starken Gebrauchs entwickelte der Amdek ein neues Reibungsquietschen, dessen Kommen und Gehen offenbar mit dem Steigen und Sinken der relativen Luftfeuchtigkeit zusammenhing. Meine erste Lösung war, an trüben Tagen Ohrstöpsel zu tragen. Nach einem halben Jahr mit Ohrstöpseln nahm ich, da das Quietschen immer hartnäckiger wurde, das Blechgehäuse des Computers ab. Da hörte das Quietschen einfach auf, und mehrere Tage lang schrieb ich Literatur auf einem Gerät oben ohne, mit entblößtem Motherboard. Als das Quietschen wiederkam, fand ich heraus, dass ich es verstummen lassen konnte, wenn ich auf die Leiterplatte, die die Festplatte steuerte, Druck ausübte. Es gab dort einen Spalt, in den sich ein Bleistift klemmen ließ, und wenn ich den Bleistift mit Hilfe eines Gummibands spannte, blieb der korrigierende Druck bestehen. Kaum aber setzte ich das Gehäuse des Computers wieder drauf, passte es nicht mehr richtig; ich entfernte von einer Schraube das Gewinde und musste eine Ecke des Gehäuses sozusagen lose lassen.

Bis zu einem gewissen Grad lernt natürlich jeder, der nicht unbedingt reich ist, mit kränkelnden Geräten umzugehen. Manche machen davon einfach nur mehr Aufhebens. Meine Erinnerungen daran, dass ich Prosa auf halb kaputten Geräten schrieb, bedeuten mir jedoch nicht nur deshalb so viel, weil sie Bestätigung meiner Wesensart sind. Mein klappriger, dennoch funktionsfähiger Amdek ist für mich auch ein Symbol für die beständige *Abgerissenheit* Amerikas. Dass Dinge veralten, ist die wichtigste Folge unserer nationalen Technikbegeisterung, und heute glaube ich, dass Veralterung kein Übel ist, sondern etwas Schönes: keine Verdammnis, sondern Erlösung. Je ungestümer der Fortschritt der technologischen Entwicklung, desto größer das Volumen des veralteten Mülls. Und dieser Müll umfasst ja nicht bloß Materielles. Er umfasst zornige Religiosität, wiederauflebende Ideologien der Gegenkultur, die neuen Arbeitslosen, die auf immer Arbeitslosen. Das alles ist für den Schriftsteller die Garantie, dass er niemals allein sein wird. Veralterung ist unser Erbe.

Weil schöpferisches Schreiben grundlegend Sache von Amateuren ist. Der einzelne Mensch durchwühlt die Mülltonne, nicht das Spezialistenteam, das Unterhaltung produziert, und wir Amerikaner haben das große Glück, in der herrlichsten Schrottwelt zu leben. Einmal, als ich in München wohnte, ließ ich von einer Baustelle am Gehsteig zwei Pflastersteine mitgehen. Ich wollte sie in Zeitungspapier einschlagen und Buchstützen daraus machen. Es war Samstagnachmittag, die Straßen waren leer, und dennoch erschien mir mein Diebstahl als ein so schrecklicher, schrecklicher Verstoß, dass ich mehrere Blocks weit rannte, in jeder Hand einen Stein, bis ich meinte, in Sicherheit zu sein. Und noch immer spürte ich das strenge Auge des Gesetzes auf mir. In New York dagegen, wo ich jetzt wohne, laden mich die Müllcontainer nachgerade dazu ein, sie von ihren nützlichen Backsteinen und Latten zu befreien. Obdachlose erzählen mir um Mitternacht, unter Straßenlampen, vor Schutthaufen am Gehsteig ihre Geschichten. In den frühen Morgenstunden breiten sie an der Lexington Ecke 86th Street auf verdreckten Steppdecken ihre Funde aus und tauschen zweifelhafte Radiowecker gegen abgeschlagene Türknöpfe aus Glas. Gebrauch und Wegwerfen sind der Aquifer, durch den die Konsumgüter sickern, dabei den Makel der Massenproduktion abstreifen und als Einzelstücke, die mit einer Geschichte ausgestattet sind, hervorkommen.

Es hat etwas Verlockendes, sich den Widerstand des amerikanischen Autors gegen den Technikkonsumismus – einen Widerstand, der in den meisten Fällen bedauerlicherweise auf unfreiwillige wirtschaftliche Notlagen zurückzuführen ist – als eine Art austauschbaren politischen Widerstand vorzustellen. Es ist noch nicht lange her, da kam einer meiner ehemaligen Schreibseminarstudenten zu Besuch, und ich machte mit ihm einen Spaziergang durch mein Viertel. Jeff ist ein gut ausgebildeter, ehrgeiziger junger Mann, der von Pynchons Kritik an Technologie und Kapitalismus hin und weg ist und zwischen einer Promotion in Amerikanistik und ersten literarischen Versuchen schwankt. Auf unserem Spaziergang, während ich auf ihn einredete, Literatur habe nichts mit gesellschaftlichen Veränderungen, sondern mit Zuflucht zu tun, kamen wir an einem verlockenden Müllhaufen vorbei. Da stand ein mit Lack und Gips bespritzter Holzstuhl mit kaputter Sitzfläche, und ich entdeckte ein Stück Holz, mit dem ich die größeren Gipsklumpen abschlagen konnte. Es war eine Drecksarbeit. Jeff sagte: «Wird so mein Leben aussehen, wenn ich Romane schreibe?»

Nach Jahren der Depressionen war es mir gleich, wie versöhnt mit mir ich klang. Ich sagte, dass es mir vornehmlich um das Retten von etwas gehe. Ich könne mir zwar einen neuen Stuhl leisten; lieber aber lebte ich zwischen Wiederverwertetem und neu zum Leben Erwecktem, und das sei meine ganz persönliche Entscheidung.

Eine gründliche Reinigung mit einem Schwamm, eine stabile Sperrholzplatte – Esche – von der Schublade einer Kommode, die jemand am Bordstein abgestellt hatte, acht wiederverwertete Messingschrauben, mit denen ich die Sperrholzplatte von unten an den Sitz schraubte, und ein schwarzer Magic Marker, um die weißen Lackspritzer abzudecken: so wurde der Stuhl gerettet.

(1996)

Kontrolleinheiten

Von der Colorado Route 67 aus wirkt das Pförtnerhaus des Federal Correctional Complex, der Bundeshaftanstalt, wie ein Pavillon einer Wohnanlage für Wohlhabende. Er hat jadegrüne Dekorationselemente und ist mit rosa Kies umsäumt. Als ich mich im Auto nähere, kann ich hinter den Rauchglasfenstern zwei Schwarze mit Krawatte erkennen. Einer kommt heraus, um sich meinen Ausweis anzusehen und zu fragen, ob ich Waffen mitführe. Ich sage ihm, ich sei um ein Uhr mit Mr. Louis Winn verabredet.

Der Wachmann fragt: «Mit wem?»

Ich sage es ihm noch einmal. Mit verblüfftem Gesichtsausdruck geht er in den Pavillon zurück, und der andere kommt heraus. Er hat einen zurückweichenden Haaransatz und eine entfernte Ähnlichkeit mit Langston Hughes. Er trägt einen schönen grauen Nadelstreifenanzug. «Louis Winn», sagt er, ohne zu lächeln, und gibt mir durch das offene Fenster die Hand.

«Ach, Sie sind also Mr. Winn», erwidere ich mit einem Lächeln, das für uns beide reicht. Ich bin überzeugt, er glaubt, ich sei überrascht, weil er kein Weißer ist. Er sagt, ich solle seinem Wagen den Hügel hinauf folgen. Da ich mich von dem Wachmann schlecht behandelt fühle, lasse ich nicht locker, bohre weiter: «Der Wachmann wusste anscheinend nicht, wer Sie sind.»

Mr. Winn bedenkt mich mit einem Blick vernichtender Enttäuschung und geht wortlos zu seinem Wagen.

Hier in Florence, Colorado, boomt das Geschäft des amerikanischen Law and Order. Die Bundeshaftanstalt ist das neue Prunkstück im Kampf gegen Drogen, die, wie sehr oder wie wenig sie die ungesetzlichen Begierden auch gezügelt haben mag, immerhin dazu beigetragen hat, die Zahl der Insassen der Bundesgefängnisse in nicht einmal zehn Jahren zu verdoppeln. In Florence waren die Leute so versessen auf das Geschäft, dass sie Land für die Anlage aufkauften und es der Vollzugsbehörde zum Geschenk machten. Ich bin gekommen, um mir nun ansehen, wie das Geschäft läuft, hinter und vor dem Zaun.

Das Kerngebäude des FCC Florence ist die «Administrative Maximum Facility», eine hochmoderne, sechzig Millionen Dollar teure Lagerstatt für die, wie die Boulevardpresse sie gern nennt, «Schlimmsten der schlimmsten» Häftlinge des Landes. «ADX Florence», das «Alcatraz der Rockies» und «Admax» sind einige der Namen, die man ihm gegeben hat. Eines Tages wird vielleicht John Gotti hierherverfrachtet, Manuel Noriega dagegen nicht. (Er ist Bürger Panamas, und die Regularien des ADX verstoßen gegen die Genfer Konvention.) Im ADX sind gegenwärtig 250 Häftlinge untergebracht – etwas über die Hälfte seiner Kapazität –, die dreiundzwanzig Stunden am Tag in ihren Zellen eingesperrt und nahezu jedes menschlichen Kontakts beraubt sind. Sofern nicht die Todesstrafe zur Routine wird, ist es unwahrscheinlich, dass innere Logik und Technologie amerikanischer Strafanstalten die Kontrollsysteme des ADX jemals übertreffen werden.

Dem Informationsmaterial der US-Vollzugsbehörde zufolge ist es die Aufgabe des ADX, «auf das Verhalten der Häftlinge so einzuwirken, dass Häftlinge, die kein gefährliches Verhalten zeigen und an den erforderlichen Programmen teilnehmen, in eine andere, offenere Einrichtung der Vollzugsbehörde gelangen.» Die meisten Häftlinge im ADX sind wegen schlechter Führung aus weniger sicheren Gefängnissen herverlegt worden. Achtzehn Prozent haben einen Mithäftling ermordet, sechzehn Prozent haben einen Mithäftling mit einer Waffe angegriffen, fünfzehn Prozent sind geflohen oder haben einen Fluchtversuch unternommen, und zehn Prozent haben Angehörige des Wachpersonals mit einer Waffe angegriffen. Eine Handvoll Häftlinge werden vom

FBI wegen ihrer subversiven politischen Ansichten als Terroristen eingestuft. Ich habe um ein Interview mit zwei politischen Häftlingen gebeten: Mutulu Shakur und Ray Luc Levasseur.

Das FCC Florence hat vier Einrichtungen. Vom Pförtnerhaus windet sich die Straße bergauf, vorbei an einem zaunlosen Gefängnis mit niedriger Sicherheitsstufe («Club Fed»), der einladenden «Federal Correctional Institution» mit mittlerer Sicherheitsstufe, dem strengen Hochsicherheitstrakt und dem dreieckigen Backsteinbunker, dem ADX. Aus einer ariden Hochprärie ist, nach dem korrigierenden Eingriff des Bundes, ein mit Sprinklern bewässerter, landschaftlich gestalteter Campus geworden. Als ich in Colorado Springs lebte, kam ich auf der Fahrt zu den Wanderwegen im Sangre-de-Cristo-Gebirge häufig an der Baustelle dieses Komplexes vorbei. Die Architektur ist von Streifen bestimmt und kantig, mit viel Krickentenblau und Lachsrosa. Bis der Natodraht gezogen wurde, dachte ich, ein Immobiliencowboy baue sich da einen eigenartig abgelegenen Büropark mit Energiesparfenstern.

Am Empfangsschalter trägt eine blonde Frau namens Donna meinen Namen ein, stellt mich vor eine rote Backsteinwand und knipst mich dreimal mit einer Polaroidkamera. Währenddessen kommuniziert sie mit jemandem tief im Innern des ADX, sagt, man solle «Shakur raufbringen». Laut- und Feldstärke des Sprechfunks im ADX sind so eingestellt, dass die Stimmen gleich von Anfang an normale Gesprächslautstärke haben, sie sind knisterfrei und unverzerrt; fast ist es, als wäre der Sprecher körperlich anwesend. Donna erhält Bescheid, dass Shakur geholt wird. Sie stempelt meinen Unterarm mit unsichtbarer Tinte und hält ihn unter Schwarzlicht. Das Wort TEMPEL leuchtet auf.

«Das soll STEMPEL heißen», sagt Donna und stempelt mich erneut. Wieder prüfen wir es unter dem Schwarzlicht, und auch das zweite Wort ist TEMPEL. Sie stempelt mich ein drittes Mal und verpfuscht es nun ganz. Mr. Winn lässt ein ungeduldiges

Brummeln hören, und schon bin ich dankbar, dass sich außer mir noch jemand anders seine Enttäuschung zugezogen hat.

Auch wenn das ADX das erste Bundesgefängnis ist, das speziell für eine Isolation der Häftlinge rund um die Uhr konzipiert wurde, ist die Institution der Einzelhaft beinahe so alt wie die Republik selbst. Im Jahr 1823 eröffnete der Staat Pennsylvania in Philadelphia das Eastern State Penitentiary, und was als «Pennsylvania-System» bekannt wurde, übernahmen Gefängnisbauherren auf der ganzen Welt. Die Quäker, die das Eastern State konzipiert hatten, glaubten, Gefängnisse, in denen die Häftlinge in Gemeinschaftszellen untergebracht seien, leisteten der Lasterhaftigkeit Vorschub, daher hatte im Eastern State jeder Häftling seine Zelle und seinen Bereich im Hof und verließ beides nie. Musste er verlegt werden, zog man ihm eine schwarze Haube über den Kopf, um den Einfluss frei schwebender Lasterhaftigkeit zu unterbinden. Dass Häftlinge in permanenter Einzelhaft sich häufig erhängten oder zu Tode randalierten, wurde einer durch Masturbation verursachten Geisteskrankheit zugeschrieben.

Als der Platz in amerikanischen Gefängnissen im Lauf der Jahrzehnte immer kostbarer wurde und sich ein kriminalpädagogisches Denken entwickelte, rückte man von der Einzelhaft ab. Um die Mitte des 20. Jahrhunderts hatten Gerichtsentscheide der Verhängung von Einzelhaft als disziplinarischer Maßnahme enge Grenzen gesetzt. Zu Beginn der siebziger Jahre hingegen wurde der Gedanke einer ständigen Einschließung als «Segregation» zu «administrativen» Zwecken wieder aufgegriffen. Isolation nicht als Bestrafung, sondern als Mittel zur Kontrolle der Häftlinge galt als «administrativ» und daher in Ordnung.

Hochsicherheitsgefängnisse sind Ausdruck sich verhärtender Fronten zwischen der Gesellschaft und ihren kriminellen Produkten, und inzwischen gibt es sie in über fünfundzwanzig Bundesstaaten. Das berüchtigtste «Supermax» steht in Kalifornien, wo das Scheuklappendenken einer rachsüchtigen Öffentlichkeit im Verbund mit zunehmender Bandenkriminalität innerhalb von Gefängnismauern zum Bau einer riesigen Hightech-«Kontrolleinheit» in Pelican Bay, nahe der Grenze zu Oregon, geführt hat. Im Januar 1995, fünf Jahre nach der Eröffnung der Anstalt, wurden mehrere Aspekte der dortigen Bestrafungsformen von einem Bundesbezirksrichter namens Thelton Henderson als grausam und ungewöhnlich bezeichnet; Henderson sagte sinngemäß, der Wunsch der Kalifornier, «sie einzusperren und den Schlüssel wegzuschmeißen», habe einen Albtraum geschaffen. Den Häftlingen in Pelican Bay wurde grundsätzlich der Zugang zu medizinischer und psychologischer Betreuung verweigert, sie waren willkürlicher Gewalt durch das Wachpersonal ausgesetzt und zeigten Symptome psychischer Schädigungen – Schlaflosigkeit, Konzentrationsschwäche, Selbstmordgedanken, einen gesteigerten Hass auf die Gesellschaft –, die mit hoher Wahrscheinlichkeit von langer Isolation verursacht worden waren. Doch da Richter Henderson nicht so weit ging, die Einrichtung zu schließen, betrachteten die Vertreter des Staatsgefängnisses sein Urteil als Sieg.

Das Erste, was mir im ADX Florence auffällt, sind die Fußböden. Sie sind überwiegend aus Linoleum mit Schachbrettmustern und speziellen Mischfarben wie Adoberot und Mohngrau belegt, und sie sind zu einem beachtlichen Glanz gewachst und poliert. Sie sehen aus, als bettelten sie um Aufmerksamkeit und lobende Erwähnung. Aber auch die Sauberkeit im ADX, die Solidität der Stahlarmaturen, die adretten weißen Hemden und granatroten Krawatten, ja überhaupt die außerordentliche Gepflegtheit des Wachpersonals, die verwirrend verwinkelte Anlage des Baus und seine unaufdringlichen, aber effektiven Abläufe: das alles liegt offen vor Augen. Tatsächlich kann man in den Hochglanz des Ganzen sogar das bewusste Bemühen hineinlesen, den Makel, den das Konzept einer «Kontrolleinheit» durch

Pelican Bay und den Vorgänger des ADX in Marion, Illinois, erhalten hat – ein Supermax, dessen Reputation immer wieder von Amnesty International beschädigt wurde –, wegzuwienern.

Doch noch während ich den Glanz im ADX bewundere, gibt es Dinge, die mir erst auffallen werden, nachdem ich gegangen bin. Erst wenn ich wieder in meinen glühenden Wagen steigen und mir beim Trinken aus der Wasserflasche, die ich darin liegengelassen habe, fast den Mund verbrennen werde, wird mir aufgehen, dass die Temperatur im ADX perfekt gewesen ist. Dasselbe gilt für den Geruch, den es dort eigentlich nirgends gibt, abgesehen von einem Gang, in dem ich den Hauch von etwas Angenehmem, etwas im Grenzbereich zwischen organisch und anorganisch Angesiedeltem erhasche – frischer Spachtelmasse vielleicht. Ideal ist die Beleuchtung des ADX: niemals grell, immer gut zum Lesen. Die Geräusche: kein Rasseln, kein fernes Geschrei, keine blaffende Sprechanlage. Die automatischen Türen summen beim Aufgehen und klacken ohne Echo zu. Mr. Winn spricht leise –

Mr. Winn (zu einem vorbeigehenden Polizisten): Wie läuft's?
Polizist (beunruhigt, sich näher hinbeugend): *Was sagten Sie?*
Mr. Winn (matt, enttäuscht): Ich sagte, wie läuft's?
Polizist (sichtlich erleichtert): Oh, gut, gut.

– aber ich kann ihn mühelos verstehen. Fast möchte ich sagen, die Atmosphäre im ADX ist eine des sinnlichen Entzugs. Doch der Eindruck, den die Anstalt beim Besucher hinterlässt, ist nicht einer des Entzugs, sondern des Friedens. Und tatsächlich ertappe ich mich auf meiner Tour mehr als einmal bei dem Gedanken, dass es *ein hervorragender Ort zum Lesen und Schreiben* wäre. Allerdings bin ich großen Kontrollsystemen gegenüber zu misstrauisch, um anzunehmen, dass Mr. Winn mir diesen Eindruck auch wirklich vermitteln möchte.

Bei jedem Kontrollpunkt, den wir passieren, schiebt er eines der Polaroids, die Donna von mir gemacht hat, in einer Metallschublade zu einem Wärter hinter dickem Glas, und der Wärter schiebt ein karrottengroßes tragbares Schwarzlicht zurück, damit mein Stempel überprüft werden kann. Offenbar genügt es, dass auf meinem Unterarm etwas aufleuchtet.

Folgendermaßen betritt nun ein Häftling einen «Kontakt»-Besuchsraum im ADX. Mr. Winn und ich stehen auf der Freie-Welt-Seite des Betontischs, der den Raum teilt, und die Tür hinter uns ist von außen verschlossen worden. Durch das winzige Fenster in der Tür gegenüber höre ich Klappern und Klirren und erkenne Köpfe und Schultern. Die Tür geht auf, und Mutulu Shakur tritt ein, die Hände auf dem Rücken gefesselt. Die Tür schließt sich hinter ihm. Mit einem komplexen Gesichtsausdruck, in dem sich Unbekümmertheit, Zorn und Würde mischen, stellt er sich rücklings an die Tür und kauert nieder, worauf der Wärter draußen eine schuhkartongroße Klappe öffnet und hindurchgreift, um ihm die Handschellen abzunehmen. Die Handschellen verschwinden, die Klappe wird geschlossen und verriegelt.

Mr. Winn baut sich hinter mir an der Wand auf. Während des gesamten Gesprächs blicke ich mich kein einziges Mal nach ihm um, doch die Schwingungen, die ich von ihm empfange, sagen mir, dass er oft auf die Uhr schaut.

Shakur trägt eine blaue Strickmütze und die typische schwarze Plastiksonnenbrille. In seinen Dreadlocks schimmert es grau. Er fragt mich, woher ich seinen Namen und seine Häftlingsnummer habe. Ich antworte: Von einer *prison-watch*-Gruppe in Boulder, die enge Verbindungen zu politischen Gefangenen unterhält. Shakur ist Aktivist der Bewegung «Republic of New Africa» und wurde unter anderem wegen Beteiligung an einem bewaffneten Raubüberfall im Jahr 1984 verurteilt, bei dem zwei Polizisten starben; nach Maßgabe des RICO-Gesetzes gegen kriminelle Vereinigungen wurde er angeklagt, weil die Räuber sich in seiner Akupunkturklinik getroffen hatten.

Shakur erklärt, er sei im Hochsicherheitsgefängnis gelandet, erst in Marion und nun im ADX, weil der Direktor seines ersten Gefängnisses in Lewisburg, Pennsylvania, der Ansicht gewesen sei, er habe zu großen Einfluss auf die jungen Schwarzen und zu viele Außenkontakte. Shakurs Botschaft an mich in unserem allzu kurzen Gespräch ist, dass Schwarze, die mit dem Gesetz in Konflikt gekommen seien, ihrer Gemeinschaft Orientierung bieten könnten, das System sie aber wegsperre, damit die schwarzen Gemeinschaften des Landes führerlos blieben. «Die Gefängnisse werden in abgelegenen Gegenden gebaut», sagt er. «Selbst Leuten wie mir, die einen Rückhalt in Gemeinschaften haben, fällt es schwer, sich mit der Welt verbunden zu fühlen. Stellen Sie sich aber mal einen Jungen vor, der wegen zehn Gramm Koks fünfundzwanzig Jahre kriegt: Der ist isoliert. Das Potential für seelische Schäden ist gewaltig.»

Als er aufsteht, um zu gehen, bittet er mich, meinen Artikel seinem Sohn zu schicken. «Tupac Shakur», sagt er. «Sie wissen ja, wer das ist.»

Ich verspreche ihm, Tupac ein Exemplar zukommen zu lassen.

Als Mr. Winn und ich wieder allein sind, hält er mir einen Vortrag. Er sagt, das ADX sei den Medien gegenüber «vollkommen offen» und dass er keinen Einfluss darauf habe, was ich aus meinem Rundgang machen wolle. (Kichernd zitiert er die Schlagzeile des Artikels über das ADX, den die Londoner *Times* einmal gebracht hat: *Amerikas wilde Männer in «Gräbern» eingesperrt.*) Allerdings sagt er, es wäre ihm lieber gewesen, wenn ich ihm von meinem Anruf bei der Menschenrechtsgruppe in Boulder vorher erzählt hätte. «Sie hätten das nur zu erwähnen brauchen», sagt er. «Dann hätte ich besser verstanden, was Sie vorhaben.»

Ich erkläre ihm, ich hätte mich nur deshalb an Boulder gewandt, weil ich die Namen von Insassen brauchte, die zu einem Gespräch bereit seien. Doch inzwischen hat sich seine Enttäuschung über mich wohl schon zu einem Urteil ausgehärtet.

Als Nächstes eröffnet er mir, dass unser Rundgang um 15.30 Uhr beendet sein müsse. Jetzt ist es 14.15 Uhr, wir sind noch gar nicht richtig losgegangen, und ich habe noch ein zweites Gespräch zu führen. Schade, sagt er, dass ich nicht schon morgens gekommen sei. Dann hätten wir den ganzen Tag zur Verfügung gehabt.

«Aber ich hätte jederzeit kommen können», sage ich. «Sie meinten, ich soll mir eine Zeit aussuchen. Da habe ich eben einfach mal so dreizehn Uhr gesagt.»

Traurig schüttelt er den Kopf. Er habe den Eindruck gehabt, ich könne erst ab dreizehn Uhr. Er sei ja ein Morgenmensch. Wenn er geahnt hätte ...

Ray Luc Levasseur kommt aus der Arbeiterschicht, ein Frankokanadier aus Maine. Er ist kräftig gebaut und überzogen mit Tätowierungen, und er zeigt die beherrschte Nervosität eines Mannes, der mit einem einzigen Zug eine halbe Zigarette wegrauchen könnte. Er hat einen Schnurrbart und so dichte, dunkle Augenbrauen, dass man meinen könnte, er hätte nicht nur einen Schnurrbart, sondern drei.

Von 1974 bis 1984 lebte er im Untergrund und arbeitete für eine Organisation, die sich auf Bombenanschläge gegen Feinde der internationalen Arbeiterklasse in Militär und Unternehmen spezialisiert hatte. Nach einiger Zeit auf der FBI-Liste der zehn meistgesuchten Männer wurde er 1984 gefasst.

«Ich sehe sehr wenig fern, meistens Nachrichten und ab und zu mal Baseball», sagt er. «Wenn das Radio es tut – was seit ein paar Wochen nicht mehr der Fall ist –, höre ich manchmal NPR.» Mithäftlinge sieht er nur dreimal die Woche draußen während der Freistunde im Hof. Er hat eine Frau und drei Töchter, die er das letzte Mal 1989 im Arm gehalten hat.

Von jedem Häftling im Bundesvollzug wird erwartet, dass er an einem Rehabilitations«programm» teilnimmt – Drogen- oder Alkoholentzug, Berufsausbildung, Fabrikarbeit. Um aus dem ADX herauszukommen, muss sich ein Häftling nicht nur an die Regeln halten, sondern auch ein «Programm» absolvieren. Was Levasseur unter anderem zu einem «Politischen» macht, sind seine Weigerungen. In Marion weigerte er sich, in einer Fabrik zu arbeiten, die Koaxialkabel fürs Militär herstellte. «Die können mich treten und so lange hier behalten, wie sie wollen», sagt er mir, «aber Sachen fürs Militär oder für die Polizei mache ich nicht, Punkt. Niemals.» Und über die Arbeit in der Möbelfabrik, die unlängst im ADX eröffnet wurde: «Ich finde den Einsatz von Häftlingen als vertraglich gebundene Diener oder Sklaven grundsätzlich falsch.»

Ich frage ihn nach den Wärtern im ADX.

«Ich hab noch keinen gesehen, der von hier ist», sagt er. «Die sind alle importiert. Das Gute daran ist, dass es hier, anders als in Marion, keinen Klüngel gibt. In Marion war's schrecklich, da hat jeder für seinen Vetter gearbeitet, verstehen Sie, und die haben so eine richtig miese Scheiße mit einem gemacht, weil sie ja wussten, sie kommen damit durch. Hier ist es nicht so schlimm, weil sie alle neu sind. Aber ich hab das Gefühl, mit der Zeit geht das mit der Klüngelscheiße auch hier los. Ich glaube, Gefängnisse fördern so was.»

Mr. Winn, der dicht neben mir steht, seufzt exakt alle fünf Minuten.

Ich frage Levasseur, ob er sich zu den Schlimmsten der Schlimmsten zählt.

«Leute wie Robert McNamara», sagt er, «die haben eine ganze Menge mehr Leute umgebracht als ich. Das ist das Problem. Wenn Sie Verbrechen so definieren, dass einer eine Crackpfeife raucht oder einen Bruch macht oder so was, dann hat man am Ende immer sehr schwarze und sehr arme Leute. Okay? Aber daneben gibt's die ungeheuren Verbrechen, die Typen wie McNamara begehen. Und Union Carbide, was die da in Indien gemacht haben, die haben achttausend Leute umgebracht.» Nachdenklich senkt er ein wenig die Stimme. «Natürlich hat man mir einen Bombenanschlag auf Union Carbide angelastet.» Er kichert, reibt sich das Gesicht und fasst sich dann wieder. «Kleiner Preis für das Leben dieser Leute.» Er zeigt auf Mr. Winn. «Der da *verehrt* einen wie Robert McNamara wahrscheinlich. Der sieht nicht, was die so verbrechen.»

Mr. Winn ergreift die Gelegenheit, um kühl zu mir zu sagen: «Haben Sie noch letzte Fragen an ihn?»

Ich zucke die Achseln.

Levasseur zuckt die Achseln.

Ich sage ihm, dass ich ihm schreiben werde.

Als er weg ist, lässt uns ein Wärter auf unserer Seite des Kontaktbesuchsraums hinaus. Uns bleiben noch fünfundzwanzig Minuten für einen Rundgang durchs ADX. Zeit genug, um durch eine Vielzahl klimatisierter Korridore zu gehen, das unzerstörbare Beton-Mobiliar einer leeren Zelle in Augenschein zu nehmen (die Zelle ist grau, ungefähr zwei mal dreieinhalb Meter groß, und sie hat ein Waschbecken-Toiletten-Trinkbrunnen-Ensemble, ein Bett und einen Schreibtisch aus Beton, einen eingebauten elektrischen Zigarettenanzünder und ein schmales Fenster, das ein Fetzchen blauen Himmel sehen lässt), einen Blick in eine der juristischen Bibliotheken und in die Freizeitbücherei zu werfen (nur Taschenbücher für den Massenmarkt, jede Menge Louis L'Amour und Robert Heinlein), und eine kurze, gar nicht mal unangenehme Unterhaltung zu führen. Ich frage Mr. Winn, wie das ADX es geschafft hat, dass sich CBS, ABC, NBC, CNN, NPR, die BBC, das französische Fernsehen, Yorkshire TV, der *Spiegel*, die *New York Times*, die Londoner *Times* und *Details* darauf aufmerksam geworden sind. Er antwortet, das liege zum Teil an der Hightech-Ausstattung, vor allem aber am «Mythos von

Alcatraz» – der romantischen Aura, die ein Gefängnis, in dem die Schlimmsten der Schlimmsten sitzen, zwangsläufig umgibt.

Noch immer in der Hoffnung, ihn für mich einzunehmen, wage ich es, die Ansicht zu äußern, die Romantisierung von Gefängnissen sei doch geschmacklos. Er nickt. «Arbeiten Sie in einem nur mal einen Tag», sagt er. «Nett ist es da nicht.»

Sein nüchterner Ton berührt mich, aber nur kurz. Die bürgerkriegsähnlichen politischen Auseinandersetzungen, die Amerika in den sechziger und siebziger Jahren erschüttert haben und unlängst wieder aufgeflammt sind – mit dem Prozess gegen den Unabomber, in Oklahoma City, im Philadelphia des Mumia Abu-Jamal –, toben am stärksten in den Gefängnissen mit ihren eineinhalb Millionen Insassen, von denen fast alle arm sind. Dass die überwiegende Mehrheit dieser Insassen unpolitisch ist, macht den Kriegszustand nicht weniger real. Selten wird ein Krieg um Prinzipien ausgefochten; Schließer und Eingeschlossene sind schlicht und einfach Todfeinde. Und die Wurzeln reichen tief. Mr. Winn wuchs in Armeestützpunkten auf, Shakur dagegen in Jamaica, einem Viertel im New Yorker Stadtteil Queens, und Levasseur in einer darbenden Mühlenstadt in Maine. Ihr Krieg ist vor der Öffentlichkeit durch Krickentenblau und Lachsrosa verborgen, durch Phrasen wie «die Schlimmsten der Schlimmsten». Diejenigen, die ihn verlieren, sind überwiegend Soziopathen. Die ihn gewinnen, tragen adrette Anzüge und reden von Bekümmertheit.

Ich möchte gern glauben, dass ich nicht in diesen Krieg verwickelt bin.

Für das Fremont County, Colorado, bedeuten Gefängnisse nur eines, wirklich nur eines: Dollars. Die Bezirkshauptstadt, Cañon City, könnte die erste Gemeinde Amerikas gewesen sein, die das Einkerkern von Menschen als Wachstumsindustrie erkannte.

1868, nachdem sie Denver bei seiner erfolgreichen Bewerbung unterstützte, Hauptstadt des Staates Colorado zu werden, durfte sie sich die Belohnung aussuchen: das staatliche Gefängnis oder die staatliche Universität. Sie wählte das Gefängnis.

Über ein Jahrhundert später haben die Stadt und ihre Umgebung die staatlichen Haftanstalten fest im Griff. Neun der achtzehn Gefängnisse von Colorado sind weniger als acht Kilometer vom Wal-Mart Cañon Citys entfernt. Das Colorado Territorial Prison Museum, untergebracht in einem stillgelegten Zellenblock am westlichen Stadtrand, ist ein Magnet für die ortsansässige High Society. Auf dem Rasen vor dem Museum finden sich Picknicktische, eine rostige achteckige Gaskammer und zwei Zellen, in denen sonnengebräunte britische Touristen verzweifelte Häftlinge mimen. Prominente Städter spenden für die Museumsstiftung in Höhe eines Gefängnisdirektorengehalts (fünf- bis zehntausend Dollar), kleinere Lichter begnügen sich womöglich eher mit Spenden in Höhe eines Wärterlohns (hundert bis fünfhundert Dollar). Um weiteres Geld zu beschaffen, wird alljährlich ein Golfturnier und gelegentlich ein Big House Bash veranstaltet – eine Art Kostümball, bei dem die eintreffenden Wohltäter bis noch vor wenigen Jahren ihre Einladungen in ein maßstabsgetreues Plastikmodell der Gaskammer warfen.

Ein paar Meilen östlich von Cañon City, am Ufer des Arkansas River, liegt das Kaff Florence. Hier wird in Bürger- und Veteranenvereinen wie Elks, Eagles und Legionnaires an drei Abenden der Woche Bingo gespielt. An der Ecke der Straße, die zum FCC führt, steht ein neues Hardee's, ein Burger-Restaurant, auf das die ganze Stadt stolz ist. An der Main Street aufgereiht sind eine Bank, ein Drugstore, ein Lebensmittelladen mit einer offenbar auf Dauer installierten Plakatwand, auf der das FCC willkommen geheißen wird, sowie eine Fülle von Leerständen mit «Zu verkaufen»-Schildern. Hier löste die Bürgermeisterin von Florence, Merle Strickland, eine zweiundsiebzigjährige Texanerin mit Brillantohrringen und einem weißen Ford-Pickup, ihr Möbelgeschäft auf, weil an der Wall Street mehr Geld zu verdienen ist und sich (wie sie scherzt) Aktienpakete leichter tragen lassen als Möbel.

Betonverschalte Bewässerungsgräben säumen die Nebenstraßen, halten die von Pappeln beschatteten Rasenflächen vor den stuckverzierten Häuschen und ein paar viktorianischen Backsteinvillen grün. Die Cyanide Street am Westrand der Stadt endet vor einem trostlosen Caravanplatz, der «Zur letzten Meile» heißt. Der Arkansas River, der unmittelbar dahinter rauscht und tost, hat die Farbe gedünsteter Artischocken.

Einst hatte Florence dreißigtausend Einwohner; da war es noch das Zentrum einer boomenden Abbauindustrie. Kohle, Erdöl, Gold, Kalkstein, Gips, Fullererde und Alabaster wurden hier gewonnen oder verarbeitet. «Florence's Nr. 42», die älteste ununterbrochen in Betrieb befindliche kommerzielle Ölquelle des Landes, liefert zwar noch immer vier Barrel pro Tag. In den achtziger Jahren ging jedoch ein Großteil des mineralischen Reichtums von Fremont County zur Neige. Zerstörte Berghänge und unnatürlich wirkende Schluchten zerfurchten die Landschaft, und die Bevölkerungszahl von Florence sank im freien Fall auf dreitausend.

«Wir waren wie ausgetrockneter Seegrund, ein Lehmgelände voller Risse», sagt Skip Dyer, der ehemalige Vorsitzende der Gesellschaft zur Wirtschaftsförderung in Fremont County. «Das Geld war das Wasser, und das Wasser war einfach verschwunden. Für viele, viele Menschen und für viele, viele Firmen waren das ziemlich verzweifelte Zeiten.»

Für das wirtschaftlich ausgedörrte Fremont County stellte eine Bundeshaftanstalt den Endpunkt einer Pipeline dar, durch die Bundesmittel in Form von Lohngeldern von bis zu fünfzigtausend Dollar täglich fließen konnten. Auch einmalige wolkenbruchartige Geldschauer gab es, wenn im Gefängnis Einrichtungen hinzugebaut oder renoviert wurden. Die Befürworter der Anstalt prophezeiten steigende Kundschaft für ihre Unternehmen und ein derartiges Anwachsen der Bevölkerung, dass es neue Arbeitgeber in die Gegend locken würde.

Das Anzapfen der neuen Bundesquelle begann 1986, als ein Bleistiftverkäufer aus dem Ort, Tom Schryver, seine Chance erkannte, einen guten alten amerikanischen Coup zu landen. Es fügte sich, dass Schryvers Bruder bei der US-Vollzugsbehörde arbeitete, und der erzählte ihm, man suche Colleges und Klöster, die in finanziellen Schwierigkeiten steckten und in Gefängnisse der niedrigsten Sicherheitsstufe umgebaut werden könnten. Des Weiteren fügte es sich, dass Cañon City genau so eine Immobilie hatte: die Abtei Holy Cross. Sie lag auf einem neunzig Hektar großen Gelände unmittelbar hinter der Stadtgrenze von Cañon City, in der Nähe des Wal-Mart, und war ausgestattet mit Schlafräumen und einem Speisesaal, in dem sich dreihundert Personen verköstigen ließen. Die Finanzsituation des Klosters war angeblich prekär.

Zudem gab es reichlich Hinweise, dass Fremont County nichts dagegen einzuwenden hatte, Häftlinge bei sich unterzubringen. An einem Sonntagvormittag nach meinem Besuch im ADX hole ich einen Florencer Stadtrat namens Jimmie Lloyd ab, der mir versprochen hat, mich Schryver vorzustellen. Lloyd, ein pensionierter Oberstleutnant der Air Force, fasst die Einstellung der städtischen Bevölkerung zu Gefängnissen wie folgt zusammen: «Ausbrecher bleiben nicht hier in der Gegend, und wer steigt schon in ein Haus ein, das einem Gefängniswärter gehören könnte? Du wirst geschnappt und kommst in den Knast, und dann ist das Opfer womöglich noch dein Wärter. Außerdem riskierst du, dass dir die Birne weggepustet wird. In dieser Gegend gibt's fast mehr Waffen als in halb Colorado.»

Auf unserer Fahrt durch die nicht eingemeindete Kleinstadt Penrose kommen Lloyd und ich an einem Haus mit Straußen im

Hof vorbei, und er äußert dazu die Ansicht, eine Straußenfarm funktioniere auf der Basis eines halsabschneiderischen Schneeballsystems. An einer staubigen Straße, wo die Hausnummern keiner nachvollziehbaren Logik folgen, entdecken wir schließlich Tom Schryvers bescheidenen Flachbau.

Schryver ist ein gutmütiger Mann mit offenem, glattem Gesicht. Er hat einen dicken Bauch, aber die attraktiven Züge eines schlanken Menschen. In Sandalen und einer schokoladenbraunen Polyesterhose erwartet er uns an der Tür. «Ich bin bloß ein alter Hinterwäldler», sagt er fröhlich zu mir. «Als ich Steve Stewart kennenlernte, hab ich noch Bleistifte verkauft.»

Gleich darauf kommt Steve Stewart. Er ist Immobilienmakler und sieht auch so aus. Er hat die dazugehörigen Extrapfunde, das vertrauenswürdige Gesicht, die Lässigkeit in Wochenendkluft. Er ist von Colorado Springs hergefahren und hat drei Gedenkuhren für die Trainer der Jugendmannschaft seines Sohnes mitgebracht. Tom Schryver hat für die Uhren Namensschilder aus Messing graviert. «Das macht Tom so nebenher», sagt Stewart.

Tom Schryver lernte Stewart kennen, als er ihm für dessen Agentur Bleistifte mit Sonderprägung und andere Werbesouvenirs verkaufte. Ende 1986 erwarb Schryver eine Maklerlizenz und stattete der Abtei Holy Cross sogleich einen Besuch ab. Der Verwalter der Abtei bestätigte, dass die Mönche tatsächlich zum Verkauf bereit seien. Der Verwalter und Schryver einigten sich auf einen Angebotspreis von 12,75 Millionen Dollar, und Schryver sicherte sich für fünfundsiebzig Tage das alleinige Verkaufsrecht. Dann wandte er sich an den Leiter der Abteilung Grunderwerb bei der US-Vollzugsbehörde, einen Mann namens Jim Jones.

Was bei Jones schließlich den Ausschlag gab, war ein zwölfminütiges Video, das Schryver gedreht hatte. Wir vier sehen uns das Video in Schryvers Wohnzimmer an und trinken dazu Billig-Cola light. Schryver kann seinen Stolz über die Zooms und Schwenks und den Soundtrack nicht verhehlen. «Es ist beileibe nicht so einfach, wie's aussieht, das, was gesagt wird, mit den Bildern zur Deckung zu bringen», sagt er. «Wenn ich nichts kommentieren musste, habe ich meine Stereoanlage aufgedreht, und wenn ich dann wieder was zu sprechen hatte, drehte ich sie leiser.»

Die Musik klingt nach Mantovani.

«Das ist eine Platte von Reader's Digest», sagt Schryver.

Das Video erweckt den Anschein, als solle jedem potentiellen Käufer ein Überblick über die Abteigebäude gegeben werden. Doch Schryver war so raffiniert, es aufs Justizministerium abzustimmen. «Ich mach da 'nen Witz über Gefängnisse», sagt er. «Mal sehen, ob ihr ihn mitkriegt. Der Witz findet bloß in meinen Gedanken statt.»

«In deinen Gedanken», echot Steve Stewart in spöttischer Ehrfurcht.

Eigentlich kommen gleich mehrere Witze vor. Im Soundtrack beschreibt Schryver die Sporthalle der Abtei als «sehr angenehmen Ort, um längere Zeit darin zu verbringen». (Glucksend wendet er sich an uns: «Kapiert? *Längere Zeit?*») Dann erwähnt er, dass die Abteigebäude vom Highway 50 zurückgesetzt sind, es also «eine Pufferzone zur Außenwelt» gibt («Pufferzone! Hihi!»), und fügt hinzu, dass der eine Eingang der Abtei «leicht mit einem Tor versehen werden kann, um den Zugang zu beschränken».

«Die ganze Stadt hier hat einige Ähnlichkeit mit Dachau», bemerkt Stewart verschlagen.

«Der letzte Schwenk war besonders schwierig, weil ich den aus einem Auto raus machen musste», sagt Schryver. «Ist aber schön geworden. Seht ihr, dass genau in dem Augenblick, wo ich auf die Einfahrt zufahre, ein Laster rauskommt? Das ist viel schwieriger, als man meint.»

«‹Und nun wollen wir uns mal das Krematorium ansehen›», kommentiert Stewart aus dem Off.

Im Februar 1987 flog Jim Jones nach Florence und bezeichnete die Abtei als die beste Anlage, die er bis dahin gesehen hatte. Über tausend Einwohner von Cañon City schickten vorformulierte Briefe an die Vollzugsbehörde mit der dringenden Bitte, es zu kaufen. Stewart zufolge war Jones von der Reaktion überwältigt. Er kündigte öffentlich an, die Behörde werde eine Immobilie in Colorado erwerben.

«Ich hab schon die dreihundertfünfundsiebzigtausend Piepen gezählt, die ich als Provision bekommen sollte», sagt Schryver. «Ich hab mir schon Mercedes-Prospekte schicken lassen.»

«Die Sache war im Grunde unter Dach und Fach», sagt Stewart. «Und dann, eine Woche nach der letzten Begehung, stehe ich eines Samstagmorgens auf und lese in der Zeitung die Schlagzeile: VERKAUF DER ABTEI GEPLATZT. So haben sie den Exklusivmaklern der Immobilie mitgeteilt, dass der Verkauf geplatzt war.»

Die Mönche der Abtei hatten sich ein Vetorecht gegen den Verkauf vorbehalten und es sich anders überlegt.

«Und ich hatte so sehr darauf hingearbeitet», sagt Schryver. «Ich hätte ziemlich stinkig werden können, als das Ding gestorben war. Aber das hab ich Steve überlassen.»

Steve Stewart glaubte, dass die Abtei Schryver noch ein Maklerhonorar schulde, da sein Büro das alleinige Verkaufsrecht für die Abtei gehabt und einen kaufbereiten, zahlungskräftigen und kompetenten Käufer dafür gefunden hatte. Er schrieb dem Apostolischen Gesandten in Rom und machte ein Pfandrecht auf die Abtei geltend. Doch im Justizministerium wollte ihm niemand bestätigen, dass die Vollzugsbehörde eine Kaufabsicht gehabt habe.

«Jeder ist auf der Suche nach seinen zwanzig Minuten Ruhm», sagt mir Jimmy Lloyd auf der Rückfahrt nach Florence. «Wie die meisten ist auch Tom Schryver leer ausgegangen.»

Meinen zweiten Versuch, mir vom FCC Florence ein Bild zu machen, unternehme ich in der Federal Correctional Institution, einer Anstalt der mittleren Sicherheitsstufe. Wie das ADX ist auch die FCI ein Vorzeigeobjekt. Zu ihren auffallend humanen Einrichtungen gehören eine Schwitzhütte, in der amerikanische Ureinwohner ihre Riten praktizieren können, sechs wettkampftaugliche Billardtische, ein Malstudio und eine Bücherei, unter deren Beständen sich eine gebundene Ausgabe von Thomas Pynchons Roman *Die Enden der Parabel* und Walter Kaufmans Hegel-Studie befinden. Pfade ziehen sich kreuz und quer über einen großen Campus, dessen üppiges Gras von Häftlingen in Khaki gemäht wird. Fast die Hälfte der Häftlinge der FCI sitzen wegen Drogendelikten ein.

Meine Führerin, die Case-Management-Koordinatorin Denise Snider, macht mit mir einen erschöpfenden Rundgang durch die UNICOR-Möbelfabrik. UNICOR ist ein halbautonomes Bundesunternehmen, ähnlich wie die Post. Es betreibt die Fabriken der Vollzugsbehörde und verkauft ausschließlich an Käufer des Bundes. Die Produkte des FCI Florence sind bequeme Sessel und Sofas ohne Pfiff. Die hier arbeitenden Häftlinge verdienen zwischen vierzig Cent und einem Dollar fünfundzwanzig die Stunde. Ich sehe Schaumstofftürme, Druckluftbohrer und -hefter, die an gelben Spiralen hängen, einen faszinierenden Kleberaum und eine Menge Männer in Khaki.

Die UNICOR bildet für Werkstattberufe aus – eines der erklärten Ziele des Programms ist es, Häftlingen «marktfähige Fertigkeiten» beizubringen –, aber um einen Schreibtischjob in dem hübschen, modern eingerichteten Geschäftsbüro der UNICOR zu ergattern, muss man Berufserfahrung in der Außenwelt vorweisen können. An jedem Schreibtisch, wo man heutzutage eine junge Frau mit Armspangen, Schulterpolstern und toupiertem Pony erwarten würde, tippt emsig ein Langhaariger mit Vollbart in Khaki. Das wirkt parodistisch oder surreal.

Fast während der ganzen Dauer meines Besuchs in der FCI bleibt Case-Management-Koordinatorin Snider von meinen Bemühungen, meinen Charme spielen zu lassen und mich bei ihr einzuschmeicheln, völlig unbeeindruckt. Ihre Kleidung und ihre Frisur sind ausgesprochen sachlich gehalten, und offenkundig zählt sie die Minuten, bis sie mich endlich wieder los ist. Doch beim Abschied öffnet sich ihr Professionalismus einen kleinen Spalt.

«Ich habe am College Psychologie studiert», sagt sie als Erklärung dafür, dass sie zwei Abschlüsse in Strafrecht erworben hat. «Eine Professorin meinte, ich sei wie geschaffen für Kriminologie. Es passt zu mir. Ich finde gern Sachen über andere heraus, ohne dass sie es mitbekommen.»

Ich frage sie, wie viele Vollzugsbedienstete in Florence oder den umliegenden Städten leben. Ich erinnere mich, dass Mr. Winn nicht in der Gegend lebt.

«Wir werden angehalten, in der näheren Umgebung zu leben», sagt Snider. «Aber der nächste Ort, an dem ich einen Krippenplatz finden konnte, war Pueblo. Die schwarzen Verwaltungsangestellten würden vielleicht gern in der näheren Umgebung leben, aber sie fühlen sich in Florence oder Cañon City nicht willkommen, also landen sie eben in Pueblo oder Colorado Springs und müssen eine Stunde pendeln. Unser Direktor beispielsweise ist ein Schwarzer. Der kann hier in der Gegend nicht wohnen.»

Im Juni 1987, nachdem der Abtei-Verkauf geplatzt war, erfuhr die Gesellschaft zur Wirtschaftsförderung in Fremont County (FCEDC) von Jim Jones, die US-Vollzugsbehörde habe entschieden, im Westen der Vereinigten Staaten einen vollkommen neuen Gefängniskomplex zu bauen. Daraufhin erschloss die

FCEDC in Fremont County schleunigst vier mögliche Gelände, und Jones zeigte sich besonders an einem Grundstück interessiert, das der Strafvollzugsbehörde des Staates Colorado gehörte und zwischen Cañon City und Florence gelegen war. Die FCEDC versicherte ihm, er könne das Land kostenlos haben.

Im Mai 1988 fragte Jim Jones bei Skip Dyer an, dem Vorsitzenden der FCEDC, wie die Gemeinde zu einem größeren Komplex stehe, der eventuell drei Einrichtungen enthalte. «Die würden Sie noch heftiger umarmen», antwortete Dyer.

Obwohl die Vollzugsbehörde von verarmten Gemeinden im ganzen Westen des Landes umworben wurde und in wenigstens fünf davon ein Gelände prüfte, hatte Fremont County die Nase vorn. Doch gerade als es so aussah, als stünden alle Ampeln auf Grün, weigerte sich das Parlament des Staates Colorado, das Landgeschenk an den Bund zu genehmigen. «Wir waren ziemlich zuversichtlich gewesen, das Staatsland zu bekommen», sagt Dyer. «Als das in die Hose ging, meinten wir, wir müssten das Eisen schmieden, solange es heiß ist.»

Geschmiedet wurde das Eisen vom Inhaber von Jim's Clothing in Florence. Jim Provenzano ist ein bulliger Mann mit sanften braunen Augen und olivenfarbener Haut. Sein Vater, ein italienischer Schneider, kam 1916 nach Florence und baute sich ein Geschäft auf, indem er bei den Bergleuten, bevor sie in den Schacht einfuhren, Maß nahm, nähte, solange sie unten arbeiteten, und ihnen den Anzug lieferte, wenn sie von der Schicht zurückkamen. Provenzano *fils* war Mitglied im Lenkungsausschuss des Countys für Gefängnisse und wusste, dass es im Süden von Florence ein Alternativgrundstück gab, das Jim Jones als geeignet eingestuft hatte. Der geforderte Preis betrug hunderttausend Dollar. Provenzano sagte einem Freund bei der Rocky Mountain Bank & Trust, er werde für den Kauf des Grundstücks tausend Dollar aufbringen, wenn die Bank ebenfalls tausend dazulege.

«Ich konnte eher einen auf den Mond schießen, als tausend

Dollar lockermachen», sagt Provenzano. «Aber uns blieben nur zwei Wochen, und ich wusste, dass der Bund an dem Grundstück interessiert war. Also sagte ich: Das kaufen wir. Mein Hauptanliegen war, unser Geschäft ins fünfundsiebzigste Jahr zu führen. Ich hoffte, wir könnten in der Gegend Arbeitsplätze schaffen und unseren Kindern einen Job bieten, wenn sie den haben wollten.»

Beflügelt von Provenzanos Elan, organisierte die FCEDC schnell eine Spendenaktion. «Es war wie eine Krankheit, die alle ansteckt», sagt Provenzano. «Es war wie bei einer Auktion. Alle boten Geld, also musste man auch Geld bieten.» Binnen zweier Wochen hatte die FCEDC achtzigtausend Dollar auf der Bank und weitere sechzigtausend als Sicherheit. Im Sommer 1988 konnte sie die Eigentumsurkunde über 120 Hektar Wüstengelände an die Vollzugsbehörde schicken – und so ihr Versprechen eines kostenloses Grundstücks einlösen.

Der erste Spatenstich erfolgte in Florence am 14. Juli 1990. Bei einem Grillfest im Stadtpark erschienen auswärtige Honoratioren. Eine Spitzhacke zum Gedenken an das Ereignis hängt heute in der Handelskammer von Florence an der Wand. Daneben hängen gerahmte Aquarelle der vier Gefängnisse des Komplexes. Über den Bildern sind zwei Stahlgirlanden am Sperrholzpaneel befestigt. Auf einer kalligraphierten Karte steht NATODRAHT VON DER BUNDESHAFTANSTALT.

Für die nationalen und internationalen Medien ist das ADX das Vorzeigeobjekt eines neuen Jahrtausends, doch unmittelbar östlich von Cañon City steht ein neues Zuchthaus, das Colorado State Penitentiary (CSP), das, fünfzehn Monate vor dem ADX des Bundes eröffnet, nach identischen Grundsätzen und genauso sorgfältig konzipiert wurde. Man muss den Bund dafür bewundern, dass er die Menschen überzeugen konnte, das ADX habe einen Nachrichtenwert.

Mein Führer im CSP, der Verwaltungsangestellte Dennis Burbank, könnte sich von Louis Winn kaum stärker unterscheiden. Mr. Winn ist herversetzt worden; Dennis ist Einheimischer. Mr. Winn ist gewandt und kann sich gut ausdrücken, ja versteht es meisterhaft, eindeutige Gelegenheiten, von sich aus Informationen zu liefern, verstreichen zu lassen. Dennis äußert Gefühle, Meinungen. Er ist ein Individuum, das Wörter wie «Individuum» und «verwenden» so locker verwendet, dass sie fast wie Slang klingen. Ist das Bundes-ADX das Thema, kommt er regelrecht ins Schwärmen («Die haben *tolle* Einzelzellen dort») und erschauert geradezu, wenn er an die Strafmaßnahmen in Oklahoma denkt («ein Paradebeispiel, wie man es nicht machen soll»). Als wir uns treffen, trägt er eine rot-weiß-blaue Krawatte von ausgesuchter Scheußlichkeit. Ein einziges Wort prangt darauf: FREIHEIT.

Wie Dennis das CSP beschreibt, ist es so konzipiert, dass es eine Art züchtigende Liebe zuteil werden lässt: die strenge, maßregelnde elterliche Hand, die die meisten seiner Insassen nie erfahren haben. Hält man sich an die Regeln und lernt, seine antisozialen Impulse zu beherrschen, gelangt man von der sehr unangenehmen Stufe I (keine Vergünstigungen, zwei Mann Begleitung auf dem Weg zur Dusche) zu der weniger unangenehmen Stufe III (mehr Taschengeld, mehr persönliche Freiheiten) und schließlich, nach einem halben oder ganzen Jahr, zurück in ein Gefängnis, in dem Kontakte zu den Mithäftlingen möglich sind. Es ist die Theorie des *in loco parentis*. Damit will man im CSP dem kindlichen, sich ausagierenden Häftling vor Augen führen, dass er nicht allein auf der Welt ist und ihr gegenüber Verpflichtungen hat.

Das Personal im CSP verwendet eine beträchtliche Findigkeit darauf, für bestimmte Verstöße «Pläne zum Verhaltensmanagement» maßzuschneidern. Wer beispielsweise einen Wärter mit

Kot bewirft, dem wird zur Strafe das normale Gefängnisessen vorenthalten. Stattdessen wird er auf eine spezielle «Korrekturdiät» gesetzt: einen matschigen, stark proteinhaltigen Kloß, den Dennis als «nicht sehr schmackhaft» beschreibt. Mit allem Feingefühl, das ich aufbringen kann, frage ich, ob die spezielle «Korrekturdiät» den Kot dessen, der sie zu sich nimmt, verändert. Dennis verneint das. Die Diät sei einfach eine Botschaft: Benimm dich anständig, dann kriegst du auch wieder richtiges Essen.

Als ich mich über die Möglichkeit seelischer Störungen durch sensorische Deprivation im CSP besorgt zeige, lässt Dennis einen Experten ausrufen, einen Sozialarbeiter namens Gene Espinoza, der mir sagt, so isoliert seien die Gefangenen doch gar nicht. Abgesehen von den personalintensiven täglichen Kontakten riefen die Häftlinge einander in ihren Zellen zu, klopften an die Wände und drehten, wenn sie sich unbeobachtet wähnten, aus ihren Bettlaken «Rattenschnüre» – lange Wülste, die sie unter der Zellentür hindurchschöben, dann wie mit einer Peitsche damit schlügen und so versuchten, andere Zellentüren zu erreichen. Wenn man es geschafft habe, im «Container» Tabak einzuschmuggeln (das ist Dennis' launige Formulierung; sie bedeutet, «so im Rektum verborgen, dass man es bei der einfachen Überprüfung durchs Auseinanderziehen der Gesäßbacken nicht sehen kann»), und ihn einem Nachbarn verkaufen möchte, sei die Rattenschnur das bevorzugte Mittel zur Durchführung der Transaktion.

Mein guter Draht zu Dennis wird einen Augenblick lang durch Verlegenheit gekappt, als ich darauf hinweise, dass die Kontakte, die Mr. Espinoza als einen Segen für die geistige Gesundheit hinstellt, doch eigentlich gegen die Bestimmungen verstoßen und routinemäßig bestraft werden. Dieses Paradox löst Dennis folgendermaßen auf: «Den Häftlingen ist es untersagt, miteinander zu kommunizieren. Dennoch kommunizieren sie.»

Das CSP ist vollkommen ausgelastet. Im Juni waren hier

486 Männer und dreizehn Frauen inhaftiert. Jede der vier «Einheiten» des CSP hat ein eigenes Arztzimmer und einen eigenen Friseursalon (der gleichzeitig als psychologischer Beratungsraum dient); dadurch soll die Zeit, die ein Häftling außerhalb seiner Einheit verbringt, auf ein Mindestmaß beschränkt werden. Das Zentrum jeder Einheit bildet ein zweigeschossiger Kontrollbereich, von dem aus acht *«pods»*, also «Kapseln», tangential abgehen. Der obere Stock des Kontrollbereichs ist verglast und mit zwei Wärtern besetzt, die große Farbmonitore vor sich haben, auf denen Schlösser, Beleuchtung, Sprechanlagen, Wasserversorgung und dergleichen überwacht werden. Dennis erzählt, es seien ursprünglich Touchscreens gewesen, aber dadurch hätten die Wärter immer wieder, wenn sie geniest hätten oder mit dem Ärmel darangekommen seien, versehentlich Türen geöffnet. Jetzt arbeiten sie mit Trackball und Fernbedienung.

Jede Kapsel enthält auf zwei Stockwerken sechzehn Zellen, die auf einen «Tagesraum» mit gewachstem Betonfußboden hinausgehen. Das oberste Prinzip einer Kontrolleinheit ist, dass kein Häftling direkten Kontakt mit einem anderen aufnehmen kann, und die Elektronik hier ermöglicht eine ausgeklügelte Choreographie des Kommens und Gehens. Die Häftlinge der Disziplinarstufen I und II müssen jedes Mal, wenn sie die Zelle verlassen, gefesselt und von zwei Wärtern begleitet werden; der große Anreiz von Stufe III besteht darin, dass man die fünfzehn Meter zur Dusche, in den Kraftraum oder zum Telefon ohne Begleitung gehen darf. In jeder Einheit sind Häftlinge aus allen Stufen gemischt, damit die Vergünstigungen von Stufe III für alle sichtbar sind.

Zu jeder Tages- und Nachtzeit herrscht in acht oder zehn der Zellen Ruhe. Lautlos, da hinter Glas, trainiert ein blondbärtiger Häftling im unteren Kraftraum, dessen Ausrüstung aus einer Klimmzugstange besteht. Im oberen Kraftraum ist ein Häftling mit einem halb ausgewachsenen Afro zu sehen; er presst das

Gesicht an die Fensterscheibe und blickt auf das Nichts des Spätnachmittags hinaus. (Das CSP verfügt über kein Freizeitgelände draußen.) Ein, zwei andere Häftlinge pressen das Gesicht ans Fenster ihrer Zellentür. Ein weiterer duscht. Durch die Glastür des engen Duschraums erkenne ich seinen Kopf und Oberkörper verschwommen in honigfarbenem Licht. Das Wasser läuft höchstens zehn Minuten, dann stellt der Kapsel-Computer es ab. Will man sich rasieren, bringt einem ein Wärter vor dem Duschen einen Rasierapparat und holt ihn danach wieder ab.

«Ich hab mich noch immer nicht richtig daran gewöhnt, wie still es in dieser Anstalt ist», sagt Dennis.

In den Zellen selbst ist es selten still. Das Fernsehen ist im CSP wichtig – so wichtig, dass ein Häftling, der bei der Einlieferung keinen eigenen mitbringt, einen gestellt bekommt, sobald er aus Stufe I heraus ist. Das CSP hat seinen eigenen Sender, der Weiterbildungs- und Berufsschulungsprogramme ausstrahlt (Dennis erwähnt «Hausmeister» als einen Ausbildungsberuf), auch Spielfilme und Religiöses. Samstagabends spielt man Bingo. Der Freizeittherapeut des CSP, Jim Gentile, richtet die Kamera auf einen rotierenden Käfig, aus dem er nummerierte Kugeln zieht. Er ruft sechs Spiele aus, und die Häftlinge, die gewonnen haben, schicken ihm ein Gesprächsgesuch. Wenn Gentile dann am nächsten Tage seine Runde macht, überreicht er den Gewinnern einen Schokoriegel. Er sagt, wenn er sich mal einen Samstagabend freinehme, bekomme er drei Tage lang Hassbriefe.

Im Souterrain des CSP ist die sogenannte Aufnahme untergebracht. Dort treffen die Häftlinge in ihren orangefarbenen Overalls ein, von dort verlassen sie den Komplex. Als Dennis und ich hinkommen, ist gegen jedes Zellenfenster ein Gesicht gepresst. Neuankömmlinge. Alle sehen wie etwa achtundzwanzig aus. Weiße, Hispanos, Schwarze; jeder voll im Saft. Einer ruft niemand Besonderem zu: «Yo! Wie oft darf man in Stufe I im Monat telefonieren?»

Ich spüre, wie sie mich ansehen, und weiche ihren Blicken aus. Damit nicht: was? Damit es mich nicht zu ihnen hinzieht? Damit sie mir nicht meine Angst anmerken? Damit sie mich nicht in ihren Krieg hineinziehen? Damit ich mich nicht emotional mit der Tatsache auseinandersetzen muss, dass ich frei bin und bald auf einem Highway, an Wacholderbüschen und kümmerlichen Kiefern vorbei, einem Abendessen in Florence entgegenbrause? An der Junior-Highschool habe ich gelernt, dass ich manchmal, indem ich auf dem Flur den Blicken bestimmter Kinder ausgewichen bin, ihrer Aufmerksamkeit oder wenigstens ihren Schlägen entgehen konnte. Den Blick zu senken ist ein Zeichen von Respekt – das habe ich schon sehr früh gelernt. Aber natürlich ist es auch ein Wegschauen.

Eine der Zellen in der Aufnahme hat ein richtiges Fenster, nicht nur einen Schlitz in der Tür. Der Schwarze mit dem rasierten Schädel, der dahinter steht, ertappt mich dabei, wie ich ihn ansehe. Ich wende den Blick ab und sehe wieder hin, und er grient mich seltsam an – ein Grienen, in das ich, glaube ich, nicht zu viel hineinlese, wenn ich es als Hohn auf jene Art von Lächeln verstehe, das zwei Menschen austauschen, aber gleichzeitig ist es eine Geste des Vertrauens: dass ich den Hohn kapiere und darauf eingehe. Ich erwidere das Grienen, zu breit. Es fällt mir aus dem Gesicht, und ich wende den Blick ab.

Die Befürworter des Gefängnisses, die die Stadt schon unter einem warmen Geldregen aus Washington aufblühen sahen, dürften einige Überraschungen erlebt haben. Die wichtigsten Bauaufträge für das FCC Florence gingen allesamt an große Firmen außerhalb vom Fremont County, und etliche Männer aus Florence, die auf eine Anstellung als Bauarbeiter gehofft hatten, fielen beim Rückentest durch. Statt Beschäftigung verzeichnete die Stadt einen Zuwachs an Verkehr, Staub und lebhaftem Kneipenbetrieb. Als die Zeit kam, das ADX mit Personal auszustatten, importierte die Vollzugsbehörde in der Absicht, ihr Vorzeigeobjekt möglichst professionell zu betreiben, erfahrene Wärter und Verwaltungsleute von außerhalb. Die meisten Hausmeisterdienste – Wäsche, Rasen, Küche – sollten in der Anstalt von den Gefangenen selbst erledigt werden, und das Höchstalter für Bewerbungen auf die mit Einheimischen zu besetzenden Stellen wurde, wie sich herausstellte, auf siebenunddreißig festgesetzt. Das war ein böses Erwachen für eine Stadt der Ruheständler; «ein Schocker», sagen die Leute im Rathaus.

Jim Provenzano hatte gehofft, die Vollzugsbediensteten würden ihre Uniformen bei ihm kaufen. Bedauerlicherweise, sagt er, «wollten sie, dass ich ihnen Stiefel zu einem Preis verkaufe, der zehn Dollar unter dem Selbstkostenpreis liegt, andernfalls wollten sie sie bei der Firma kaufen, die auch sonst die Regierung beliefert. Wie soll ich denn mit der konkurrieren?» Ein paar Wartungsarbeiter vom FCC kaufen ihre Uniformen schon bei ihm, aber für seine Westernsachen hat es bislang kaum zusätzliche Nachfrage gegeben.

Wenn Provenzano einzuschätzen versucht, ob sich sein Tausend-Dollar-Einsatz gelohnt hat, verlieren sich seine Sätze in sorgenvollen Ellipsen. «Ich will ja nicht negativ klingen, aber …» Obwohl er glaubt, dass Florence irgendwann davon profitieren wird, räumt er ein, dass Jim's Clothing weniger gut läuft als erhofft. «Ich weiß nicht, ob ich das Geschäft noch zwei Jahre halten kann.»

«Das Schicksal unserer Händler geht mir nah», sagt Merle Strickland, die markterfahrene Bürgermeisterin der Stadt. «Sie versuchen, in dieser überwiegend dienstleistungsgeprägten Wirtschaft zu überleben. Ich hätte ja selbst gern eine blühende Geschäftswelt hier, aber sie haben die gleichen Probleme wie ich damals mit meinem Möbelgeschäft: Die Leute kaufen eben da, wo es am billigsten ist. Wenn Sie es hier zu was bringen wollen, dann mit Dienstleistung.»

Strickland fährt mit mir zum neuen Golfplatz von Florence, einer Neun-Loch-Anlage namens Bear Paw, von deren Driving Range und Übungsgrün aus man einen Blick auf die Nordseite des FCC hat. Man hatte ihn aus zweierlei Gründen angelegt: Einerseits wollte man Gefängnisbürokraten, die, wie es hieß, eifrige Golfer seien, einen Anreiz schaffen, andererseits sollte er Bezugspunkt einer zukünftigen Wohnsiedlung sein. Am Ende eines ausgefurchten Kieswegs bieten mehrere riesige Modellhäuser einen hübschen Blick auf den elektrischen Zaun.

Strickland zufolge verfügt Florence über eine Wasserkapazität für eine Bevölkerung von zwanzigtausend Menschen. Wasser ist für die Stadt, die von Kunden außerhalb der Stadtgrenzen einen Aufschlag von fünfzig Prozent verlangt, eine wichtige Einnahmequelle; die Einkünfte aus dem Wasserverkauf an das FCC betragen monatlich fünftausend Dollar. «Manche unserer Stadträte sagen gern, der größte Aktivposten unserer Stadt seien die Menschen», sagt sie. «Ich dagegen glaube, das Wertvollste, über das meine Wähler verfügen, ist das Wasser.»

Ich sage Strickland, mir sei nicht klar, wie das Gefängnis die neuen Siedlungen, die überall in der Stadt aus dem Boden geschossen seien, genau begünstigt habe.

Sie macht eine wegwerfende Gebärde. «Das Wachstum kommt nicht vom Gefängnis. Das kommt von Einrichtungen wie diesem Golfplatz da. Der ist Teil des Wachstums auf der ganzen Front Range. Wachleute mit zwölf Dollar die Stunde finden hier kein Haus. Und ich habe einige Gefängnisbeamte sagen hören, dass sie persönlich nicht unbedingt so nahe an ihrem Arbeitsplatz wohnen wollen.»

Über die Gefängnisbefürworter sagt Strickland: «Die glauben alle, der Weihnachtsmann kommt. Aber den Weihnachtsmann gibt es nicht.»

Genau so eine Erkenntnis scheint Jim Provenzano gedämmert zu haben. Er verstehe jetzt, sagt er, dass die Leute nach Dienstschluss vom Gefängnis direkt nach Hause wollten, ohne erst noch nach Florence zu fahren und dort einzukaufen. Er scherzt, die heimischen Geschäftsleute sollten auf den Straßen nach Pueblo und Colorado Springs Radarfallen aufstellen lassen, damit die Leute nicht so schnell zu den Einkaufszentren gelangen könnten.

«Die Leute denken, nur weil ich den einzigen Laden in einer Kleinstadt habe, muss es bei mir teurer sein», sagt Provenzano. «Das stimmt aber nicht. Doch wir haben eine Generation von jungen Leuten, die nur noch Wal-Mart, die nur noch Einkaufszentren kennen.»

Provenzano, der anfangs bereit war, «ein paar Minuten» mit mir zu sprechen, plaudert schließlich eine ganze Stunde. Als ich mich beim Hinausgehen für eine Levi's interessiere, bestätigt er mir das, was die Verkäufer in den Kettenläden immer vehement bestritten haben: dass bei der 501, auch wenn dieselbe Größe aufgedruckt ist, die Hosen im Schnitt stark voneinander abweichen können. Die vorgewaschene 32×34, die ich will, hat er nicht da – seine Auswahl ist nicht groß –, aber nach viel Messen und Vergleichen findet er eine 33×34, die so klein ausfällt, dass sie mir wie angegossen passt.

«Levi's macht mir Schwierigkeiten», sagt er, als er den Betrag eintippt. (Der Preis ist derselbe wie in den Kettenläden.) «Die sagen, ich mache zu wenig Umsatz. Seit sechzig Jahren verkaufen wir Levi's, und jetzt sagen sie, ich mache zu wenig Umsatz.»

Nachdem er mich wegen meines zunehmenden Bauchumfangs freundschaftlich aufgezogen und mich dann nach meiner Hemdengröße gefragt hat, überreicht er mir ein T-Shirt zu meiner neuen Jeans. Es hat als Aufdruck eine Schablonenzeichnung der Bundeshaftanstalt.

Hätte Shakespeares Richard II. in den dreißiger Jahren in Alcatraz eingesessen, dann wären ihm vielleicht die Einzigartigkeit von Bau und Anlage, die Herrlichkeit der Szenerie darum herum und das Romantische der unvollkommenen Sicherheit aufgefallen. Im Hochsicherheitsgefängnis ADX Florence würde Richard II. eine vollkommene, anonyme Zweckmäßigkeit inmitten einer verdorrten Landschaft sehen. Wenn er das Gefängnis, in dem er einsaß, mit der Welt von 1995 vergleichen würde, sähe er zwangsläufig das viele Geld. Dollars innen, Dollars außen.

Das Futuristische am ADX und der CSP ist nicht ihre Hightech-Ausstattung (man sieht dort keine Exoskelettuniformen oder Strahlenwaffen wie in Science-Fiction-Filmen), sondern der gesellschaftliche Kontext, in dem diese Einrichtungen stehen. Es fällt nicht schwer, die Logik zu extrapolieren, die der Lösung des Kriminalitätsproblems, wie unsere Volkswirtschaft sie sich vorstellt, zugrunde liegt. In vielerlei Hinsicht wird die Zukunft schon in unserer nicht ganz unerfreulichen Gegenwart erkennbar. Beispielsweise sinkt die Mordrate in New York City, während die Häftlingszahlen in den Gefängnissen des Staates New York steigen. Drei Viertel der Insassen des staatlichen Systems kommen aus nur sieben verarmten Stadtvierteln New Yorks. Anscheinend ist es wirklich machbar, das Problem einfach wegzuschließen. Überall im Land werden die Bildungsprogramme für Häftlinge gekürzt, steigt die Zahl der Hinrichtungen, und immer mehr Gesetzgeber fordern lautstark eine Reduzierung der Freizeitangebote für Häftlinge und eine höhere Besteuerung der Gefängnisarbeit.

Der schwarze oder hispanische Jugendliche, dessen Vater einsitzt und dessen Stadtteil ihm keinen besseren Job anbieten kann, als Lebensmittel einzutüten, begeht ein Verbrechen, kommt vor Gericht und wird dann in einer ländlichen weißen Gemeinde eingelocht. Zwischen dem ersten und dem dritten Delikt wird eine zynische Rechnung aufgemacht: Der in Haft genommene

Jugendliche kommt verbittert und unvermittelbar aus dem Gefängnis; zwangsläufig begeht er wieder ein Verbrechen, zwangsläufig gibt es unschuldige Opfer. Wiederholungstäter sind der Preis des Wirtschaftens in diesem Land, und selbst sie machen sich noch bezahlt, indem sie in der Öffentlichkeit die Angst vor Verbrechen wachhalten.

Ein Sozialdarwinist könnte über die Schönheiten der Evolution unserer Ökonomie ins Grübeln kommen. Die Presse berichtet über Verbrechen (besonders über die relativ seltenen Fälle willkürlicher Gewalt gegen Weiße), weil Verbrechensberichterstattung Auflage macht – weil das weiße Publikum gern darüber liest. Und schon wird die intensive, entkontextualisierte und äußerst verkaufsträchtige Verbrechensberichterstattung zum Nachweis einer Epidemie des Verbrechens; das Publikum hat «die Nase voll», von etwas zu hören, wovon zu hören es, wie jeder Insider weiß, nie die Nase voll hat, und das ermächtigt die gewählten Vertreter, hart durchzugreifen. Auf diese Weise wird der Kriminelle dämonisiert. Der Abstand zwischen uns und ihm wächst und gewährleistet so, dass wir in dem Land, das den Western, den Krimi und die Elf-Uhr-Nachrichten erfunden und die James Brothers und Bonnie und Clyde verherrlicht hat, immer das hören können, was wir am wenigsten, also am liebsten hören wollen. Indem wir uns von unseren Mördern unterhalten lassen und sie dann bestrafen, versuchen wir unablässig, die Widersprüche zu exorzieren, die uns zu Amerikanern machen. Unsere Hassliebe zum Verbrechen ist das Epos des Kriegs zwischen dem alles beherrschenden Dollar und dem wilden Grenzland.

Wenn der schwarze oder hispanische Jugendliche dann schließlich sein drittes Karnickel klaut, wird er für den Rest seines Lebens in ein System gesteckt, das die innere Ordnung aufrechterhält und fleißig wirtschaftet, indem es seine Gefangenen zwingt, für einen Dollar oder weniger die Stunde die niedere Arbeit zu verrichten, die sie als Freie für einen Minimallohn verweigert haben. Für diejenigen, die nicht kooperieren wollen, gibt es immer ein paar Jahre in wohlwollenden Disziplinierungseinrichtungen wie dem ADX oder der CSP. Beim ersten Hören klingt Ray Levasseurs Beschreibung des ADX als «feuchter Architektentraum eines Proto-Technofaschisten» wie eine müde Agitprop-Übertreibung. Man betrachte aber den Faschismus in seiner ursprünglichen (italienischen) Bedeutung, die da lautet, dass man die Regierung veranlasst, mit der blutleeren Effizienz eines Unternehmens zu arbeiten, dass man Züge pünktlich fahren lässt. Das wahre Wesen des Faschismus ist ein patriotischer Korporatismus, der sich wohlwollend und effizient gibt. Im Licht der Zukunft, an der wir in Fremont County bauen, sind Ray Levasseur und Mutulu Shakur, deren Beharren, «Politische» zu sein, sie zu Sonderfällen stempelt, die typischsten Häftlinge des Systems. Mag sein, dass jeder Einzelne in den Gefängnissen unseres Landes für eine Geschichte persönlicher Verantwortungslosigkeit steht. Doch die Gesamtheit von anderthalb Millionen solcher Geschichten ist größer als die Summe ihrer Teile. Die Gesamtheit ist politisch, und Levasseur und Shakur sind die Stimme der Statistik. Sie sagen: Denken wir doch mal darüber nach, was eineinhalb Millionen Leute im Gefängnis über die Art und Weise, mit der wir wirtschaften, aussagen könnten.

Und genau das ist es: Die Bundesbediensteten sind mir gegenüber nicht freundlich, sie tauen nicht auf. Wohingegen jeder aus Colorado, mit dem ich spreche, ein Mensch mit deutlich erkennbaren Hoffnungen, Träumen, Ängsten ist. Es dauert nur eine Stunde, bis ich sie mag. Sie haben keine Gewissheiten. Sie wirken nur freier und zugleich unfreier als die Funktionäre des Bundes, die tagsüber in ihrem Gefängniskomplex abgeschottet sind und in der Abenddämmerung nach Pueblo West pendeln. Sie sind frei, weil sie die Freiheit haben, verwirrt und argwöhnisch zu sein, und sie sind unfrei als Gefangene der unablässig sich vervollkommnenden Mechanismen von Kontrolle und

Cashflow, die sich an die letzten traditionellen Gemeinden Amerikas heranpirschen. Als Gefangene einer Bundesbehörde, die einer Stadt Hoffnungen auf Baujobs macht, aus denen dann nichts wird, die drei Gefängnisse verspricht und im Nachhinein noch ein Alcatraz dazugibt, die Geschäfte mit ortsansässigen Unternehmen in Aussicht stellt, dann aber längst vorherbestimmte Lieferfirmen vorzieht; als Gefangene der unentrinnbaren Effizienz von Ladenzeilen und Reihenhaussiedlungen. Hier gibt es keine Verschwörung, keinen bewussten Täuschungsversuch, keine großartigen Ironien. In diesem Tal der erodierten Mesas und ausgelaugten Minen gibt es nur das schrittweise Schwinden einer Unschuld. Wenn Merle Strickland sagt, der größte Aktivposten ihrer Gemeinde seien nicht die Menschen, sondern die Wasserrechte, hat sie völlig recht und völlig unrecht.

Nachts leuchten die Gefängnisse in der Wüste wie ein Reaktor, eine Abschussrampe, eben irgendwas, hinter dem sich der Bund verbirgt. Noch aus meilenweiter Entfernung kann man sehen, dass sich innerhalb der Drähte gar nichts regt.

(1995)

Mr. Schwierig

Letzten Winter, nachdem mein dritter Roman erschienen war, bekam ich eine Zeitlang massenhaft zornige Post von Fremden. Was sie so aufbrachte, war nicht etwa der Roman – eine Komödie über eine Familie in der Krise –, sondern die eine oder andere undiplomatische Bemerkung, die ich in der Presse gemacht hatte, und ich wusste, dass es ein Fehler war, mit mehr als ein paar nichtssagenden Floskeln zu antworten. Aber ich musste einfach ein bisschen zurückschlagen. Gestützt auf einen meiner alten literarischen Helden, William Gaddis, der schon früh darüber geklagt hatte, dass das Lesepublikum das Werk des Schriftstellers mit der Privatperson des Schriftstellers verwechselt, riet ich den Briefschreibern, sie sollten sich doch lieber meine Literatur ansehen, statt sich verzerrte Berichte über dessen Autor anzuhören.

Einige Monate später meldete sich eine dieser Schreiberinnen, eine Mrs. M--- aus Maryland, erneut, diesmal mit Beweisen, dass sie mich tatsächlich gelesen hatte. Sie begann damit, dass sie dreißig ausgefallene Wörter und Wendungen aus meinem Roman auflistete, Wörter wie «Diurnalität» und «Antipoden», Wendungen wie «elektropointillistische Weihnachtsmanngesichter». Sodann stellte sie die schreckliche Frage: «Für wen schreiben Sie eigentlich? Für den Durchschnittsmenschen, der einfach mal gern ein gutes Buch liest, ja wohl nicht.» Und sie reichte die folgende Karikatur meiner selbst und meines mutmaßlichen Publikums hinterher:

> die Elite von New York, die Elite, die schön, dünn, magersüchtig, neurotisch und überfeinert ist, die nicht raucht, alle drei Jahre eine Abtreibung hat, alles desinfiziert, in

> Lofts oder Penthäusern wohnt – die überlegene Spezies der Menschheit eben, die *Harper's* und den *New Yorker* liest.

Der Subtext schien zu sein, dass das Schwierige in der Literatur das Rüstzeug gesellschaftlich privilegierter Leser und Schriftsteller sei, die über das bloße Vergnügen eines «guten Buchs» die Nase rümpfen und das hämische, artifizielle Vergnügen, sich anderen Leuten überlegen zu fühlen, vorziehen. Für Mrs. M--- war ich ein «aufgeblasener Snob und ein echtes Arschloch».

Ein Teil von mir, der Teil, der nach meinem Vater kommt – der Gelehrte wegen ihres Intellekts und ihres großen Wortschatzes bewunderte und selbst so etwas wie ein Gelehrter war –, wollte Mrs. M--- seinerseits ein paar Dinge an den Kopf werfen. Doch ein anderer, ebenso starker Teil von mir war betroffen darüber, dass Mrs. M--- sich von meiner Sprache ausgeschlossen fühlte. Sie klang ein bisschen wie meine Mutter, die lebenslang gegen jede Art von Elitismus Front machte und den mythischen «Durchschnittsmenschen» rhetorisch weidlich ausschlachten konnte. Auch meine Mutter hätte mich fragen können, ob Wörter wie «Diurnalität» wirklich sein mussten oder ob ich einfach nur damit protzen wollte.

Angesichts einer Feindseligkeit wie der von Mrs. M--- bin ich wie gelähmt. Wie sich zeigt, hänge ich zwei vollkommen verschiedenen Modellen davon an, wie Literatur mit ihren Lesern in Verbindung steht. In dem einen Modell, das von Flaubert verfochten wurde, sind die besten Romane große Kunstwerke, diejenigen, die sie zu schreiben in der Lage sind, verdienen höchste Anerkennung, und wenn der Durchschnittsleser das Werk verwirft, so deshalb, weil der Durchschnittsleser eben ein Banause ist; der Wert eines jeden Romans, selbst eines mediokren, besteht unabhängig davon, ob die Leute etwas mit ihm anfangen können. Nennen wir dies das Statusmodell. Es lädt ein zu einem Diskurs über das Genie und die historische Bedeutung der Kunst.

Im entgegengesetzten Modell stellt ein Roman eine Übereinkunft zwischen Autor und Leser dar, wobei der Autor die Wörter liefert, aus denen der Leser sich ein angenehmes Erlebnis schafft. Das Schreiben führt also zu einer Balance zwischen Selbstausdruck und Kommunikation innerhalb einer Gruppe, mag diese Gruppe nun aus Liebhabern von *Finnegans Wake* oder Fans von Barbara Cartland bestehen. Jeder Schriftsteller ist zuallererst Mitglied einer Gemeinschaft von Lesern, und der tiefste Zweck des Lesens und Schreibens von Literatur ist der, eine Verbundenheit aufrechtzuerhalten, einer existentiellen Einsamkeit zu widerstehen, und daher verdient ein Roman die Aufmerksamkeit des Lesers nur so lange, wie der Autor das Vertrauen des Lesers aufrechterhält. Das ist das Kontraktmodell. Der Diskurs dreht sich hier um Vergnügen und Verbundenheit. Der hätte meiner Mutter gefallen.

Auf einen Anhänger des Kontraktmodells wirkt die Status-Gruppe wie eine arrogante, geschmäcklerische Elite. Für den wahren Statusgläubigen hingegen ist das Kontraktmodell ein Rezept für Liebedienerei und ästhetischen Kompromiss sowie ein Babel konkurrierender literarischer Subgemeinden. Bei manchen Romanen spielt diese Unterscheidung natürlich gar keine Rolle. *Krieg und Frieden*, Edith Whartons *Haus der Freuden*: Für Sie ist das Kunst, für mich Unterhaltung, und beide verschlingen wir es. Doch beide Modelle divergieren erheblich, wenn die Leser ein Buch schwierig finden.

Dem Kontraktmodell zufolge ist Schwierigkeit ein Hinweis darauf, dass es Probleme gibt. In den schwerwiegendsten Fällen überführt sie einen Autor der Verletzung des Kontrakts mit seiner eigenen Gemeinde: da er seine selbstdarstellerischen Imperative, seine persönliche Eitelkeit oder seine Mitgliedschaft im literarischen Club über den legitimen Wunsch des Publikums nach Verbundenheit stellt – mit anderen Worten, ein Arschloch ist. Sehen Sie das Ganze extrem marktwirtschaftlich, legt der Kontrakt fest, dass der Fehler, falls ein Buch nicht gefällt, beim Produkt liegt. Wenn Sie sich also an einem schwierigen Wort in einem Roman die Zähne ausbeißen, beschuldigen Sie den Autor. Setzt Ihr Professor einen Autor wie Theodore Dreiser auf die Leseliste, fällt Ihre studentische Evaluierung harsch aus. Spielt das örtliche Sinfonieorchester zu oft Musik des 20. Jahrhunderts, kündigen Sie das Abonnement. Sie sind ja der Verbraucher, also haben Sie das Sagen.

Aus der Statusperspektive signalisiert Schwierigkeit in der Regel hohe Qualität; sie suggeriert, dass der Autor des Romans billige Kompromisse verachtet und seiner künstlerischen Vision treu geblieben ist. Leicht zu lesende Literatur sei von geringem Wert, so das Argument. Ein Vergnügen, das große Anstrengung, eine langsame Durchdringung des Rätsels, das Dranbleiben weniger geübter Leser erfordert, ist das Vergnügen, das sich am meisten lohne, und wenn Sie das, wie Mrs. M---, nicht packen, dann zum Teufel mit Ihnen.

Der dem Statusmodell eigene Standpunkt schmeichelt zweifelsohne dem Gefühl des Autors, dass er wichtig ist. Im Kern allerdings bin ich eher ein Kontrakt-Mensch. Ich wuchs in einem freundlichen, egalitären Vorort auf und las Bücher zum Vergnügen. Noch jetzt, als Erwachsener, halte ich mich für einen liederlichen Leser. Ich habe mit der Lektüre von *Moby-Dick, Der Mann ohne Eigenschaften, Mason & Dixon, Don Quijote, Auf der Suche nach der verlorenen Zeit, Doktor Faustus, Naked Lunch, Die goldene Schale* und *Das goldene Notizbuch* angefangen (in manchen Fällen mehrmals), ohne die Bücher auch nur annähernd zu Ende zu lesen. Tatsächlich ist das bei weitem schwierigste Buch, das ich überhaupt je freiwillig ganz gelesen habe, Gaddis' 956 Seiten langer erster Roman *Die Fälschung der Welt*.

Gaddis, dessen letzte zwei Bücher in diesem Herbst erscheinen, vier Jahre nach seinem Tod, wäre im Dezember achtzig geworden. Wie kaum ein anderer amerikanischer Schriftsteller seiner Generation hat er sich freimütig dem Statusmodell verschrieben und das Kontraktmodell verachtet. Seine Methoden waren zunehmend postmodern, doch hing er altmodischen Vorstellungen aus der Zeit der Romantik und der klassischen Moderne an, die besagten, der Künstler sei ein Erlöser und das Kunstwerk etwas Einzigartiges und Heiliges; die Misere von Kunst wie Künstler in einem kommerzwütigen Amerika stand im Zentrum seines Werks. Eines Werks, das selbst der Inbegriff des Schwierigen ist.

Ich las *Die Fälschung der Welt* Anfang der neunziger Jahre als eine Art Buße. Im Jahr davor hatte ich, während mein Vater in einer anderen Zeitzone allmählich den Verstand verlor, zwei Treatments und vier vollständige Fassungen eines «Original»-Drehbuchs geschrieben. Statt bares Geld dafür zu bekommen, fand ich die begeisterte Unterstützung eines Hollywood-Agenten, der aus Mitleid oder Nachlässigkeit nie erwähnte, dass meine Geschichte eine fatale Ähnlichkeit mit dem Film *Fun with Dick and Jane* besaß, den ich nie gesehen hatte. In meiner Geschichte wurden Doppel- und Dreifachspiele getrieben von Figuren, die sich mit Hilfe eines prothetischen Make-ups für andere Figuren ausgaben. Ich lebte in jenem Wutzustand, den man erreicht, wenn man immerzu eine Arbeit macht, von der man weiß, dass sie schludrig und unehrlich ist. Im September dann, als ich das Projekt fallenließ, war eine Wand meines Arbeitszimmers voller Schrunden und Dellen von den Bleistiften, Manuskripten, Schuhen und Telefonbüchern, die ich dagegengeschmissen hatte. Ich lieh mir Geld, verließ Philadelphia, zog nach New York und wohnte zur Untermiete in einem dunklen, karg möblierten Loft in Tribeca (ja, Mrs. M---, einem Loft), dessen Geräuschlosigkeit nur von dem schattenhaften Kommen und Gehen von Tauben im Luftschacht gestört wurde. Meine Hoffnung ging dahin, nun etwas Literarisches zu schreiben, aber ich hatte leserfreundliche Texte, gut gemachte Handlungen und liebenswerte Figuren satt. Eines Abends zog ich wie einer, der sich harte Drogen beschaffen will, in einem Zustand grimmiger Verzweiflung los, lief die Sixth Avenue entlang und kaufte mir *Die Fälschung der Welt* in einer schönen Neuausgabe von Penguin.

Die nächsten anderthalb Wochen ging ich jeden Morgen vom Frühstückstisch zu einem beigefarbenen Ultravelours-Sofamodul, knipste eine Lampe an und las sechs bis acht Stunden ohne Unterbrechung. Ich brachte Gaddis eine gewisse berufsbedingte Neugier entgegen, aber die wäre nach ein paar hundert Seiten der *Fälschung der Welt* befriedigt gewesen. So saß ich da und las die zusätzlichen siebenhundert Seiten in einer Art Dämmerzustand, als pflanzte ich die Füße auf einen steilen Hang und stapfte hoch. Nur ungern verließ ich meinen Ultraveloursthron, egal wofür. Dass ich hier saß und geliehenes Geld verbrauchte, konnte ich nur damit rechtfertigen, dass ich dieses Bergsteigen zu einem normalen Job mit normalen Arbeitszeiten machte.

Es gab Zitate auf Lateinisch, Spanisch, Ungarisch und sechs weiteren Sprachen zu überwinden. Schneestürme obskurer Verweise tosten um jähe Abgründe an Gelehrsamkeit, über steil abfallende Exkurse über Alchemie und die flämische Malerei, den Mithraismus und frühchristliche Theologie. Die Prosa bestand aus seitenlangen Absätzen, in denen Sauerstoff kostbar war, und die emotionale Temperatur des Romans war schon am Anfang kalt und wurde immer kälter. Der Held, Wyatt Gwyon, war liebenswert wie ein Kind («ein kleiner, verstimmter Mensch»), ansonsten aber verhinderten die satirischen Kommentare und intellektuellen Obsessionen des Autors jegliche Nähe. Es bedeutete Kampf, wollte man herausfinden, wovon oder auch nur von wem die Geschichte handelte; die Dialoge waren durchsetzt von Gedankenstrichen und oft nicht zugeordnet; Wyatt selbst schwand auf ein flüchtiges, nur selten erhaschtes Pronomen («er»); es gab drastische Partyszenen, rein dialogische Wortunwetter, die über Dutzende von Seiten tobten. Die einzige Verpflegung, die mir auf meiner Klettertour hätte Kraft geben können, wäre eine Vertrautheit mit den literarischen Einflüssen auf Gaddis gewesen, vielleicht ein nahrhafter Pemmikan von T.S. Eliot und Robert Graves, den mitzunehmen mir aber nicht eingefallen war. Ich befand mich allein und unvorbereitet auf einem steilwandigen, frostigen, luftarmen, schlecht vermessenen Berg. Habe ich schon erwähnt, dass *Die Fälschung der Welt* 956 Seiten hat?

Aber ich fand es toll. Auf dem verborgenen Gipfelpunkt des Romans, hinter den Wolken untergeordneter Symbolik, jenseits der blinden Cañons antinarrativer Beatprosa, wird vom Verlust der persönlichen Integrität und der schwierigen Arbeit, sie wiederzuerlangen, erzählt. Wyatt, ein talentierter Maler und ehemaliger Seminarist Anfang dreißig, lebt in New York, ist unglücklich verheiratet und kommt als angestellter Zeichner geradeso über die Runden. Seine Ambitionen als Maler hat er begraben, möglicherweise weil ein korrupter französischer Kritiker sein Frühwerk verrissen hat, wahrscheinlicher aber wegen seiner ungeheuren Ernsthaftigkeit und weil er auf die Verdammung der Kunst durch eine puritanische Großtante in seiner Kindheit nie eine adäquate Antwort finden konnte: «Unser Herr ist der einzig wahre Schöpfer, und nur sündige Menschen versuchen, Ihm nachzueifern.» Eines Tages schlägt ihm in New York ein amerikanischer Kapitalist und Kunstsammler namens Recktall Brown einen Faustischen Pakt vor: Wyatt soll die Werke alter flämischer Meister fälschen, Brown will sie für riesige Summen verkaufen. Wyatt willigt ein, aber nach anfänglichem Erfolg zeigt sich, dass ihm doch die nötige Rückgratlosigkeit fehlt. Er überlegt, ob er seine religiösen Studien wiederaufnehmen soll, doch als er nach Hause nach Neuengland kommt, stellt er fest, dass sein Vater, ein protestantischer Geistlicher, sich dem Mithraismus verschrieben und den Verstand verloren hat. Daraufhin begibt sich Wyatt auf so etwas wie eine lange Pilgerreise, erst nach New York, wo er versucht, seine eigenen Fälschungen zu entlarven, später durch Europa. Letztmals wird er gesehen, als er auf Seite 900 ein spanisches Kloster verlässt, um «endlich bewusst zu leben». Nachdem er das amerikanisch-protestantische Misstrauen gegenüber der Kunst überwunden und den gefährlichen Lockungen des amerikanisch-protestantischen Markts widerstanden hat, scheint er endlich auf dem Weg zu sein, ein richtiger Maler zu werden.

Damals, am Berg, war mir nicht klar, dass ich mich an die Parallelen zwischen Wyatts Geschichte und meiner eigenen Lage klammerte: unser seltsam isoliertes Leben in Lower Manhattan, unsere gescheiterten Versuche, uns an den Markt zu verkaufen, unsere bitterernsten Zweifel an der Kunst, unsere Sehnsucht nach Buße, unsere verrückt gewordenen Väter. Ich war einfach nur froh darüber, ein gutes, schwieriges Buch zu lesen, und ich war von mir beeindruckt, dass ich es schaffte. Wyatt auf seiner Pilgerreise zu begleiten wurde zu meiner eigenen Pilgerreise. Während jener zehn Tage war das Loft, trotz der gurrenden Tauben, der stillste Ort, an dem ich je gewesen war. Die Stille war tief, metaphysisch. Als ich dann auf der letzten Seite der *Fälschung der Welt* ankam, fühlte ich mich gestärkt, die Scheidung, die Todesfälle, die Umzüge anzugehen, die mich draußen in der sonnenbeschienenen Welt erwarteten. Ich fühlte mich tugendhaft, so als wäre ich fünf Kilometer gelaufen, hätte meine Kohlsuppe gelöffelt, wäre beim Zahnarzt gewesen, hätte meine Steuererklärung gemacht und wäre in die Kirche gegangen.

Eine recht gute Definition von Universität ist die, dass sie ein Ort ist, an dem man Leute dazu bringt, schwierige Bücher zu lesen. Meine großen Lernmomente kamen jedenfalls immer dann, wenn ich mir neues Rüstzeug erwarb, um etwas Schwieriges zu entschlüsseln – wenn ich gezwungen war, ganz allein dahinterzusteigen, dass Emily Dickinson manchmal genau das Gegenteil dessen meinte, was ihre Wörter aussagten, oder wenn mein Deutschprofessor uns mit einem mysteriösen Grinsen fragte, ob überhaupt die Möglichkeit bestehe, dass Josef K. *schuldig* sei. Um etwas über Ironie, Mehrdeutigkeit, Symbolik, Ton und Perspektive zu lernen, war es sinnvoll, die anspruchsvollsten Texte zu lesen.

Vier Jahre Lektüre anspruchsvoller Texte hatten eine kumulative Wirkung. Als Erstsemester glaubte ich, es wäre cool, mit dem Erfinden von Geschichten meinen Lebensunterhalt zu verdienen, es zu meinem Beruf zu machen, meinen Namen gedruckt zu sehen. Im letzten Studienjahr war es dann mein Ehrgeiz, literarische Kunstwerke zu schaffen. Ich fand es selbstverständlich, dass die besten Romane methodisch knifflig waren, sich beiläufiger Lektüre widersetzten und es verdienten, dass man sich lange mit ihnen auseinandersetzte. Selbstverständlich fand ich auch, dass das größte Kompliment, das dieser Kunst gemacht werden konnte, darin bestand, sie an der Universität zu lehren.

Meine Eltern verstanden das nicht. Als ich, nach dem College, an meinem ersten Buch zu schreiben begann, spürte ich den skeptischen Blick meines Vaters auf mir, hörte ihn Fragen stellen wie: «Welchen Beitrag zur Gesellschaft leistest du eigentlich mit deinen Fähigkeiten?» Am College hatte ich Derrida, Marx und die feministischen Kritikerinnen bewundert, Autoren, deren Aufgabe es war, an der modernen Welt herumzukritteln. Ich dachte, vielleicht könnte auch ich jetzt der Gesellschaft nützlich sein, indem ich krittelnde Literatur schrieb. In der hervorragenden öffentlichen Bücherei von Somerville, Massachusetts, stellte ich fest, dass es einen Kanon intellektueller, gesellschaftlich randständiger, weißer, amerikanischer, männlicher Erzähler gab. Dieselben Namen – Pynchon, DeLillo, Heller, Coover, Gaddis, Gass, Burroughs, Barth, Barthelme, Hannah, Hawkes, McElroy und

Elkin – tauchten immer wieder gemeinsam in Anthologien und in den respektvollen Würdigungen zeitgenössischer Kritiker auf. Obwohl sie sich stilistisch unterschieden, schienen sie alle davon auszugehen, dass am Nachkriegsamerika etwas neu, fremdartig und falsch war. Sie teilten das postmoderne Misstrauen gegenüber dem Realismus, das der Kritiker Jerome Klinkowitz wie folgt zusammenfasste: «Wenn die Welt schon absurd ist, wenn das, was als Realität gilt, erschreckend irreal daherkommt, warum dann Zeit darauf verwenden, es abzubilden?»

Um mir, wenn nicht meinem Vater, zu beweisen, dass ich einem ernst zu nehmenden Beruf nachging, versuchte ich, dieser Zunft beizutreten. Ich war einer jener schmalen jungen Männer mit schauerlicher Brille und Secondhand-Klamotten, die man in der U-Bahn in Boston und Brooklyn vor sich hat, junge Männer, die aussehen, als besäßen sie Unmengen von Wissen über Kleinlabel-Rockbands, Avantgarde-Literatur oder Videotechnologie und als gewähre die schiere Menge dieses Wissens eine Art psychischen Schutz. Und Gaddis sollte mein Ideal sein. Gaddis, so die generelle Übereinkunft, war der richtig clevere, richtig zornige, richtig abschreckende Systemautor. *Die Fälschung der Welt* war ein Urtext der Nachkriegsliteratur, sowohl der Archetyp des Schwierigen als auch die erste umfassende Kulturkritik, die, selbst wenn Heller und Pynchon den Roman nicht kannten, als sie *Catch-22* und *V.* schrieben, beider Geist zu antizipieren vermochte. Gaddis war das Original des intensiven, in Secondhand-Klamotten gewandeten, mit Monsterwissen bewehrten jungen Mannes, dessen Ehrgeiz, hätte er ihn öffentlich gezeigt, den anderen Fahrgästen in der U-Bahn die Augenbrauen versengt hätte.

Mein Problem war, dass ich die Schriftsteller meines modernen Kanons mit wenigen Ausnahmen, insbesondere Don DeLillo, gar nicht besonders *mochte*. Ich besorgte mir ihre Bücher (darunter *Die Fälschung der Welt*), las ein paar Seiten und gab sie wieder zurück. Ich mochte die *Vorstellung* von gesellschaftlich engagierter Literatur, und ich arbeitete an meinem eigenen Systemroman über Verschwörung und Apokalypse, und ich gierte nach dem Respekt sowohl der akademischen als auch der hippen Welt, der Pynchon und Gaddis entgegengebracht wurde, nicht aber Saul Bellow und Ann Beattie. Doch Bellow und Beattie, ganz zu schweigen von Dickens und Conrad und Brontë und Dostojewski und Christina Stead, waren die Autoren, die ich absolut unhip gerne las. Wenn Robert Coovers *Öffentliche Verbrennung* und Pynchons *Versteigerung von No. 49* mich bewegten, so vor allem deshalb, weil ich Coovers Figur Richard Nixon und Pynchons Oedipa Maas mochte. Aber postmoderne Literatur sollte ja gar nicht von sympathischen Figuren handeln. Überhaupt sollte es Figuren im eigentlichen Sinn nicht mehr geben. Eine Figur war ein schwaches, verdächtiges Konstrukt, so wie der Autor selbst, so wie die menschliche Seele. Dennoch brauchte ich sie zu meiner Schande offenbar.

Erst in den Neunzigern, nachdem ich ein Jahr an das Drehbuch verschwendet hatte, versuchte ich, meine College-Begeisterung für wirklich schwierige Bücher neu zu entfachen. Ich brauchte einen Beweis, dass ich ein ernstzunehmender Künstler war und kein unwissentlicher Plagiator von *Fun with Dick and Jane*, und dafür war *Die Fälschung der Welt* genau das Richtige. Das ganze Ding zu lesen würde mir außerdem Prahlrechte verleihen. Wenn jemand mich fragte, ob ich Barths *Tabakhändler* gelesen hätte, könnte ich zurückschießen: Nein, aber hast du *Die Fälschung der Welt* gelesen? Und den Rauch vom Lauf meines Revolvers blasen.

Aber dann kam alles ganz anders als erwartet. Besonders viele fragten mich in den Neunzigern nicht, ob ich den *Tabakhändler* gelesen hätte. *Die Fälschung der Welt* wiederum – ob nun seiner Vorzüge oder der Umstände wegen, unter denen ich es gelesen hatte – haute mich um. Die Figuren waren nicht sympathisch, aber Witz und Leidenschaft und Ernsthaftigkeit ihres Schöpfers waren es. Teils ihm zu Ehren betitelte ich meinen dritten Roman.*

Einige Jahre nachdem ich *Die Fälschung der Welt* erobert hatte, begann ich mit Gaddis' zweitem Roman, *JR*. Wieder kaufte ich das hübsche Penguin-Taschenbuch, und jeden Abend verbrachte ich ein, zwei Stunden mit der Lektüre. Der Roman, eine wuchtige Komödie über Korruptheit und soziale Entropie des heutigen Amerika, war nicht weniger brillant als *Die Fälschung der Welt*. Nur leider hatte ich zum Lesen nicht mehr den Luxus oder die Last ganzer Tage. Eines Abends gab ich mitten in einem vier Seiten langen Absatz auf, und die nächsten Abende war ich bis spät unterwegs, und als ich dann *JR* wieder aufschlug, fand ich mich nicht mehr zurecht. Ich legte es in der Hoffnung beiseite, die Fäden an einem anderen Abend wiederaufzunehmen. Zwei Monate später stellte ich es verstohlen ins Regal. Das Lesezeichen, eine schicke TicketMaster-Hülle mit einer Anzeige für «K-ROCK 92.3 FM (HOWARD STERN ALL MORNING / *CLASSIC ROCK'N'ROLL ALL DAY)*», blieb auf Seite 469 stecken und dokumentierte meine Niederlage durch *JR* oder *JR*s Niederlage durch mein unruhiges Leben.

Im Sinne des Statusmodells war ich als Leser schlicht gescheitert. Aber ich hatte das Kontraktmodell auf meiner Seite. Wochenlange Abendlektüre hatte ich dem Buch gewidmet, und trotzdem ging die Rechnung bei mir nicht auf; nun war ich auf kürzere, wärmere Bücher von James Purdy, Alice Munro, Penelope Fitzgerald, Halldór Laxness aus. Während ich mich durch *JR* gekämpft hatte, wollte ich Gaddis immer am Revers packen und schreien: «Hallo! Ich bin doch der Leser, den du haben willst! Ich *suche* den guten Systemroman geradezu. Wenn du nicht mal

* *The Corrections* klingt an *The Recognitions* an, wie Gaddis' Roman *Die Fälschung der Welt* im Original heißt. (Anm. d. Ü.)

mir eine schöne Zeit verschaffen kannst, wer soll dich denn dann lesen?»

Aber das machte die Tatsache, dass ich aufgehört hatte, nur noch schlimmer. Gerade weil ich genau der Richtige war, um Gaddis zu lesen, hatte ich das Gefühl, dass ich ihn persönlich betrog und seine Erwartungen enttäuschte, wenn ich *JR* nicht zu Ende las. Von meiner kongregationalistischen Kindheit an war ich auf direktem Weg zur Anbetung der Kunst am College geschritten, ohne dass mir der Übergang aufgefallen wäre und ohne dass ich beide Glaubensbekenntnisse so ganz akzeptiert hätte. Eines Tages rief eine Sekretärin der Congregational Church an und fragte, ob ich noch Mitglied sein wolle, ich verneinte, und das war's. Aber es fällt viel schwerer, einen kleinen, umkämpften Kult hinter sich zu lassen als eine Allerweltskirche in irgendeiner Vorstadt. Nichts in meinen Kongregationalistenjahren hatte mich auf den fanatischen Eifer, die Schuld einflößende Autorität von Mr. Schwierig vorbereitet.

Die Fälschung der Welt hat etwas Mittelalterlich-Christliches. Der Roman ist wie ein riesiges Landschaftsgemälde des modernen New York, bevölkert mit Hunderten verlorener, aber energiegeladener kleiner Gestalten, von Brueghel oder Bosch auf Holztafeln gemalt und unter Schichten von vergilbtem Firnis eigentümlich alt aussehend. Selbst der blaue Himmel im Buch (die Wendung «Wieder ein blauer Tag» ist ein Verzweiflung auslösendes Leitmotiv) leuchtet wie ein Ölfarben-Himmel in einem Kunstmuseum, außerhalb von dessen Wänden, vergessen, die Ära der Wasserstoffbomben und der Armee-McCarthy-Anhörungen herrscht, in der der Roman geschrieben wurde. Die Namen, die da fallen, sind nicht Harry Truman, sondern Hans Memling, nicht Elvis, sondern Paracelsus.

Und dennoch ist das Buch ganz klar aus den frühen Fünfzigern. Schält man die Gelehrsamkeit ab, hat man den *Fänger im Roggen*: eine düstere Winterreise durch ein heruntergekommenes Manhattan, eine Suche nach Authentizität in einer verlogenen modernen Welt. Indem er über das Thema der Kunstfälschung improvisiert, füllt Gaddis seinen Roman mit jeder denkbaren Sorte von Betrügern, Falschmünzern, Poseuren, Lügnern. Aber im Gegensatz zu Holden Caulfield haben die Hauptfiguren in *Die Fälschung der Welt* selbst Anteil an der Verlogenheit. Der junge literarische Wichtigtuer Otto Pivner arbeitet an einem Stück, dessen Handlung, wie er sagt, «noch ein wenig Straffung verträgt». Der Erzähler kommentiert diese Lüge in einem Ton, der für den Roman bestimmend ist, einem schonungslosen und zugleich nachsichtigen Ton:

> (Damit meinte Otto, dass noch eine Art Handlung dazukommen müsse, um die Aneinanderreihung von Monologen zu motivieren, in denen Gordon, eine Figur, die Otto in seinen besseren Momenten ähnelte und die Otto außerordentlich bewunderte, Dinge sagte, die Otto zufällig mitgehört hatte oder die ihm selbst zu spät eingefallen waren.)

Wyatt Gwyon mag die romantische Projektion der künstlerischen Aspirationen des Autors sein («Wie ambitioniert du bist!», ruft Esther, seine Frau, unglücklich aus), allerdings ist es Otto, der Gaddis' eigene Verwirrung, seine Demütigungen und Enttäuschungen zu verkörpern scheint. Ottos Biographie deckt sich mit der von Gaddis – beide wuchsen vaterlos auf, beide verbrachten einige Zeit in Mittelamerika und kehrten per Bananendampfer nach New York zurück, einen Arm, wenngleich unverletzt, in einer malerischen Schlinge –, und vermutlich ist das Element spielerischen Fabulierens im Buch teilweise auch darauf zurückzuführen, dass sich Gaddis in die eigene Satire einbezogen hat.

Der einzig genuine Künstler in *Die Fälschung der Welt* ist ein frommer, junger katholischer Komponist namens Stanley. Das ganze Buch hindurch arbeitet er an einem Orgelrequiem, das er in einer baufälligen alten Kirche in Norditalien zu spielen hofft. Auf den allerletzten Seiten, als die Romanhandlung zurück nach Europa führt, reist Stanley zu der Kirche und beginnt mit dem Requiem, da er die Warnung des Küsters nicht verstanden hat, er solle nur ja nichts Dissonantes oder zu Basslastiges spielen. Die Kirche fällt in sich zusammen und erschlägt ihn, und *Die Fälschung der Welt* endet mit seinen wohl bekanntesten Zeilen: «Später konnte sogar ein Teil seines Werks geborgen werden. Es ist übrigens bis heute nicht in Vergessenheit geraten, wird von Eingeweihten hochgeschätzt, wenn auch nur selten aufgeführt.»

Die anderen bekannten Sätze in der *Fälschung der Welt* spricht Wyatt aus, nachdem seine Frau Esther sich überrascht gezeigt hat, dass ein gewisser beliebter Dichter (vielleicht Auden) homosexuell ist. Wyatt verwirft ihr Interesse an «privaten Dingen von Schriftstellern und Malern» als lüsterne Zerstreuung, und dann bricht es aus ihm heraus:

> Was ist noch übrig von ihm, wenn er sein Werk getan hat? Was ist der Künstler überhaupt, wenn nicht der Abfall seines Werks? der menschliche Scherbenhaufen, der ihm folgt. Was bleibt von dem Mann übrig, wenn das Werk getan ist, als ein armseliger Scherbenhaufen.

Gaddis zeichnet Esther als eine «Vagina dentata», die unbedingt mit Künstlern schlafen und «die Eigenschaften, die ihr vorenthalten worden sind, aufsaugen» will. Wyatt zieht sich von ihr zurück, hinein in Kälte und Entrücktheit, und auf ganz ähnliche

Weise entzieht sich Gaddis dem Leser – als wäre der Umgang mit dem Publikum für ihn ein Vergnügen, das die Reinheit seiner Motive zu beflecken droht. Gaddis, der erklärtermaßen danach strebte, Literatur zu schreiben, die «von Dauer» sei, interessierte nicht der schwache und fleischliche Künstler, sondern dessen Nachleben. Obwohl er eine Familie und viele Freunde hatte und ein lebhaftes gesellschaftliches Leben führte, in dem er literarischen Tratsch genoss, verweigerte er sich als Person beständig der Öffentlichkeit. Mit derartigen strengen Verboten widerstehen religiöse Minderheiten den Verlockungen der Mehrheitskultur, und Gaddis hatte in den fünfziger Jahren als Beispiele für Schriftsteller, die verführt worden waren, Norman Mailer und Truman Capote vor Augen. Da blieb er lieber Purist seines Glaubens. In seiner fünfzig Jahre langen Laufbahn als Schriftsteller gab er genau ein umfangreiches Interview, der *Paris Review*. Er veröffentlichte einen einzigen kurzen autobiografischen Essay. Er machte keine öffentlichen Lesungen.

Nicht dass übermäßiges Medieninteresse je ein großes Problem gewesen wäre. *Die Fälschung der Welt* erschien 1955 im Verlag Harcourt, Brace & Co. mit der Vermarktungsstrategie: «Alles spricht über dieses kontroverse Buch!» Es wurde fünfundfünfzigmal besprochen, nach heutigen Maßstäben eine eindrucksvolle Zahl, und wie William Gass in seinem Vorwort zur Penguin-Ausgabe schreibt: «Nur dreiundfünfzig dieser Rezensionen waren dumm.» Der *New Yorker* brachte einen kurzen, süffisanten Verriss («Worte, Worte, Worte»), Dawn Powell wartete in der *New York Post* mit einem von Fehlern strotzenden Genörgel auf. Vom Hardcover wurden rund fünftausend Exemplare verkauft, nicht schlecht für den anspruchsvollen Romanerstling eines unbekannten Autors. Doch der einzige Preis, der dem Buch verliehen wurde, galt der Ausstattung, und rasch verschwand es aus dem Blick der Öffentlichkeit.

«Ich glaube fast, wenn ich bei Erscheinen der *Fälschung der*

Welt den Nobelpreis bekommen hätte, wäre ich nicht furchtbar überrascht gewesen», sagte Gaddis 1986 der *Paris Review* und fügte hinzu, die Aufnahme des Buches sei «ernüchternd» und «demütigend» gewesen. Wäre der Roman auf größere Zustimmung gestoßen, dann hätte Gaddis sich vielleicht ein wenig zurücklehnen können; vielleicht wäre Wyatts «Was wollen die denn überhaupt»-Tirade wie auch seine anderen Puritanismen als die Attitüde des schmalen jungen Mannes, allem entwachsen zu sein, durchschaut worden. Doch das bezweifle ich. Das Buch *handelt* schließlich von der Gleichgültigkeit der Alltagswelt gegenüber der überlegenen Wirklichkeit der Kunst. Die letzten Zeilen («hochgeschätzt, wenn auch nur selten aufgeführt») weisen unmissverständlich auf die Rezeption des eigenen Werks voraus. Die Hoffnung zu nähren, dass der randständige Roman, den man geschrieben hat, vom Mainstream gefeiert wird – der kassandraartige Wunsch, dass die Menschen es einem danken, wenn man ihnen unliebsame Wahrheiten sagt –, ist ein Ritual, das dazu führt, sich der Enttäuschung auf Dauer zu versichern, sich den weltnegierenden Status seiner selbst zu bestätigen, das Fleisch zu kasteien, im Herzen ein zorniger junger Mann zu bleiben. In den vier Jahrzehnten nach dem Erscheinen der *Fälschung der Welt* wurde Gaddis' Werk immer zorniger. Ein charakteristisches Paradox der literarischen Postmoderne: der Schriftsteller, dessen am wenigsten zorniges Werk als Erstes geschrieben wurde.

Einiges von Gaddis' Zorn war offenbar angelegt. 1922 geboren, wuchs er erst bei seiner Mutter in einem alten Haus in Massapequa auf Long Island und dann in einem kleinen Internat in Connecticut auf, das er im Alter von fünf bis dreizehn Jahren besuchte. Fünf ist jung fürs Internat. Fünf scheint mir in Gaddis' Biographie eine wichtige Zahl zu sein. In *JR* spricht ein

Alter Ego von Gaddis, ein zorniger Säufer namens Jack Gibbs, der ebenfalls mit fünf aufs Internat geschickt wurde, davon, dass er «seit dem Tag, an dem ich laufen konnte, im Weg gewesen» sei, und beschreibt die Einsamkeit im Internat:

> Am Ende des Tages allein in dem Zug, die Lichter gehen an in diesen Städtchen Connecticuts schaue mit großen Augen auf die leere Straßenecke trockenes Käsesandwich verlangen einen Dollar nicht mal Butter darauf, fährt schließlich in diesen trostlosen Bahnhof ein, Angst auszusteigen und Angst drinzubleiben [...] Schulwagen wartet da wie [...] ein verdammter offener Leichenwagen glaub jemand erwartet daß man da groß wird.

Gaddis war als junger Mann ein Rüpel, ein Trinker. Von einem Nierenleiden vom Krieg ferngehalten, studierte er in Harvard Englisch und wurde Herausgeber der Satirezeitschrift *Lampoon*, doch in seinem letzten Studienjahr wurde er nach einem Zusammenstoß mit der Cambridger Polizei ohne Abschluss der Universität verwiesen. Danach trieb er sich sieben etwas zwielichtige Jahre in Europa, Lateinamerika und New York herum, und in dieser Zeit arbeitete er an *Die Fälschung der Welt.* In dessen Erscheinungsjahr heiratete er die Schauspielerin Pat Black, mit der er bald zwei Kinder hatte. Hier nun wechselt die Stimmung seiner Biographie abrupt, die ausländischen Schauplätze weichen einem Geschäfts- und Vorstadtleben mit Kindern in den fünfziger Jahren. Wie Melville hundert Jahre vor ihm verdiente sich Gaddis seinen Lebensunterhalt in Lower Manhattan. Er schrieb Werbetexte unter anderem für IBM, Eastman Kodak, Pfizer und die Armee der Vereinigten Staaten. (Jemand, der bei IBM seine Arbeit bewertete, empfahl für eines seiner Projekte einen «einfacheren Stil» und bemängelte, dass «der ganze Text vielleicht zu sehr eine undurchdringliche Masse» sei.) Zwanzig Jahre lang, selbst dann noch, als der literarische Geschmack des Landes vom Realismus, der die Fünfziger dominierte, zu den schrägeren Spielarten von *Portnoys Beschwerden* und *Catch-22* umgeschlagen war, blieb Gaddis von der Bildfläche verschwunden. Er begann einen «Roman der Geschäftswelt» und ein Stück über den Bürgerkrieg und gab beides wieder auf. Er rauchte und trank viel. Seine erste Ehe zerbrach, als er in Croton-on-Hudson im Bundesstaat New York lebte. Erst Ende der sechziger Jahre kratzte er genügend Stipendiengelder zusammen, um zur Vollzeitarbeit an seinem Roman der Geschäftswelt zurückkehren zu können.

1975, als das Buch erschien, hatte sich die Stimmung im Land der seinen angepasst. *JR* wurde ausgiebig und bewundernd besprochen und mit dem National Book Award bedacht. Die klobige Taschenbuchausgabe mit den klobigen Titellettern war, wie die LPs von Patti Smith und das *Moosewood Cookbook,* in den Secondhandläden und verslumten Studentenbuden meiner Collegezeit ein gewohnter Anblick. Der Buchrücken wies jedoch oft verdächtig wenige Runzeln auf, ein seltsam niedriger Preis stand mit Bleistift auf der Innenseite des Einbands, oder das Lesezeichen, vielleicht ein Zigarettenblättchen oder ein Ticketabriss von einem Talking-Heads-Konzert, steckte auf Seite 118 oder 19 oder 53, denn Gaddis' Literatur war, um das Mindeste zu sagen, schwieriger denn je. *JR* ist ein 726 Seiten starker Roman, der nahezu ausschließlich aus mitgehörten Stimmen besteht, ohne ein einziges Anführungszeichen, ein «sagte er» oder «sagte sie», ohne jeden irgendwie gearteten konventionellen Erzählfluss, ohne ein «am selben Abend dann» oder ein «unterdessen in New York», ohne einen einzigen Kapitelanfang, nicht einmal einen Absatz, dafür mit Tausenden Bindestrichen und Ellipsen, abermals Dutzenden Figuren und einer lächerlich komplizierten Handlung, die auf Wagners *Ring* basiert und sich um ein Multimillionendollar schweres Wirtschaftsimperium dreht, dessen Besitzer und Lenker ein elfjähriger Schuljunge aus Long Island namens JR Vansant ist.

JR ist der schmuddelige Junge, über den man lacht, weil er noch nicht alt genug ist, dass man ihn hassen könnte, der Präpubertäre, dessen gesamte Existenz den Sinn hat, Sachen haben zu wollen und sie gegen andere, bessere Sachen einzutauschen. Zunächst macht er das mit einem Klassenkameraden:

- Mann, so 'n Scheiß. Du hast ja bloß Scheiße. Was'n das.
- Das ist ein Club, dem du beitreten kannst, wenn ich dich empfehle.
- Was denn für 'n Club.
- Ein Club halt, ja? Du gehst da rein, und plötzlich umgibt dich Erregung! Du betrittst eine Welt, die vom warmen, flackernden Schein offener Kamine erleuchtet ist … dem aufmerksamen Geraschel schöner Bunnys –

Schon bald treibt er mit Industriekapitänen Handel. Zu Beginn des Romans geht eine Lehrerin mit JRs sechster Klasse in die Wall Street, um eine Diamond-Cable-Aktie zu kaufen, damit sie «lernen, wie unser System so funktioniert». Während die frisch erworbene Aktie der Klasse binnen weniger Stunden zehn Prozent an Wert verliert und Börsenmakler und Firmenangestellte die Märkte und Senatoren und ausländischen Regierungen aufs übelste manipulieren und ein Unternehmen in einer PR-Offensive losschleimt («Sie und Ihre amerikanischen Mitbürger spielen im großen Wirtschaftsgefüge unserer Nation doch keine passive Rolle mehr»), studiert JR die Statuten von Diamond Cable, stellt knallharte Fragen wie: «Was ist ein Optionsschein?» und «Was bedeutet das Minuszeichen vor zweieinachtel?», und findet heraus, dass der Aktienanteil der Klasse sie berechtigt, eine Aktionärsklage einzureichen. Innerhalb von Wochen bringt JR, der seine Geschäfte über ein Münztelefon in seiner Grundschule abwickelt, indem er mit einer solchen Klage droht und einen Barvergleich akzeptiert, sein Betriebskapital zusammen. Er kauft anderthalb Millionen hölzerne Picknickgabeln aus Navy-Beständen, eine bankrotte Textilfabrik im Staat New York und darüber hinaus eine expandierende Galaxie dubioser Konzerne – eine Brauerei, eine Druckerei, einen Verlag, ein Pflegeheim, eine Leichenhalle. Wie sein Schöpfer ist JR ein Besessener. (Und wie Gaddis hat JR keinen präsenten Vater. Seine Mutter ist eine emsige Krankenschwester.) Er will erreichen, was sein Land ihm als erreichenswert vermittelt. Er hat weder Charme, Mitleid noch Skrupel, aber er weiß es nicht besser, also drückt man ihm die Daumen gegen die vielen Unternehmens- und Anwaltshaie im Roman, die es besser wissen müssten, aber sich genauso mies verhalten. *JR* greift Jonathan Lebed vor, dem Jugendlichen aus New Jersey, der angeblich die Märkte manipuliert hat. Er sagt die Sparkassen-Krisen und das Firmengekaper in den achtziger Jahren voraus («Weil, was nützt es, wenn der Rentenfonds da einfach so rumliegt», fragt sich JR, «wo wir ihn doch für sie arbeiten lassen können, damit sie diese Erwerbung machen, ja?»), und er zertrümmert hübsch George W. Bushs Behauptung, die Gier an der Wall Street sei eine Anomalie der neunziger Jahre gewesen.

Der aufrichtigste Erwachsene im Roman ist wiederum ein junger Komponist, ein Seelchen namens Edward Bast, den JR zwingt, für sein Konglomerat als Strohmann zu fungieren. Während Bast seine Tage damit verbringt, anderen Figuren zu helfen (natürlich hilft niemand ihm), stutzt sich die Oper, die er komponieren will, nach und nach auf eine Kantate, auf ein Stück für kleines Orchester und schließlich auf ein Cellosolo-Stück zurück. Die unerträglichen Ablenkungen im Roman erinnern an die Frustrationen in Kafkas Literatur; man spürt, wie es für einen Autor zum Albtraum wird, wenn er keinen ruhigen Raum zum Arbeiten findet. Bast versucht, in einer kleinen Zweitwohnung in Manhattan Musik zu komponieren – eine bittere Karikatur der Entropie; zwei kaputte Hähne speien Tag und Nacht heißes

Wasser, die einzige Uhr läuft rückwärts, in den Zimmern stapeln sich Schachteln mit nicht näher bezeichnetem Müll bis unter die Decke, ein nie recht geortetes Radio dudelt Unsinn, die Post bringt JR haufenweise Werbung, und JR hat Bast einen mechanischen Brieföffner geschickt, der die Briefe mittendurch schneidet. In einem anderen Teil der Stadt kommt Thomas Eigen, ein PR-Texter von Diamond Cables, der einmal einen «wichtigen» literarischen Roman geschrieben hat, von der Arbeit nach Hause, zu müde, um an seinem neuen Opus zu arbeiten. Die Wohnung ist ein Saustall, seine Frau ist sauer, und sein kleiner Sohn besteht darauf, dass er ein Brettspiel mit ihm spielt:

- Du bist in die Heffalump-Falle getappt. Mama Papa ist in die Heffalump-Falle getappt. Mama?
- Sie kann dich nicht hören David. Schrei nicht.
- Wenn ich jetzt Rot krieg, dann, Gelb. Ich hab auch Gelb gekriegt guck, ich gewinn immer guck, guck mal wo ich bin und …
- David du gewinnst nicht immer, niemand …
- Ich hab gewonnen Mama viermal heute. Mama?
- Schrei nicht so David … Er kippte die Tüte aus, – und ich … hab …
- Schwarz! Du hast gespickt. Papa du hast gespickt!
- Gespickt?

JR ist für den aktiven Leser geschrieben. Man ist gut beraten, wenn man einen Bleistift bereithält, um damit Handlungsmomente zu markieren und auf die hintere Innenseite des Umschlags Flussdiagramme zu zeichnen. Der Roman ist ein Chaos aus Dutzenden miteinander in Zusammenhang stehender Schiebereien, Deals, Verführungen, Erpressungen und Täuschungsmanöver. Zwischen den Szenen weicht der Dialog vorübergehend Bandwurmsätzen, deren Wirkung die eines verschwommenen

Handkamera-Videos oder eines beschleunigt abgespielten Films ist. Die vorbeirasenden Bilder zeigen denaturierte, kommerzialisierte Landschaften – Bäume, die gefällt, Felder, die asphaltiert, Straßen, die verbreitert werden –, Landschaften, die den modernen Leser daran erinnern, was für ein ästhetischer Schock das automobile Amerika nach dem Krieg gewesen sein muss, wie bestürzend und unheimlich die ersten Ladenzeilen, die ersten zwei Hektar großen Parkplätze bestimmt gewesen sind.

Und wirklich, will man Gaddis und seine Schwierigkeit verteidigen, ließe sich anführen, dass die konventionelle Literatur, vorangetrieben von substantiellen Figuren und basierend auf einem inneren Kontrakt zwischen Leser und Autor, den gesellschaftlichen und technologischen Krisen, die die Schriftsteller des 20. Jahrhunderts um sich herum entstehen sahen, einfach nicht gewachsen war. Die modernen wie die postmodernen Autoren suchten Zuflucht bei einer Art Notstandsliteratur. Die modernen verwandten neue, selbstreflexive Methoden, um sich der neuen Realität zu stellen und die untergehende alte zu bewahren. Das postmoderne Projekt war noch radikaler: Widerstand gegen Vereinnahmung oder Geschlucktwerden durch ein alles und jeden vereinnahmendes, alles und jeden schluckendes System. Der Feind war die Schließung, und der entging man, indem man die Teilnahme am System verweigerte. Für Pynchon hieß das Flucht und Paranoia, für Burroughs moralische Übertretung. Für Gaddis hieß es, sehr zornig zu sein – so zornig, dass er ab einem bestimmten Punkt nicht mehr verständlich war. Doch indem er eine formale Schließung vermied, riskierte Gaddis eine unverblümtere Form der Geschlossenheit: erschöpfte Leser, die seine Bücher irgendwann geschlossen ließen. Ich hatte *JR* halb durch, als ich ausstieg. Aber selbst da gab mir sein Zorn noch zu denken: Hatte er mich betrogen oder ich ihn?

Literatur ist die elementarste aller menschlichen Künste. Literatur ist Geschichtenerzählen, und unsere Wirklichkeit besteht wohl aus den Geschichten, die wir über uns selbst erzählen. Literatur ist auch konservativ und konventionell, weil die Struktur des literarischen Marktes relativ demokratisch ist (Romanschriftsteller verdienen ihren Lebensunterhalt Buch um Buch und bereiten doch einem großen Publikum Freude) und weil ein Roman jedem seiner Leser zehn oder zwanzig Stunden einsame Aufmerksamkeit abverlangt. An einem Gemälde kann man fünfzigmal vorbeigehen, bevor man es zu verstehen beginnt. Eine Sonate von Bartók kann man sich immer mal wieder anhören, bis einem ihre Struktur allmählich klarer wird. Ein schwieriger Roman aber steht einfach ungelesen im Regal – es sei denn, man ist Student und gezwungen, Virginia Woolf oder Beckett durchzuarbeiten.

Das mag einen zu einem besseren Leser machen. Will man sich aber auf das postmoderne Programm einlassen, will man den Gedanken, jedes formale Experiment sei ein heroischer Akt des Widerstands, übernehmen, muss man glauben, dass der Notstand, auf den Gaddis und seine Pionierkollegen reagiert haben, auch fünf Jahrzehnte später noch ein Notstand ist. Man muss glauben, dass unser Alltag als in Vorstädten lebende, am Benzintropf hängende, fernsehende Amerikaner nach wie vor so neu und drängend ist, dass das altmodische Geschichtenerzählen ihm nicht gerecht wird. Man muss gewissermaßen Kritiker sein. Und sobald Literatur und Literaturkritik voneinander abhängig geworden sind, beginnt es mit den Trugschlüssen.

Da wäre der Trugschluss des Einfangens: Beispielsweise wird der Roman *Finnegans Wake* häufig dafür gelobt, dass er das menschliche Bewusstsein «einfange», oder es werden die Längen in *JR* damit erklärt, dass sie eine schwer greifbare «Wirklichkeit des Nachkriegsamerikas einfingen» – als wäre ein Roman in erster Linie eine ethnographische Aufzeichnung, ja als läge der Sinn des Lesens darin, nicht selber angeln zu gehen, sondern den Fang eines anderen zu bewundern. Da wäre der Trugschluss des Sinfonischen: Oft werden Motive und Stimmen eines Buchs so beschrieben, als «brandeten» sie über den Leser wie ein Orchester hinweg – als würden bei der Lektüre von *JR* die Seiten sich einfach von selbst umblättern und Wörter einem wie Arpeggien in den Kopf wehen. Da wäre der kunsthistorische Trugschluss, eine pädagogische Behelfsmaßnahme, die der geldschweren Welt der visuellen Künste entlehnt ist, wo der Wert eines Werks hauptsächlich von seiner Novität abhängt, als wäre die Literatur formal ebenso frei wie die Malerei, als wäre das, was den *Großen Gatsby* und Willa Cathers *Neue Erde* zu guten Romanen macht, in erster Linie ihre technische Innovation. Und da wäre der epidemische Trugschluss vom Dummen Leser, den jede moderne «Ästhetik des Schwierigen» enthält, in der das Schwierige eine «Strategie» zum Schutz der Kunst vor Vereinnahmung ist und der Zweck dieser Kunst darin besteht, dass der arglose Leser «verstört» oder «genötigt» oder «herausgefordert» oder «unterwandert» oder «verwundet» wird – als bestünde das Publikum des Autors irgendwie immer wieder aufs Neue aus Charlie Browns, die Anlauf nehmen, um Lucys Fußball wegzuschießen, und als wäre es bei einem Schriftsteller eine Tugend, einer jener Rüpel zu sein, die während eines geselligen Beisammenseins Propagandareden halten.

Es ist bedauerlich für Gaddis, dass so viele seiner Freunde, Spezialisten und Verteidiger an der Verbreitung dieser Trugschlüsse teilhaben. Joseph Tabbi, der Herausgeber von Gaddis' Essays, der aufrichtig an die subversive Kraft des Schwierigen glaubt, ist der Meinung, die Apokalypse – der Tod des Individuums, der Triumph des Systems – stehe nicht nur unmittelbar bevor, sondern sei schon eingetreten, ohne dass wir es gemerkt hätten, also könne man den orphischen Gaddis für die Unzugänglichkeit seiner Texte nicht verantwortlich machen. Tabbis

Apologien sind ein hübsches Beispiel für einen Feuermelder-Avantgardismus:

> Gaddis' Publikum ist nicht zuletzt deshalb begrenzt, weil die am Realismus des 19. Jahrhunderts geschulten Leser in seinem Werk die Merkmale des Konventionellen und jene Zeichen vermissen, an denen die Figuren allzu fix als abgerundet und ganz erkannt werden können. Solche konventionellen Figuren sind Agenzien in einer bürgerlichen und industriellen Welt, die heute in den Vereinigten Staaten weitgehend historisch ist.

Wenn man sich mit einem Roman gut unterhält, ist man auf das postindustrielle System reingefallen; identifiziert man sich immer noch mit Figuren, sollte man noch einmal den Kurs Postmoderne 101 belegen. William Gass benennt in seinem Vorwort zu *Die Fälschung der Welt*, ein «wir» gebrauchend, in das er, wie ich vermute, William Gass gar nicht einbezogen sieht, den Kinderkram, den wir allmählich hinter uns lassen sollten: «Zu häufig tragen wir in die Literatur eine Vorliebe für ‹Realismus› hinein, mit dem wir in der Regel aufgewachsen sind.» Seine Verteidigung des Schwierigen ergänzt die von Tabbi, strotzt allerdings vor Sophisterei und stilistischem Bemühen. «Wenn der Autor an seinem Werk arbeitet», schreibt Gass, «wird der Leser vielleicht auch daran arbeiten müssen; vertreibt sich ein Schriftsteller dagegen sowohl Zeit als auch Wörter, kann sich der Leser entspannen und beim Lesen gemächlich voranschreiten.» Gaddis' Literatur hätte weniger derartige Freunde und bessere Feinde nötig gehabt. Selbst Steven Moore, ein Gaddis-Spezialist, dessen Kritik ein Muster an Klarheit und intelligenter Fürsprache ist, lässt sich von seiner Begeisterung überwältigen. Für Moore ist *JR* ein «schlankes und ökonomisches» Buch, weil dessen auf Schlussfolgerungen beruhende, rein dialogische Form den Leser zwinge, fehlende Beschreibungen und Informationen selbst beizusteuern; der Zweck eines Romans ist also, na was wohl, Material zu erfassen und effizient zu speichern?

Im Hinblick auf die Literaturkritik habe ich die kleine Hoffnung, dass mal etwas weniger von Orchestern und Unterwanderung die Rede ist und dafür mehr vom Erotischen und Kulinarischen der Kunst. Man denke sich den Roman als Liebhaber: Heute Abend bleiben wir mal zu Hause und machen es uns richtig schön; nur weil man da berührt wird, wo man auch berührt werden will, heißt das noch lange nicht, dass man leicht zu haben ist; bevor ein Buch einen verändern kann, muss man es lieben. Oder den Schriftsteller als Koch, der dieses vielgängige Menü als Geschenk an den Leser zubereitet. Nicht nur Eiscreme, sondern auch Wildbroccoli.

Schwierige Literatur der Art, für die Gaddis steht, scheint mir mehr mit dem hinteren Ende des Verdauungstrakts zu tun zu haben. Seine Kritiker verweisen auf seine «Logorrhö», genauer ist es jedoch, ihn als retentiv zu charakterisieren – bis zur Unlesbarkeit, manchmal sogar bis zur Unverständlichkeit verstopft. Edmund Wilson charakterisierte in seiner freudianischen Phase den Dramatiker Ben Jonson als klassischen anal-retentiven Autor, der besessen sei von Ausscheidungen, Geld, Listen, zwielichtigen Unterwelten, geheimnisvollen Wörtern, obskuren Verweisen. Wilson meinte, die besten Schriftsteller vertrauten ihrem Talent, und er hielt Jonsons verkrampften Hervorbringungen die seines Freundes und Rivalen Shakespeare entgegen, dessen «offene und freie Natur» Jonson selbst rühmte. *Der Alchemist*, Jonsons eigentümliches Stück über einen Londoner Betrüger, der behauptet, Gold herstellen zu können, liest sich wie ein Renaissance-Gaddis. Beide Autoren stopfen viel zu viele Schwindeleien in die Handlung, für beide ist Geld die Scheiße der Welt (Recktall Brown!), faszinierend und abstoßend zugleich.

Wenn ich jetzt selber ein wenig freudianisch klinge, dann deshalb, weil die ersten Zeilen auf Seite 523, dem Endpunkt meiner zweiten Lektüre von *JR*, so ganz an feststeckende Exkremente erinnern:

> wobei Spuren von Arsenkies nachgewiesen wurden, Folge, Nonny soll die Möglichkeiten einer Sonderabschreibung für nicht erneuerbare Ressourcen sondieren, das ruft natürlich die Gesundheitsbehörde auf den Plan mit ihren Kobaltgrenzwerten, und zu guter Letzt hängt sich auch noch Milliken rein, weil, für ihn steht die wirtschaftliche Zukunft der ganzen Region auf dem Spiel, außer Schafen und Indianern haben die ja nichts, bis er plötzlich die Idee hat, sein Staat sitzt

Schlank und ökonomisch? Der Roman *JR* leidet an ebendem Wahn, dem er zu widerstehen sucht. Die ersten zehn Seiten und die letzten zehn Seiten und jede zehn Seiten dazwischen überbringen die «Neuigkeit», dass das Leben in Amerika seicht, betrügerisch, korrupt und künstlerfeindlich ist. Doch hat es noch keinen Leser gegeben, und es wird auch keinen einzigen geben, der von dieser «Neuigkeit» auf Seite 10 noch nicht überzeugt ist, wohl aber auf Seite 726. Der Roman entwickelt sich zu etwas ebenso Kaltem, Mechanistischem und Erschöpfendem wie das System, das er beschreibt. Seine Welt wird von weißen Geschäftsleuten regiert, die ihrer Arbeit mit freudlosem Eifer nachgehen, beiläufig Frauen und Minderheiten an den Rand drängen und schwierige Insidersprachen erfinden, um Neulinge abzuschrecken: wie eigenartig ähnlich dem Buch selbst! (Und wie eigenartig, dass Gaddis und seine akademischen Bewunderer den christlichen Puritanismus zurückweisen, nur um vom Leser zu verlangen, dass er den sündigen Freuden des Realismus abschwört und eine selbstlose, reine Liebe zur Kunst kultiviert!) Selbst die Faszination, die von JR Vansant ausgeht, schwindet mitten im Roman. JR ist eine

Inkarnation Bart Simpsons, doch Bart passt in unsere kulturelle Umwelt unvergleichlich besser als JR. Das geeignete Genre für wirkungsvolle, unterhaltsame Gesellschaftssatire ist die halbstündige, wöchentlich ausgestrahlte Comicserie, nicht der literarische Roman. Selbst die besten Gags in *JR* ermüden, bevor man mit ihnen durch ist. Bei den *Simpsons* treffen die Gags ins Ziel, das Ziel spürt den Schmerz, und nächste Woche gibt's eine neue Folge.

Seltsam ist, dass ich den Verdacht habe, Gaddis selbst hätte lieber die *Simpsons* geguckt. Ich habe den Verdacht, hätte jemand anders seine späteren Romane, gerechnet ab *JR*, geschrieben, er hätte sie nicht lesen mögen, und wenn er sie gelesen hätte, dann hätten sie ihm nicht gefallen. Gaddis entwickelte einen Stil, der nach Ansicht seiner Jünger die Art und Weise, wie die Amerikaner Literatur lesen, hätte verändern sollen, doch sein eigener Geschmack war bemerkenswert konservativ. Einen besonderen Abscheu hegte er für die moderne Kunst. Für den Umschlag seines vierten Romans, *Letzte Instanz* (1994), wählte er ein abstraktes Bild seiner Tochter Sarah, ohne allerdings auf dem Umschlag zu erwähnen, dass sie es mit fünf gemalt hatte: «Na bitte, so was kann doch jedes Kind.» Steven Moore hat, zweifellos mit den besten Absichten, eine eindrucksvolle Liste dessen erstellt, was Gaddis gern las und was nicht. Grundsätzlich mochte er keine Kunstliteratur. Wie Moore berichtet, zeigte er «geringes Interesse» an den Zeitgenossen, mit denen er in Verbindung gebracht wurde, darunter Pynchon. «Generell», fasst Moore zusammen, «schien er eher zu einem Roman wie Jay McInerneys *Ein starker Abgang* zu greifen (den er ‹sehr komisch› fand) als zu Romanen, die ebenso fordernd waren wie seine.»

Dem Leser ein schweres Früchtebrot aufzutischen, das man selbst nicht essen würde, dem Leser ein ungemütliches Haus zu bauen, in dem man selbst nicht wohnen wollte: das verletzt, wie mir scheint, den kategorischen Imperativ eines jeden Schriftstellers. Das ist der absolute Bruch des Kontrakts.

Soll *JR* die Behauptung untermauern, dass Amerika grundsätzlich beschissen ist, so lautet die Botschaft von Gaddis' drittem Roman, *Die Erlöser* (1985), dass es total, total, total beschissen ist. Gaddis selbst räumte ein, das Buch sei «eine Stilübung» und sein Inhalt ausgeführt nach Schema F. Ein telegener Südstaatenprediger erweist sich als – gefährlicher, käuflicher Heuchler! Ein Senator der Vereinigten Staaten erweist sich als – korrupt! Das Buch ist eine leere Hülse. Anders als *Die Fälschung der Welt* wurde es gut besprochen.

Gaddis' letzter wirklicher Roman, *Letzte Instanz*, ist ein nahezu sechshundert Seiten langes Geschwafel darüber, wie ein System, das Ordnung schaffen soll (die amerikanische Justiz), letztlich Unordnung fördern kann. Das Buch ist ideal fürs Universitätsstudium. Es formuliert eine banale, aber unanfechtbare gesellschaftliche These (wir prozessieren in Amerika zu viel), es ist durchsetzt mit Motiven, Zitaten, Binnengeschichten und zahllosen Anspielungen auf Gaddis' eigene frühere Werke sowie auf andere berühmte Texte (frischen Sie schon mal Ihren Platon und Longfellow auf), und seine einzige ästhetische Schwäche ist eigentlich die, dass es über weite Strecken repetitiv, wirr und entsetzlich langweilig ist. Natürlich hat dieser Roman von allen Büchern des Autors die freundlichsten Rezensionen bekommen und verschaffte Gaddis einen jener inoffiziellen National Book Awards fürs Lebenswerk.

Das Beste an *Letzte Instanz* sind die juristischen Gutachten und einige Charakterzeichnungen. Eine Figur ausschließlich durch Dialoge zu kreieren ist wie Boxen mit einem Arm auf dem Rücken, und das Argument, das Gaddis anführt, dass nämlich die Strapazierung der eigenen Phantasie eine Figur für uns realer macht, überzeugt mich nicht. (Überhaupt stellt sich mir bei der Arbeit, Gaddis zu lesen, die Frage, ob unser Gehirn nicht eher für das konventionelle Geschichtenerzählen angelegt und strukturell bestrebt ist, aus so nichtssagenden Sätzen wie «Sie stand auf» Bilder zu formen.) Dennoch können seine deduktiv gezeichneten Figuren lebendig sein. Im unordentlichen Leben des Mittfünfzigers Oscar Crease, Amateurdramatiker und Teilzeitprofessor, kreuzen sich eine groteske Anzahl von Gerichtsprozessen. Er lebt in dem großen alten Haus seiner Kindheit auf Long Island, hoffnungslos umzingelt von den diversen Papieren eines ganzen Lebens: wieder eine Karikatur der Entropie. Funktionell gesehen ist Oscar ein Baby. Über weite Strecken des Romans sitzt er im Rollstuhl und tatscht seiner Freundin in dem Bemühen, mit Händen und Mund an ihre Brüste heranzukommen, ständig an der Bluse herum und süffelt Tag und Nacht Wein.

In *Die Fälschung der Welt* wächst ein Sohn auf und verschwindet. *Die Erlöser*, das Buch ohne Kinder, ist ein Buch ohne Hoffnung. Im Zentrum der anderen beiden Romane steht ein sehr großes Kind. In *Letzte Instanz* ist es der selbstsüchtige, unvernünftige, selbstmitleidige, hilflose, unersättliche Oscar, ein Schwein in der Rolle eines Königs, ein leidender Künstler, der (haha!) zufällig über wenig Talent verfügt. Oscar fordert das Mitgefühl des Lesers, nur um es zu missbrauchen. Sein langes Stück über den amerikanischen Bürgerkrieg ist offenkundig schlecht und überhaupt nicht komisch, aber ganze hundert Seiten werden der Wiedergabe des Manuskripts gewidmet und weitere fünfzig einem endlosen Geschwätz über dessen Bezug zu Kunst, Gerechtigkeit und Ordnung. Der Roman ist ein Beispiel für die eigentümlich zersetzende Kraft der literarischen Postmoderne. Gaddis begann seine Karriere mit einem modernen Epos über die Fälschung von Meisterwerken; er beendete es mit einem postmodernen Klamauk, der an der Oberfläche einem Meisterwerk ähnelt, den Leser aber, der versucht, bei der Stange zu bleiben und der Logik des Romans zu folgen, bestraft. Wenn der Leser schließlich sagt: Moment mal, das ist doch kein Meisterwerk, sondern ein heilloses Durcheinander, verwandelt sich das Buch auf der Stelle in ein Performance-Requisit: Seine Betrügerei ist ja der springende

Punkt! Und der Leser hat sich im guten Glauben zwanzig Stunden vergeblich bemüht.

Wenn ich mir die beiden posthum erschienenen Bücher von Gaddis anschaue, beschleicht mich ein Gefühl wie damals, als mein Vater im Pflegeheim war. Nur als sehr guter alter Freund sollte man es sich zumuten, ihn so leiden zu sehen. Der Titel seines letzten Romans, *Agapē Agape* (2002), stammt von einem im Tonfall schelmischen und intellektuell zweifelhaften Essay, den er einmal über automatische Klaviere und Mechanisierung in der Kunst zu schreiben versuchte. Das Buch ist jedoch im Wesentlichen ein formloses Geschimpfe, *wo die Sätze, ja, bring die Sätze, bring's zusammen, mach's holprig, sogar leichter, als es aussieht aber nein was nein wichtig ist die Kunst.* Ein namenloser Romancier liegt im Sterben, sein Körper ein Wrack, das seinen Intellekt verraten hat. Er hält sich sein Scheitern vor, brandmarkt die populistische «Herde», weil sie ihn missversteht, und sorgt sich, dass man ihn als bloße «Karikatur» wahrnimmt. Doch genau das ist *Agapē Agape*, eine Karikatur: ein einziger hermetischer, obsessiver, mit Zitaten durchsetzter, solipsistischer Absatz, der «das Werk» als «die einzige Zuflucht» vorm schmerzhaften Menschsein glorifiziert. Ich habe beim Lesen praktisch jede einzelne der sechsundneunzig Seiten von *Agapē Agape* gezählt. Dann gab mir der Roman mit seinen letzten Zeilen doch noch einen Stich, Zeilen, die an Gaddis' frühe Träume vom Nobelpreis erinnern –

> Das war die Jugend mit ihrem selbstvergessenen Überschwang, als alles möglich war, verfolgt vom Alter wo wir heute sind und auf das zurückblickend, was wir vernichtet, was wir dem Ich entrissen haben, das mehr konnte, und auf dessen Werk, das mir Feind geworden ist, denn davon kann ich erzählen, von der Jugend, die wahrhaft alles konnte

– aber sie bewegten mich aus ebenjenem Grund, den Gaddis während seiner gesamten schriftstellerischen Laufbahn mit Füßen trat: weil mich der menschliche Scherbenhaufen anrührte. Ich dachte nicht an die Kunst, ich dachte an den Künstler.

Falls Sie sich noch fragen, ob Sie etwas übersehen haben, einen Schlüssel, mit dem sich Gaddis' Schwierigkeit aufschließen ließe, können Sie sich beruhigen, indem Sie *The Rush for Second Place* lesen, ein schmales Bändchen mit Gaddis' Essays und Gelegenheitsschriften. Hierin zeigt sich nämlich, dass Gaddis nicht einmal einen kurzen Sachtext beenden kann, ohne ins Schwadronieren zu geraten. Sie werden auf Essays stoßen, die aus aneinandergereihten Zitaten bestehen, die Sie sorgfältig, zweimal, lesen müssen, bevor Sie zu dem Schluss kommen, dass in dem Aneinandergereihten keinerlei Argumentationslinie (oder auch nur Logik) verborgen ist. Sie werden sehen, dass literarische Schwierigkeit für einen Autor, der nichts Interessantes, Kluges oder Unterhaltsames zu sagen hat, durchaus als Nebelwand dienen kann. Sie werden keinen einzigen Verweis darauf finden, dass es ein Vergnügen ist, Literatur zu lesen. Vielmehr werden Sie erfahren, dass Gaddis glaubte, Romane sollten die Welt verbessern – dass gute Literatur nicht davon handle, «wie die Dinge sind», sondern davon, «wie die Dinge sein sollten». Und Sie werden erfahren, dass die Wendung «agapē agape» sich auf seinen Glauben bezieht, die Welt des Kontrakts, die amerikanische Welt der Dollars und Maschinen, habe die Nächstenliebe (agapē), nach der die frühchristlichen Gemeinden strebten, auseinandergerissen.

Oder so ähnlich – es ist ein bisschen unklar. Ich stelle mir vor, wie Gaddis' Jünger mir mit dem Finger drohen und sagen, ich sei eben auch so ein Dummer Leser, ja wie sie mir erklären, die Essays würden meine Erwartung, Klarheit, Vergnügen, Erbauung zu finden, schlichtweg unterlaufen; dass ich das Ganze wohl einfach noch nicht kapiert hätte. Für sein Schwierigsein bemühen sie postmoderne Apologien wie die von Gregory Comnes:

> Das narrative Spiel dieser Epistemologie zeigt dem Leser, wie sehr harte Arbeit eine Vorbedingung dafür ist, einen Sinn in der Narration zu finden, indem man ihn zwingt, aktiv am Konstruieren des narrativen Sinns teilzuhaben, von ihm fordert, Informationen in den Text einzubringen, um lesen zu können, was gar nicht geschrieben worden ist.

Mit anderen Worten: Sie sagen mir, ich müsse mich *nur ein kleines bisschen mehr anstrengen.* Worauf ich bloß antworten kann, dass kein Kopfschmerz dem Kopfschmerz gleicht, der sich einstellt, wenn man sich bei der Entzifferung eines Textes mehr anstrengt, als es allem Anschein nach der Autor selbst getan hat, während er ihn schrieb – und dass ich diesen Kopfschmerz nun allmählich bekomme.

Und auch allmählich wie Mrs. M--- klinge?

Wie vielen anderen dem Kontraktmodell zugeneigten Amerikanern, wie den literarischen Gesellschaften von vor hundert Jahren, wie den Buchclubs von heute ist auch mir klar, dass der Kontrakt einem zuweilen Anstrengung abverlangt. Ich weiß, das Vergnügen an einem Buch ist nicht immer ein einfaches Vergnügen. Ich erwarte, dass ich mich anstrengen muss; ich *will* mich anstrengen. Allerdings liegt es auch in meiner protestantischen Natur, für diese Anstrengung einen Lohn zu erwarten. Und obwohl mir die Kritiker bei meinem Streben nach diesem Lohn seelsorgerische Begleitung anbieten können, denke ich doch, dass letztlich jeder hier mit seinem Gewissen allein ist. Als Leser suche ich eine unmittelbare, persönliche Beziehung zur Kunst. Die Bücher, die ich liebe, die Bücher, auf denen mein Glaube an die Literatur gründet, sind diejenigen, mit denen ich eine solche

Beziehung haben kann. Zu meiner Überraschung erwies sich *Die Fälschung der Welt* als ein solches Buch.

Nach diesem Roman geschah mit Gaddis jedoch etwas. Etwas lief aus dem Ruder. Ob sie wahr ist oder nicht, ich erzähle mir eine Geschichte über einen fünfjährigen Jungen, der «im Weg» war, von einem schmalen jungen Mann, der – wie Hamlet, der sich die Schurkerei seines Stiefvaters ins Gehirn gravierte – eine Enzyklopädie der Verlogenheit zusammenstellte, die in der Literatur ohnegleichen ist. Er vertraute seinen Glauben und seine Hoffnung einer 956 Seiten dicken Gruft an, und er gab der Welt der Erwachsenen eine einzige Chance, ihn zu erkennen. Als die Welt bei der Prüfung unausweichlich durchfiel, ging er mit seinem Talent zu der archetypisch verlogenen Welt der Werbeabteilungen, als wollte er sagen: «Ihr werdet mich nie dabei erwischen, dass ich wieder etwas erhoffe.» Der moderne Schmerzensschrei wurde zum postmodernen bitteren Scherz. Die Arbeit in der Werbeabteilung war schändlich, aber wenigstens war er sich ihrer Schändlichkeit bewusst. Tatsächlich ist das Wesen der Postmoderne eine kindische Feier der Bewusstheit, eine kindische Angst davor, reingelegt zu werden, eine kindische Überzeugung, dass alle Systeme verlogen sind. Diese Theorie ist schlagend, doch als Lebensform ist sie ein Rezept für Wut. Das Kind wächst ins Riesenhafte, aber es wird nie erwachsen.

Ich glaube, darin steckt eine gute Geschichte. Insoweit, als ich meine, dass es Gaddis' eigene Geschichte ist, mildert sie meinen Zorn auf ihn, löst diesen Zorn in Trauer auf. Ein solcher Gaddis ist alles andere als eine Karikatur, und eine solche Geschichte würde niemals ins *Simpsons*-Format passen. Für eine solche Geschichte, deren Schwierigkeit die Schwierigkeit des Lebens selbst ist, ist der Roman zuständig.

(2002)

Im Bett mit Büchern

Auf den verführerischen Seiten der *New York Times*, die jeden Morgen, stumm meiner Aufmerksamkeit harrend, auf meinem Frühstückstisch liegt, war unlängst ein, wie mir schien, absolut berechtigter Kommentar von Adam Hochschild über das Grauen des Airport-Fernsehens abgedruckt. «An Flugsteigen, die mit Fernsehern gestraft sind», schrieb Hochschild, «versuchen die meisten Passagiere, sich zu unterhalten, zu arbeiten oder zu lesen. Doch der penetrante Fernsehlärm sickert in die Gespräche und auf das Papier.» Seine Klage trug ihm bald Antworten der Zuspitzer, Bekräftiger und Widerleger ein, der typischen Leserbriefschreiber der *Times*. Ein Zuspitzer schlug vor, die Flughafenfernseher sollten stumm und mit Untertiteln laufen. Ein Bekräftiger schrieb in bewegenden Worten von dem verwandten Grauen, im Kino «Popcorn zu riechen und zu hören»; ein weiterer forderte die Leser auf, doch einmal «den Versuch zu machen, eine Nacht in einem Hotel der mittleren Preisklasse ohne gedämpftes Fernsehgefasel zu verbringen». (Diese Wut, die in dem Wort «gedämpftes Fernsehgefasel» vibriert! Nichts stärkt meinen Glauben an die Menschheit verlässlicher als die Leserbrief-Dyspepsie in der *Times*.) Allerdings fand sich da auch die klassische Widerlegung durch den Vorsitzenden von Turner Private Networks, der die bizarre Behauptung aufstellte, das Flughafenfernsehen sei «überhaupt nicht aufdringlich», und mit mehr Überzeugungskraft darlegte, dass Hochschild «mit seiner Einschätzung einsamer dasteht, als er vielleicht meint». Anscheinend beweist eine Nielsen-Umfrage, dass fünfundneunzig Prozent der Flugreisenden der Ansicht sind, die Fernseher verbesserten das Flughafenambiente, und dass neunundachtzig Prozent finden, «die in einem Flughafen verbrachte Zeit wird somit lohnender».

Hochschild tat mir leid, als ich das las. Da versucht er tapfer, der schweigenden Mehrheit der Leidenden eine Stimme zu geben, und will allgemeine Empörung wecken, und dann kommt einer mit einer Zahl des Wegs – *fünfundneunzig Prozent* – und haut ihn von den Beinen. Er ist lächerlich gemacht von einer Norm.

An diese Sache mit den Normen, die zum Inventar des Informationszeitalters gehören – als Freunde oder als Tyrannen, je nachdem, wie normal man ist –, musste ich in diesem Winter denken, als ich mir einen Überblick über zeitgenössische Sexratgeber verschaffte und mit dem Beweis konfrontiert wurde, dass ich einer der wenigen heterosexuellen Männer in Amerika bin, die nicht auf raffinierte Reizwäsche stehen. In den Buchhandlungen finden sich Sexratgeber gemeinhin in der Abteilung «Gesundheit» (ein Thema von solcher Bedeutung für die Kultur, dass jedes heute veröffentlichte Buch, Romane eingeschlossen, dort stehen könnte), und da sexuelle «Gesundheit» unmöglich objektiv zu definieren ist, bieten sie dem Leser ein außerordentlich reichhaltiges Spektrum normativer Erklärungen an. «Spitzen-BH und dazu passendes Höschen, Hüfthalter und Strümpfe, Bustier, G-String und Body – die meisten Männer können von dem Zeug nicht genug kriegen», schreibt Sydney Biddle Barrows, die Mayflower Madam, in *Just Between Us Girls*. Weiter hinten ergänzt sie noch: «Aus welchem Grund auch immer, Bustiers und Corsagen sind offenbar fast überall beliebte Kleidungsstücke.» Dr. Susan Block gebietet der Leserin in *Die zehn Gebote der Erotik*: «Tragen Sie Wäsche», und erklärt, dass «Männer, die Sex lieben, auch eine Frau lieben, die daran denkt und sich entsprechend kleidet». Susan Crain Bakos, die Autorin von *Sex-Geheimnisse*, pflichtet ihr bei: «Die Männer lieben es, wenn Sie in Stöckeln, Bustier und Strümpfen ins Bett kommen.» Damit solche Verallgemeinerungen nicht unwissenschaftlich klingen, berichten die Autoren des Buches *Sex: A Man's Guide*, ihrer Umfrage unter *Men's Health*-Lesern zufolge sei Reizwäsche «zweifelsohne … das beliebteste erotische Hilfsmittel des amerikanischen Mannes».

Ich habe nichts gegen einen hübschen BH, noch weniger gegen die Aufforderung, ihn aufzumachen. Doch Bordellware von der Art, wie sie bei Frederick's of Hollywood verkauft wird, erscheint mir doch kaum weniger abgeschmackt als die Halbzeitshow bei der Super Bowl. Wenn ich höre, dass die breite Masse dieses Zeug tatsächlich *kauft*, empfinde ich genau die gleiche Standard-Befremdung, wie wenn ich höre, dass Hootie & the Blowfish ihre erste Platte dreizehn Millionen Mal verkauft haben oder dass der amerikanische Mann von einer Verabredung mit Cindy Crawford träumt. In gewisser Weise bin ich stolz darauf, nicht so wie alle anderen zu sein. Wie alle anderen aber bin ich in Sachen Sex beklommen, und bei Sex führt die Erkenntnis, nicht wie alle anderen zu sein, unmittelbar zu der Sorge, dass ich nicht so gut wie alle anderen bin oder jedenfalls nicht so viel Spaß habe.

Beklommenheiten beim Sex sind uralt; die körperliche Liebe birgt von jeher das Risiko, dass das nackteste Ich zurückgewiesen wird. Wenn die Amerikaner diesbezüglich heute besonders beklommen sind, dann, so die allgemeine Übereinkunft, wegen der «sich verändernden Geschlechterrollen» und des «Bildes, das die Medien vom Sex vermitteln» und so weiter. Tatsächlich aber erleben wir einfach nur die Beklommenheiten des freien Marktes. Verhütung und leichte Scheidungen haben der Ökonomie des Sex die Fesseln genommen, und so wie die Bürger des heutigen Dresden und Leipzig möchten wir alle glauben, dass es uns in einem System, in dem selbst der Ärmste vom Reichtum träumen kann, besser geht. Doch kaum fallen die alten Mauern der Repression, haben viele Amerikanerinnen und Amerikaner – abgelegte erste Ehefrauen, die entlassenen Arbeiterinnen einer Trabant-Fabrik vergleichbar sind, oder sexuell unbedarfte Männer, die den Bürokraten der Kommandowirtschaft entsprechen – eine neue Sehnsucht nach den früheren Staatsmonopolen entwickelt. Was sind denn *die Regeln* anderes als ein Versuch, eine Wirtschaft neu zu regulieren, die auf beängstigende Weise Amok läuft?

Bis aber die Regeln allgemeingültig werden, findet man Trost, wie er in der Marktwirtschaft eben zu finden ist, prinzipiell bei Normen. Macht Ihnen die Größe Ihres Penis Sorgen? Laut *Sex: A Man's Guide* misst bei den meisten Männern der erigierte Penis zwischen zwölf und achtzehn Zentimetern. Sind Sie besorgt wegen der Beschaffenheit Ihrer Klitoris? Laut Betty Dodson und der überarbeiteten Ausgabe ihres *Sex for One: Die Lust am eigenen Körper* sind die Variationen «verblüffend». Besorgt wegen der Häufigkeit? «Die Amerikaner haben kein heimlich überbordendes Sexleben», folgerten die Rechercheure von *Sex in America.* Besorgt wegen der Zeit, die Sie brauchen, um zu kommen? Im Durchschnitt, sagt Sydney Barrows, braucht eine Frau achtzehn Minuten, ein Mann nur drei.

Das Problem daran, sich auf Normen als Trostspender zu verlassen, ist jedoch nicht bloß, dass man sie möglicherweise nicht erfüllen kann, sondern dass man ihnen allen allzu sehr entspricht. Wer will schon sexuell wie jeder andere sein? Möchte ich mich nicht gerade im Schlafzimmer als jemand Besonderes fühlen? Gar einzigartig? Als Letztes will ich doch an die leicht eklige Tatsache erinnert werden, dass im ganzen Land Millionen anderer auch Sex haben. Das ist das Dilemma des Einzelnen, der den Massen gegenübersteht, über die er zwangsläufig mehr weiß, als er gern wissen möchte: Ich will allein sein, aber nicht zu allein. Ich will gleich sein, aber anders.

Sexratgeber sind nur ein Teil der Sexindustrie, man könnte sie aber als ihren repräsentativsten Zweig bezeichnen, da es ja Bücher sind. Begreift man einen sexuellen Fetisch als Verschiebung genitaler Energien, dann ist Sprache, noch mehr als Reizwäsche, die heute bei weitem verbreitetste Paraphilie des Landes. Eine nackte Brust darf im öffentlichen Fernsehen nicht gezeigt werden, aber dem unterschwellig anzüglichen Gerede über Vergewaltigung, Inzest und sexuelle Belästigung sind keine Grenzen gesetzt. Cybersex und Telefonsex sind viel populärere Arten, Intimflüssigkeiten zu meiden, als es die Verehrung beispielsweise von Knien oder Füßen ist.

Zwar scheinen unsere Sexratgeber-Autorinnen die wachsende Bedeutung der Sprache erkannt zu haben, dennoch trauen sie ihren Leserinnen und Lesern nicht zu, dass sie wissen, wie oder gar wann sie sie benutzen sollen. In *Sex: A Man's Guide* erfahren wir, dass Liebespartner ermuntert werden können, sich unanständig auszudrücken, indem man sie Listen von «klinischen» und «unanständigen» Begriffen anfertigen und vergleichen lässt. Dr. Block spult fünfundvierzig mögliche Kosenamen für den Penis ab, darunter «Schniepelchen», «Tauchstock» und «Liebespumpe», und gebietet ihren Leserinnen: «Wählen Sie aus.» (Abenteuerlustigere Gemüter werden aufgefordert, «etwas zu erfinden», das zu ihrem «ganz besonderen Wunderwurm» passt.) Susan Bakos gibt Freunden des Tantra den passenden Einsatz für «geflüsterte Liebesworte» und erteilt Frauen, die unanständig sprechen können wollen, den Rat, sich ein Pornovideo auszuleihen und es aufmerksam zu studieren. «Wenn es Ihnen dann leichtfällt, die Wörter so zu sagen, wie der Drehbuchautor sie geschrieben hat», verrät sie uns, «können Sie sie persönlicher gestalten, damit sie mehr nach Ihnen klingen.»

Die Lektüre eines Buchs, in dem Experten Sex-Tipps geben, dürfte am unteren Ende der Skala erotischer Vergnügungen rangieren – irgendwo unterhalb des Schälens einer Orange und nicht weit über dem Gebrauch von Zahnseide. Ein Problem ist, dass diese Bücher, obwohl sie das genaue Gegenteil beabsichtigen, die Welt des Sex, insgesamt und jedes für sich, sehr klein erscheinen lassen. Macht ja nichts, dass es nur eine begrenzte Anzahl von Möglichkeiten gibt, Körperteile zusammenzuführen, oder dass Alex Comfort in seinen Werken, die sich über achtzig Millionen

Mal verkauft haben, so ziemlich alles, was es dazu zu sagen gibt, schon gesagt hat, und zwar besser. Überhaupt gibt es offenbar viel zu wenig Wissensgut, über das gesprochen werden kann. Autorin für Autorin leitet die Etymologie des Wortes «Cunnilingus» ab, betont die Bedeutung von «Kegel»-Übungen, um die Muskulatur des Beckenbodens zu kräftigen, und zitiert Shakespeare zum Thema Alkohol. («Er befördert das Verlangen und dämpft das Tun.») Autorin um Autorin betont, dass der Mann ein «visuelles Wesen» ist und die Größe des Penis weniger Wichtigkeit hat als das, was sein Besitzer damit anstellt. Wenn dieser Stoff ausgeht, wird der Rat trostlos müßig. Dr. Susan Block fordert Liebende auf: «Sprechen Sie kindlich, oder sagen Sie wenigstens ‹Kosenamen›.» In *Sex-Geheimnisse,* dessen Untertitel «Für den ultimativen Lust-Trip» eintritt, instruiert Susan Bakos masturbierende Männer, den Langsamen Einhänder, den Schnellen Einhänder, den Langsamen Zweihänder, den Schnellen Zweihänder, die Hohle Hand, den Streichenden Finger, die Handpumpe, den Schlag, den Hieb, den Reiber, den Drücker, den Offenhänder und den Vaginasimulator anzuwenden, und zwar «in verschiedenen Kombinationen»; für alle ist eine Anleitung beigegeben.

Die aufgekratzte Munterkeit, mit der die Sexratgeber-Autorinnen das Nutzlose und Banale vermitteln, ist identisch mit derjenigen der Nachrichtensprecher im Airport-Fernsehen, deren auffallendstes Talent die Fähigkeit ist, frisches Erstaunen über den neuesten Pfiff bei der Fahrsicherheit von Autos hervorzurufen (oder wie einen Orgasmus vorzutäuschen). In ihrem Bemühen, als faszinierend und neu darzustellen, was es beides nicht ist, prägen die Autoren unermüdlich Neologismen. Mit der absoluten Selbstsicherheit, die das amerikanische Publikum heute von professionellen Exhibitionisten verlangt, ejakulieren sie «Sexierung», «Primärgefährte», «Soulgasmus» und «Partnersex». Dr. Block, die sich «Philosophin der Erotik» nennt, illustriert ihre Gebote mit Einblicken in das Bettgeschehen von ihrem

Mann und ihr: «Max grunzt wie ein Schimpanse, wenn er mich nehmen will, dann stöhnt er und gurrt und sagt mir, dass ich lecker bin, während er an mir schleckt.» Für diejenigen, die mit ihrem Partner noch nie eine Phantasie ausgelebt haben, es aber «gern mal ausprobieren würden», hat die Philosophin folgenden Rat parat: «Sehen Sie sich gemeinsam die *Dr. Susan Block Show* an – das wird Ihre Phantasien anregen!»

Nicht jeder Sexratgeber verweist derart explizit aufs Fernsehen, aber alle Bücher scheinen es darauf anzulegen, den Sex (ehedem das einzige kostenlose Vergnügen im Leben) ins Netz des Geldausgebens zu verstricken. Unablässig wird der Leser angehalten, Erotikvideos, edle Dessous, Kerzen, Sekt, Räucherstäbchen, Öle, Vibratoren, Parfüms, Schaumbadzusätze zu kaufen. Dr. phil. Betty Dodson klingt weniger wie die Prophetin eines autoerotischen Utopias als vielmehr wie eine Moderatorin einer Infomercial-Show; zweimal nennt sie ihren Lesern eine Adresse, bei der ihre Videos bestellt werden können. Sydney Barrows findet, mit Luxusmietwagen, knöchellangen Pelzmänteln und teuren Urlaubsreisen lasse sich noch die ödeste Ehe aufpeppen. In *Sex-Geheimnisse* macht sich Susan Bakos daran, für den vermutlich unbemittelten Leser das exklusive sexuelle Knowhow zusammenzutragen, für dessen Erwerb Angehörige der betuchten Schichten Tausende ausgeben. Offenbar erlebt den besten Sex heute eine glückliche internationale Jetset-Elite, die sich einen Mehrfachorgasmus-Workshop für 625 Dollar leisten kann. Ob Bakos nun «hübsche französische Kurtisanen» oder einen Meister des Kundalini-Yoga interviewt, stets legt sie besonderen Wert darauf, die demographischen Daten ihrer Klientel zu unterstreichen. Es sind «Scheichs», sie leben in «abgelegenen» Vorstadtvillen, sie tragen einen «Geschäftsanzug» und trinken «aromatisierten Kaffee».

Den Nutzen von besserem Sex betreffend, weiß Betty Dodson von einer Frau zu berichten, die, nachdem sie einen ihrer Vorträge über die Vulva gehört hatte, um eine Gehaltserhöhung bat – «und sie bekam!» (Dodson führt die gesteigerte Selbstachtung der Frau darauf zurück, dass sie «mösenbewusst» geworden sei.) Und Gehaltserhöhungen sind Peanuts, verglichen mit den expliziten und impliziten Verheißungen dieser Autorinnen für die sexuell befreite Gesellschaft insgesamt. Wir können uns auf das Verschwinden von «Vorurteilen und Bigotterie, Liebeskummer und Elend, Einsamkeit und Gewalt» freuen, darauf, dass Gewehre und Raketen überholt sein werden, auf die Freisetzung des «Geistes der Kreativität» und die Erneuerung der «Lebensfreude». Hier nun Dodsons «futuristische Phantasie» der Befreiung:

> Es ist Silvester 1999. Alle Fernsehstationen haben sich bereit erklärt, mich «Orgasmen in ganz Amerika» produzieren zu lassen. Jeder Bildschirm wird hochkünstlerische Hightech-Pornos zeigen, geschaffen von den besten Talenten, die dieses Land zu bieten hat. Schlag Mitternacht wird die gesamte Bevölkerung bis zum Orgasmus für den Weltfrieden masturbieren.

Es war Maos schlimme Eingebung, dass eine Revolution, wenn sie denn wirklich erfolgreich sein soll, niemals aufhören darf, und unsere Variante der Nonstop-Revolution findet ihren Niederschlag in den Sexratgebern: eine unaufhörliche Propaganda der Selbstbeweihräucherung, verbunden mit einer unaufhörlichen Beschwörung des noch immer mächtigen Feindes. Sollte der Sieg in der sexuellen Revolution je verkündet werden, bräuchten die Menschen gar keine Belehrung und Anleitung bei kommerziellen Anbietern mehr zu suchen. Folglich füllen unsere Expertinnen ihre Bücher mit Mahnungen, nicht zu vergessen, wie viel besser wir dran seien als unsere Großeltern. Sie preisen die Wissenschaft von Alfred Kinsey und Masters und Johnson, sie zerstören fröhlich den Mythos des Freud'schen «reifen» vaginalen Orgasmus, sie machen sich unter Bannern wie «Die Annalen der Unwissenheit» über die hoffnungslose Dummheit der Menschen vor einem Jahrhundert lustig. Doch die kläffenden Köter der sexuellen Repression streifen noch immer in Rudeln vor unserer Tür herum. Eine Autorin rügt «enge, patriarchalische Familienwerte im Stil der fünfziger Jahre» und «unsere sexfeindliche, schamhafte Erziehung», eine andere die «traditionelle Ehe» und die «Anti-Porno-Aktivistinnen, die sich unbedingt ihre romantischen Illusionen bewahren wollen». Wirklich jede sucht die Verantwortung bei der Religion. Wenn wir den Expertinnen glauben wollen, leben wir in einem sexuell unterdrückten Land unter der Knute von Katholizismus und Unwissenheit.

Ich frage mich, auf welchem Planeten diese Expertinnen leben. Offenbar ignorieren sie völlig, wie sich die Fünfzehnjährigen von heute verhalten und kleiden, sie verkennen die Atmosphäre sexueller Freizügigkeit, deren unmittelbare Nutznießer sie doch selber sind, und sie haben keinen Schimmer von dem jüngst entstandenen großen Korpus an wissenschaftlicher Literatur aus der Feder von Peter Gay und anderen, die unter dem Firnis der viktorianischen «Repression» ein Universum sexuellen Erlebens enthüllt haben, das dem unseren an Weitläufigkeit in nichts nachstand. Zweifellos gibt es noch immer ein paar amerikanische Teenager, die sich entschieden haben, in ihrem Leben größeres Gewicht auf religiöse Skrupel zu legen als auf die Popkultur. Aber wie kommt Dr. Block dazu, diesen Jugendlichen zu sagen, dass sie sich falsch entschieden haben? Doch die überwältigende Mehrheit der jungen Leute, die sich eher für *Baywatch* als für die Bibel interessieren, hat wirklich Glück, in einer Zeit zu leben, in der es beispielsweise zum Allgemeinwissen gehört, dass Frauen zum Orgasmus kommen und dass nur wenige, wenn überhaupt welche, vaginal sind. Allerdings lohnt sich der Hinweis darauf, dass dieses Allgemeinwissen durch den wachsenden Einfluss der Frauen verbreitet wurde und nicht umgekehrt.

Wie mannhaft ich der Nostalgie auch widerstehe, haben die

viktorianischen Verschleierungen doch einen Reiz für mich. Dr. Block bemerkt in einem untypischen Anfall von Weisheit: «Das Errichten eines Tabus birgt die Ironie, dass etwas, sobald es verboten ist, oftmals sehr interessant wird.» In einer Zeit angeblicher Unterdrückung hatte Sex wenigstens den Vorzug, einen privaten Raum abzutrennen. Liebende sahen sich in Opposition zur offiziellen Kultur, was den Effekt hatte, dass jede Entdeckung, die sie machten, zu einer *persönlichen* wurde. Die Vision von einem langen Leben mit unablässig heißem, «erfüllendem» Sex, den es in wirklich jedem Haushalt gebe, eine Vision, die unsere gegenwärtigen Expertinnen verbreiten, und sei es als Ideal, hat etwas zutiefst Langweiliges. Obwohl für mich die Erinnerung daran, wie unschuldig ich mit Anfang zwanzig war, etwas Schmerzhaftes hat, habe ich doch nicht den Wunsch, mein Leben umzuschreiben. Das würde nur jene Augenblicke der Erkenntnis eliminieren, in denen sich wie aus dem Nichts eine ganze Erfahrungsperspektive auftat, Augenblicke, in denen ich dachte: *So* ist das also. Wie jede Generation glauben muss, dass sie den Sex erfunden hat – *«Sexual intercourse began / In nineteen sixty-three / (Which was rather late for me»*), lautete Philip Larkins nicht nur ironisches Lamento –, verdienen wir alle auch unsere Trockenperioden und unsere eigenen Revolutionen. Erst durch sie wird unser Leben zu einer guten Geschichte.

Leider gehen solche Geschichten schnell unter zwischen den glatten Gewissheiten unserer Medienkultur: dass ein hinreichend schweres Sperrfeuer an Informationen Erleuchtung zeitigt und unablässige Kommunikation eine Gemeinschaft bildet. Susie Bright und Susan Block und Dr. Ruth sind laut und kabelkompatibel. Man kann sie ein-, aber nicht wieder abschalten. Sie quasseln über das Frenulum und das Perineum, den G-Spot, die Drücktechnik, Schimpansen und Vibratoren, Bodys und Strapse, «Ohrgasmen» und «Zehgasmen». Ihre Arbeit *schafft* erst den stümpernden Amateur. Ihre Entdeckung der sexuellen «Technik» *schafft* erst eine Bevölkerung, der jede Technik fehlt. Die populäre Kultur, der sie angehören, ähnelt daher einer MTV-Beachparty. Von außen sieht die Party ausgelassen aus, aber für den passiven Betrachter ist das Wesentliche, dass er nicht eingeladen worden ist. «Haben manche Menschen Mehrfachorgasmen … elektrisierende orale Erlebnisse, unglaubliche und emotional intensive Liebesbegegnungen, die Stunden andauern?», fragt Susan Bakos den Leser. «So unglaublich es klingen mag – ja. Warum dann nicht auch Sie?» Einem einsamen Leser könnte man die Antwort verzeihen: Weil in meinem Schlafzimmer ein Fernseher steht.

Dem Begriff «Paraphilie» haftet etwas Perverses, etwas Ungesundes an. Doch während kaum Zweifel bestehen, dass unsere Kultur eine paraphilische Verdrängung des Genitalen durch das Verbale befördert, ist diese Verdrängung an sich nicht krank. Der Grund dafür, dass die Lektüre eines Sexbuchs die Einsamkeit (wenigstens vorübergehend) lindern kann, ist der, dass Sex für den Menschen ebenso imaginativ wie biologisch ist. Wenn wir mit jemandem schlafen, haben wir immer ein Bild von uns im Kopf, wie wir mit jemandem schlafen. Und obwohl die Substituierung eines warmen Körpers durch einen heißen Text nur eine Möglichkeit sein mag, unsere Genitalien zu überlisten, ist es doch bemerkenswert, dass diese List so oft funktioniert. Als ich vierzehn war, durchforschte ich mein *Webster's Collegiate* ständig nach Wörtern wie «Geschlechtsverkehr». Als ich *Ann Landers Talks to Teenagers About Sex* nach schmutzigen Stellen abgraste, erfuhr ich zu meiner Freude, dass allein schon der Anblick «eines Mädchens in einem engen Pullover» genügt, um einen halbwüchsigen Jungen zu erregen.

Für alle, die solche schriftlichen Kitzel suchen, nicht aber über die Ressourcen verfügen, einen eigenen Vorrat an Kitzel erzeugenden Texten zusammenzutragen, gibt es jetzt *Erotik schreiben*, eine Art para-paraphilisches Werk zum Thema *The Joy of Writing Sex: A Guide for Fiction Writers* von der Romanautorin Elizabeth Benedict. Dieser neue *Joy* besteht im Wesentlichen aus Sexszenen, die sie aus den Werken zeitgenössischer Schriftsteller exzerpiert und mit ihren munteren, keimfrei machenden Glossen umrahmt hat. Die subversiven Kitzel, die *Portnoys Beschwerden* vielleicht bereithält, dürften eine Analyse wie die folgende wohl kaum überstehen: «Roth gelingt es, das Klischee des ersten Besuchs eines Halbwüchsigen bei einer Hure in eine köstliche, zum Schreien komische Szene zu verwandeln, die uns wieder zu den Themen des Romans zurückführt, dem Kampf zwischen dem Wunsch, ein guter Jude und ein guter jüdischer Sohn zu sein, und dem Verlangen, sich so unanständig zu verhalten, wie die eigene Libido es gerne hätte.» Benedict teilt uns mit, ein großer Reiz, das Handbuch zu schreiben, habe darin gelegen, dass sie «sexy Bücher lesen und lange Zeit an nichts anderes als an Sex denken» konnte. Dass sie das für einen beneidenswerten Zustand hält, mag die enge Verwandtschaft – die ganz auffallenden Parallelen – zwischen ihrem Machwerk und den Machwerken der Sexratgeberinnen erklären. Das Preisschild des Buchs ist seine Bestimmung.

Wie die Sexratgeberinnen gratuliert auch Benedict unserer Zeit zu ihrer Aufgeklärtheit und ihren Leser zu dem Glück, nach dem Erscheinen von *Angst vorm Fliegen* volljährig geworden zu sein. Sie spielt auf die «unermesslichen Tragödien der Selbstzensur» an, die manchen Schriftstellern in den finsteren Zeiten vor 1960 widerfuhren, und sie verweist auf die bösen Mächte (Puritanismus, Fundamentalisten, sexuell repressive Regierungen), die unsere zerbrechliche Freiheit bedrohen. Obwohl auch sie wie Dr. Block kurz den Reiz erwähnt, den ein Tabu erzeugt («Jetzt, wo wir alles sagen können, was bleibt da noch zu sagen?»), würde die Weiterführung dieses Gedankens ihr Projekt untergraben, also lässt sie ihn fallen. Ähnlich unwohl ist ihr bei der Erkenntnis, dass sich das technische Handwerk beim Verfassen von Sexszenen von der ungleich größeren Herausforderung, gute Literatur zu schreiben, ebenso wenig trennen lässt wie die Beherrschung von Sextechniken von der Herausforderung, jemanden zu lieben. Gut über Sex zu schreiben hat, wie sich herausstellt, eine Menge mit gutem Schreiben überhaupt zu tun. Es beinhaltet, so Benedict, «Spannung, dramatischen Konflikt, Figurenentwicklung, Einsichten, Metaphern und Wendepunkte». Diese Eigenschaften entsprechen den Langsamen und Schnellen Ein- und Zweihändern, auf die sie in unterschiedlichen Kombinationen das ganze Buch hindurch zurückgreift. Meiden Sie Klischees, rät sie – oder geben Sie ihnen wenigstens «einen besonderen Pfiff». Versuchen Sie, «den Text interessant» zu machen. Und nicht vergessen: «Sie brauchen nicht explizit zu sein, genau aber schon.» Und wenn's nicht passt, machen Sie's nicht zur Last.

Zwar glaubt Benedict, dass sie den Leser von den «Dämonen» der Selbstzensur befreien kann, doch wie das genau passieren soll, bleibt undeutlich. An einer Stelle suggeriert sie, die Befreiung sei schlicht und ergreifend eine Frage des Mumms: «Frage: Wer sind Ihre Zensoren, und wie bringen Sie sie zum Schweigen? Antwort: Tun Sie's doch einfach.» Doch ein Buch, das uns die «Erlaubnis zum Genießen» neuer Möglichkeiten erteilen will, erfordert jemanden, der es uns exemplarisch vormacht, und wie bei Betty Dodson, deren *Sex for One: Die Lust am eigenen Körper* vor allem die beruflichen Triumphe Betty Dodsons verbreitet, ist das Werk, für das Benedict sich am meisten interessiert, das eigene. Vier längere Passagen aus ihren Titeln nimmt sie in ihr Buch auf und rühmt sie mit charmanter Unbefangenheit. («Diese Szenen sind emotional sehr komplex ...») Gleichzeitig erinnert sie uns gern daran, dass sie *ihr* Können nicht einem Handbuch verdankt. In ihrem eigenen Werk, sagt sie, habe sie «nicht absichtlich versucht, Konflikte zu kreieren oder Wendepunkte einzubauen» –

obwohl sie jetzt natürlich erkenne, «wie wichtig solche Elemente sind».

Der Betrug von *Erotik schreiben* ist mieser als der von Sexratgebern, da im Bett jeder ein König und jede eine Königin, im Leben aber nicht jeder ein erfolgreicher Romanautor sein kann. Nietzsche sagte: «Allerwelts-Bücher sind immer übelriechende Bücher: der Kleine-Leute-Geruch klebt daran.» Die Wahrheit könnte natürlich sein, dass ich keinen Größeren habe als ein anderer. Aber wer will schon eine solche Wahrheit wissen? So wie jeder Liebhaber irgendwann glaubt, dass es so, wie er es macht, nirgendwo sonst auf dem Planeten gemacht wird, klammert sich auch jeder Künstler verzweifelt an die Illusion, dass die Kunst, die er schafft, wesentlich, notwendig und einzigartig ist.

Ästhetischer Elitismus, sexueller Snobismus: diese Haltungen sind nicht so tadelnswert, wie unsere Kultur sie erscheinen lässt. Es sind die Bemühungen des Einzelnen, sich in dem herrschenden Getöse einen kleinen privaten Raum zu bewahren. Alle sollten elitär sein – und es für sich behalten.

Der einzige willkommene Dienst, den Benedict in *Erotik schreiben* leistet, ist die chirurgische Herauslösung von Sexszenen aus ihrem jeweiligen Kontext. Je expliziter die unanständigen Stellen in einem Roman sind, desto mehr, glaube ich, betteln sie darum, herausgelöst zu werden. Zu meiner Teenagerzeit waren Romane trojanische Pferde, mit deren Hilfe gelegentlich ein erotischer Kitzel in mein behütetes Leben gelangte. Im Lauf der Jahre jedoch fürchtete ich zunehmend das Nahen von Sexszenen in ernster Literatur. Vielleicht ist das ja der orgasmische Kollaps: Je fesselnder die Geschichte, desto mehr fürchte ich es. Oft nehmen die Sätze dann eine Joyce'sche Länge an. Meine Furcht steigt mitfühlend mit der des Autors, und schon bald wird die empfindliche Blase der Phantasiewelt von den harten Erfordernissen des Benennens von Körperteilen und -bewegungen – der wiederkehrenden Gleichheit des Ganzen – angestochen. Wird Sex wiederum überzeugend geschildert, liest man ihn schnell autobiographisch, und mein Verlangen, in die Biochemie eines Fremden einzutauchen, ist begrenzt. Einige wenige Genies – Philip Roth mag dazugehören – verfügen über die Fähigkeit oder Kühnheit, sich expliziten Sex leisten zu können, in den meisten Romanen aber, seien sie ansonsten noch so großartig, ist die körperliche Nomenklatur durch ihren früheren Gebrauch von Autoren, deren Hauptziel es einfach ist, den Leser zu erregen, hoffnungslos kontaminiert.

Jacques Derrida hat in seinem Essay «Weiße Mythologie» in unglaublichen Verrenkungen demonstriert, dass die Sprache ein derart in sich geschlossenes System ist, dass nicht einmal einem so elementaren Wort wie «Sonne» von einem, der Sprache benutzt, nachgewiesen werden kann, dass es sich auf eine objektive, außersprachliche SONNE bezieht. Eine Kerze ist *wie* eine kleine Sonne, aber die Sonne ist *wie* eine große Kerze; bei genauer Betrachtung erweist sich, dass Sprache weniger durch die vertikalen Zuweisungen durch Benennen als vielmehr durch die lateralen Assoziationen durch Metaphern wirkt. Was also ist «Sex»? Alles ist wie er, und er ist wie alles – wie Essen, wie Drogen, wie Lesen und Schreiben, wie Verhandeln, wie Krieg, wie Sport, wie Erziehung, wie die Wirtschaft, wie gesellschaftliches Leben. Am Ende aber ist jeder Orgasmus mehr oder weniger gleich. Vielleicht ist Schreiben *über* Sex auch deshalb effektvoll und langweilig zugleich. Eine nominelle Sprache à la «heiße glitschige Fotze» und «harter strammer Schwanz» strebt ihre eigene Schließung an und erreicht sie auch. Der Orgasmus ist eine Art Konsumgut, und die Sprache, die ihn begleitet, bleibt so oder so immer eine Art Werbetext.

Sprache *als* Sex dagegen strotzt vor den Fährnissen eines

schwer zu kalkulierenden Eros. Wenn ich mit einem Roman im Bett liege, hoffe ich, dass der Autor mir treu ist. Gerade lese ich Nick Hornbys *High Fidelity*, eine vergnügliche Verspottung männlicher Ängste, wo die Freundin des Erzählers ihn verlässt, um sich mit seinem Nachbarn in der Wohnung über ihm zusammenzutun, einem Mann, der, wie er sich jetzt erinnert, im Bett «so etwas wie ein Dämon» war:

> «Der ist ja ganz schön ausdauernd», sagte ich eines Nachts, als wir beide wach lagen und an die Decke starrten. «Hätte ich auch mal so ein Glück», sagte Laura. Das war ein Scherz. Wir lachten. Ha, ha, machten wir. Ha, ha, ha. Heute lache ich nicht. Noch niemals hat ein Scherz mich derart mit Übelkeit, Paranoia, Unsicherheit, Selbstmitleid, Furcht und Zweifel erfüllt.

Als sich in dem Roman, der sich fast ausschließlich um Sex dreht, dann nach hundert Seiten eine Sexszene mit allem Drum und Dran am narrativen Horizont drohend ankündigt, wird mein Widerwille gegen die Aussicht auf orgasmischen Kollaps durch einen seltenen Umstand gemildert: An sich finde ich nämlich das weibliche Objekt der Liebe (eine amerikanische Folkrock-Sängerin) und die Szenerie (eine heruntergekommene Wohnung in einem heruntergekommenen Londoner Stadtteil) ziemlich sexy. Obwohl ich mich auf die aufgerichteten Brustwarzen und die verspritzte Samenflüssigkeit, die vermutlich folgen werden, nicht freue, bin ich bereit, sie zu verzeihen, vielleicht sogar, sie doch ganz schön zu finden. Aber wenn Hornby seine Liebenden nach einer letzten, acht Seiten langen Verzögerung aufgrund von peinlichen Debatten und präkoitalen Beklemmungen endlich im Bett hat, erklärt der Erzähler abrupt: «Über den ganzen anderen Kram, den Wer-macht-was-bei-wem-Kram, sag ich nichts.» Vor die Wahl gestellt, dem, «was passiert», und seinem Leser die Treue zu halten, lässt Hornby den Leser nicht im Stich. Mit einem einfachen Satz lässt er den Vorhang fallen und beweist mir so, dass er selbst irgendwann beim Lesen die soeben von mir erlebte Spannung erlebt hat, und einen Augenblick lang fühle ich mich, obwohl ich allein im Bett liege, nicht allein. Einen Augenblick lang gehöre ich einer Gruppe an, die weder so groß ist wie etwas statistisch Nachweisbares noch so klein wie das nackte Ich. Es ist eine Zweiergruppe, der treue Autor und der vertrauensvolle Leser. Wir sind verschieden und doch gleich.

(1997)

Bis dann in St. Louis

An einem kühlen Morgen Ende September, am Rand einer von Lastern zerfurchten Straße, die an Brachflächen vorbei zu schmuddeligen Großmärkten führt, sagen mir ein Fernsehproduzent und sein Kameramann, wie ich über den Mississippi auf St. Louis zufahren und was ich ungefähr dabei empfinden soll.

«Sie kehren auf einen Besuch zurück», sagen sie. «Sie sehen die Skyline und den Arch.»

Der Kameramann, Chris, ist ein breitbrüstiger, rotgesichtiger Einheimischer mit einheimischem Akzent. Der Produzent, Gregg, ist ein großer, gutaussehender Kosmopolit mit Dressman-Locken. Durch das Fenster meines Mietwagens reicht er mir ein Walkie-Talkie, über das ich mit ihm und dem Team kommunizieren soll; sie werden mir in einem Minivan folgen.

«Sie fahren eher langsam», sagt Chris, «auf der zweiten Spur von rechts.»

«Wie langsam?»

«So um die fünfzig.»

In der Ferne auf den Hochstraßen, von denen die Poplar Street Bridge gespeist wird, ist der Pendlerverkehr noch immer stark. Es hat einen Hauch von Illegalität, wie wir uns so am Straßenrand besprechen, hier, inmitten des Ödlands von East St. Louis, in dem sich eine Leiche gut loswerden ließe, aber wir machen nichts moralisch Zweifelhafteres als Aufnahmen fürs Fernsehen. Etwaige Pendler, die wir behindern könnten, wüssten das natürlich nicht, aber wenn sie es wüssten – wenn sie den Namen «Oprah» hören würden –, hätten die meisten gegen die Behinderung wohl weniger einzuwenden.

Nachdem ich das Walkie-Talkie getestet habe, fahren wir zu

einer Auffahrt zurück. Ich habe die Nacht in St. Louis verbracht und die Brücke nur deshalb überquert, um diese Einstellung zu inszenieren. Ich bin ein Mittelwestler, der seit vierundzwanzig Jahren an der Ostküste lebt. Ich bin ein grantiger Manhattaner, der sich mit einem anscheinend mittelwestlichen Kooperationseifer bereit erklärt hat, so zu tun, als käme er in die mittelwestliche Stadt seiner Kindheit und sähe sie sich mit neuen Augen an.

Der Verkehr stadteinwärts ist dichter, als er es stadtauswärts war. Ein Drängler betätigt die Lichthupe, als ich abbremse, um den Kamerawagen links von mir auf meine Höhe kommen zu lassen. Seine Schiebetür ist offen, und Chris lehnt sich, die Kamera auf der Schulter, heraus. Auf der rechten Spur nähert sich ein Sattelschlepper, bald wird er überholen.

«Sie müssen das Seitenfenster runterkurbeln», sagt Gregg über das Walkie-Talkie.

Ich kurble das Fenster herunter, und meine Haare flattern.

«Langsamer, langsamer», blafft Chris über den flirrenden Asphalt.

Ich gehe vom Gas, sehe die Straße vor mir leer werden. Ich bin langsam, und die Welt ist schnell. Der Sattelschlepper ist jetzt auf gleicher Höhe und verdeckt den Gateway Arch und die Skyline, zu der ich hinsehen soll.

Chris, mit der Kamera aus dem Wagen gelehnt, brüllt zornig oder verzweifelt über den Autolärm hinweg: «Langsamer! Langsamer!»

Ich habe eine krankhafte Abneigung dagegen, den Verkehr aufzuhalten – ein Erbe vielleicht von meinem Vater, für den ein Abend im Theater zur Qual wurde, wenn jemand hinter ihm saß, der kleiner war als er –, aber ich gehorche dem gebrüllten Befehl, worauf der Sattelschlepper zu meiner Rechten an mir vorbeidonnert und just in dem Moment, wo wir die Brücke verlassen und gen Westen fahren, den Blick auf den Arch freigibt.

Als wir dann übers Walkie-Talkie den zweiten Take besprechen, erklärt mir Gregg, Chris habe nicht mich angebrüllt, sondern seinen Assistenten, der am Steuer des Mini-Van sitzt. Jedes Mal, wenn ich langsamer gefahren sei, hätten auch sie langsamer werden müssen. Ich komme mir blöd vor, bin aber froh, dass niemand dabei ums Leben gekommen ist.

Beim zweiten Take bleibe ich auf der rechten Spur und krieche halb so schnell wie erlaubt dahin, bemüht, ein – ja was? schriftstellermäßiges? neugieriges? wehmütiges? – Gesicht zu machen, während der Trucker hinter mir Stoß um Stoß aus seiner Fanfare ablässt.

Vor dem historischen Gerichtsgebäude von St. Louis, wo der Prozess gegen den Sklaven Drett Scott stattgefunden hat, warten Chris, sein Helfer und ich gespannt, bis Gregg mit der Durchsicht des neuen Materials auf einem Sony-Handmonitor fertig ist. Seine schönen Haare fallen ihm immer wieder ins Gesicht und müssen zurückgeschüttelt werden. Östlich des Gerichtsgebäudes ragt der Arch über einem angepflanzten Eschenwäldchen auf. Ich habe einmal einen Roman geschrieben, in dessen Zentrum diese mahnende Edelstahlikone meiner Kindheit steht, ich habe einmal den Arch und die Countys, die ihn umgeben, mit Geheimnis und Seele aufgeladen, doch an diesem Morgen fehlt mir jede Subjektivität. Ich empfinde lediglich ein dumpfes Bestreben, es allen recht zu machen. Ich bin ein stummes, aber notwendiges Objekt, ein passiver Lieferant von Bildern, und mich beschleicht das Gefühl, sogar darin zu versagen.

Mein drittes Buch, *Die Korrekturen* – ein Familienroman über drei urbane Ostküstenintellektuelle, die abwechselnd Sehnsucht und Widerwillen verspüren, wenn sie an die mittelwestliche Vorstadt denken, in der ihre alt gewordenen Eltern leben –, wird bald als Oprah Winfreys neueste Empfehlung in ihrer Fernsehsendung Book Club vorgestellt werden. Eine Woche zuvor rief mich eine von Winfreys Produzentinnen, eine unkomplizierte Frau namens Alice, in New York an, um mich mit einigen Pflichten vertraut zu machen, die man als Oprah-Autor hat. «Das ist für uns ein schwieriges Buch», sagte sie. «Ich glaube, wir wissen erst, wie wir es angehen sollen, wenn wir die Rückmeldungen von unseren Gutachtern haben.» Aber zur Produktion einer kurzen biographischen Bildsequenz und einer impressionistischen Zusammenfassung der *Korrekturen* brauchen die Produzenten «*B-roll*»-Füllmaterial, das sie dann mit dem «*A-roll*»-Material von mir als Sprechendem zusammenschneiden wollen. Auf meiner Lesereise hätte ich ja am kommenden Montag einen freien Tag in St. Louis (ich hatte vor, alte Freunde meiner Eltern zu besuchen), ob es da wohl möglich sei, ein wenig *B-roll* in meiner alten Gegend zu drehen?

«Sicher», sagte ich. «Und wollen Sie mich auch hier in New York filmen?»

«Vielleicht auch das», sagte Alice.

Ich wies sie darauf hin, dass es zwischen meiner Wohnung und meinem Studio in Harlem, das ich mit einem befreundeten Bildhauer teilte, ganz schön viel optisch Reizvolles in New York zu sehen gebe.

«Mal abwarten, was die vorhaben», sagte Alice. «Aber wenn Sie uns einen vollen Tag in St. Louis zur Verfügung stehen könnten?»

«In Ordnung», sagte ich, «obwohl St. Louis mit meinem jetzigen Leben eigentlich gar nichts mehr zu tun hat.»

«Vielleicht fragen wir später ja noch für einen anderen Tag an und drehen in New York», sagte Alice, «wenn nach Ihrer Leserreise noch Zeit bleibt.»

Schriftsteller bin ich auch deswegen, weil ich mich mit Autoritäten schwertue. Eine Uniform getragen habe ich einzig und allein in meinem ersten Jahr an der Highschool, als ich bei den Marching Statesmen der Webster-Groves-Highschool Baritonsaxophon spielte. Ich war fünfzehn und wuchs schnell; zwischen September und November wurde mir die Uniform zu klein. Nach dem letzten Heimspiel der Statesmen in der Footballsaison ging ich vom Feld und lief durch Scharen älterer und jüngerer Mädchen mit engen Jeans und langen Schals. Ich wäre am liebsten im Boden versunken, weil ich mich so uncool fand, und zerrte meine Smokinghose möglichst weit nach unten, um meine lächerlichen Gamaschen zu verdecken. Ich löste die Messingknöpfe meines orange-schwarzen Uniformjacketts und ließ es offen herumhängen. So sah ich eher noch uncooler aus, und schon erspähte mich der Bandleader, Mr. Carson. Er kam auf mich zu, drehte mich herum und brüllte mir ins Gesicht: «Franzen, du bist ein Marching Statesman! Entweder du trägst diese Uniform mit Stolz, oder du trägst sie gar nicht! Ist das klar?»

Als ich mich auf Winfreys Empfehlung meines Buchs einließ, nahm ich mir Mr. Carsons Tadel zu Herzen. Ich sagte mir, dass das Fernsehen von Bildern lebt; je schlichter und bunter sie sind, desto besser. Wenn die Produzenten mich als Mittelwestler haben wollten, dann wollte ich eben versuchen, ein Mittelwestler zu sein.

Am Freitagnachmittag rief Gregg an und fragte mich, ob mir die neuen Besitzer meines Elternhauses bekannt seien und ob sie wohl erlauben würden, dass ein Kamerateam mich darin filmte. Ich sagte, mir seien die neuen Besitzer nicht bekannt. Gregg erbot sich, sie aufzusuchen und um die Genehmigung zu bitten. Ich sagte, ich wolle mein früheres Elternhaus nicht betreten. Tja, sagte Gregg, wenn ich wenigstens davor herumlaufen könnte, würde er die Erlaubnis der Besitzer gern dafür einholen. Ich sagte, ich wolle mit meinem früheren Elternhaus überhaupt nichts mehr zu tun haben. Allerdings spürte ich, dass ihm mein Widerstand missfiel, also bot ich ihm Alternativen an, die ihn, wie ich hoffte, reizen könnten: Er könne doch in meiner alten Kirche drehen, er könne in der Highschool drehen, er könne sogar in meiner alten Straße drehen, vorausgesetzt, er zeige nicht das ehemalige Haus meiner Familie. Seufzend notierte Gregg sich die Namen der Kirche und der Highschool.

Als ich auflegte, merkte ich, dass ich mich an Armen, Beinen und Brust gekratzt hatte. Anscheinend bekam ich einen richtiggehenden Ausschlag am ganzen Körper.

Inzwischen, es ist Montagvormittag, und ich stehe im Schatten des Arch, der mir überhaupt nichts bedeutet, hat sich der Ausschlag zu einem brennenden, gürtelrosenähnlichen Band aus Schmerz und Juckreiz ausgebreitet und sich unten rechts um meinen Oberkörper gelegt. Derartige Beschwerden habe ich noch nie gehabt. Während der Aufregung der Dreharbeiten auf der Brücke hat der Juckreiz nachgelassen, aber während wir darauf warten, dass Gregg mit der Durchsicht des Materials fertig wird, möchte ich mich wie ein Verrückter kratzen.

Endlich blickt Gregg von seinem kleinen Monitor auf. Wenngleich mit dem zweiten Take sichtlich unzufrieden, erklärt er, ein dritter sei nicht notwendig. Chris, der Kameramann, grinst wie ein Jagdhund, dessen Instinkt bestätigt worden ist. Er trägt Jeans und ein Kordhemd, sieht aus, als hätte er in seiner Jugend die Allman Brothers und Lynyrd Skynyrd gehört. Gregg wiederum sieht aus wie einer, dem die Smiths und New Order wichtig waren. Während er und ich in westlicher Richtung aus der Stadt hinausfahren, warte ich darauf, dass er mir Fragen über St. Louis stellt oder sich mit mir über das Dröge und Künstliche dessen, was wir da tun, lustig macht, doch er muss auf seinem Handy hinterlassene Nachrichten beantworten. Er hat ein teures Team, einen begrenzt kooperativen Autor und nur noch sieben Stunden Tageslicht.

Um am Montag für den Dreh Zeit zu haben, verlegte ich meine privaten Verabredungen auf den Sonntag ins Haus von Glenn und Irene Patton, den alten Nachbarn meiner Eltern. Die Pattons hatten besser als ich vorausgesehen, dass es schwierig werden würde, wenn ich zu viele Leute hintereinanderweg besuchen wollte, und mich in New York angerufen und mir angeboten, einen kleinen Empfang auszurichten.

Um drei Uhr nachmittags bog ich in meine alte Straße ein, Webster Woods, und zwar aus der Richtung, die mich auf dem Weg zum Haus der Pattons nicht an dem meiner Familie vorbeiführte. Ein jahreszeitlich unbestimmter, weder sommerlicher noch herbstlicher Nieselregen fiel, in einem Baum krächzte eine Schar Krähen. Obwohl Glenn unlängst zwei künstliche Kniegelenke bekommen hatte und Irene gerade von einer schweren Gürtelrose genesen war, wirkten die beiden, als sie mich an der Tür begrüßten, gesund und munter.

Durch das Fenster in der Küche, wo ich mit halbherzigen Gesten bei den Vorbereitungen half, konnte ich die Rückseite meines Elternhauses sehen. Irene sprach freundlich über das junge Paar, das jetzt dort lebte. Sie erzählte mir, was sie über das Leben der beiden wusste und welche Veränderungen sie in den zwei Jahren, seit meine Brüder und ich das Haus verkauft hatten, an ihm vorgenommen hatten. Unser winziger Garten war jetzt ein Parkplatz für ein mittelgroßes Boot und einen mächtigen Geländewagen. Das Gras schien asphaltiert worden zu sein, genau konnte ich es aber nicht erkennen, weil ich es nicht ertrug, länger als eine Sekunde hinzusehen.

«Ich hab ihnen erzählt, dass du kommst», sagte Irene, «und sie haben gesagt, wenn du magst, kannst du dir das Haus sehr gern ansehen.»

«Ich will es nicht sehen.»

«Ach, ich weiß ja», sagte Irene. «Als ich Ellie Smith anrief, um sie für heute einzuladen, hat sie nur gesagt, dass sie nicht mehr durch die Straße gefahren ist, seit ihr das Haus verkauft habt. Sie sagt, es tut ihr einfach zu weh.»

Die Klingel der Pattons läutete. Wir hatten vier Paare eingeladen, mit denen meine Eltern gut bekannt gewesen waren und die ich seit dem Tod meiner Mutter nicht mehr gesehen hatte. Es hatte etwas von einem Wunder zu beobachten, wie sie nun nacheinander zu zweit eintrafen, zu sehen, wie sie sich, ganz und gar lebendig und die Alten, in dem mit Teppichboden ausgelegten Patton'schen Wohnzimmer niederließen. Sie waren kaum jünger als meine Eltern – um die siebzig, achtzig –, und meine Erinnerungen an einige von ihnen waren so alt wie die ältesten an meine Eltern. Wenn man den Tod eines Menschen, den man liebt, richtig *erfasst*, so wie ich schließlich und widerstrebend den Tod meiner Eltern *erfasste*, weiß man, dass die erste und grundlegendste Tatsache die ist, dass man den Menschen niemals wieder als lebenden, lächelnden, sprechenden Körper vor sich haben wird. Das ist das geheimnisvolle Wesen des Verlusts. Frauen zu umarmen, mit denen meine Mutter einen Großteil ihres Lebens Bridge gespielt hatte, die großen Hände von Männern zu schütteln, mit denen mein Vater Gestrüpp beseitigt oder an Ronald Reagans Präsidentschaft herumgenörgelt hatte, machte mir den Verlust und gleichzeitig auch sein Gegenteil bewusst. Alle diese Paare hätten meine Eltern sein können, die, zu hundert Prozent lebendig, noch immer ihre Krankheiten bagatellisierten, noch immer einen von Glenn Pattons großzügig eingeschenkten Drinks entgegennahmen, noch immer Tellerchen mit rohem Gemüse und Dessertvariationen und mit einer süßen Tapenade überbackenem Brie beluden. Und doch waren es nicht meine Eltern. Zum Beweis dafür stand nebenan ein verändertes Haus. Und im Garten standen ein Boot und ein bombastischer Geländewagen.

Als die Party vorüber war und ich mich ins Wohnzimmer der Pattons setzte, um mir ein Football-Spiel der Rams anzusehen, kam draußen ein kräftiger Herbstwind auf, trocknete die Straße und fegte den Himmel klar. Ich dachte an die letzte Seite von *Swanns Welt*: an den Wind, der «den Grand Lac mit kleinen Wellen durchfurchte wie jeden anderen See». An die großen Eichen, die Marcel «verstehen lehrten, welcher Widersinn darin liegt, wenn man die Bilder der Erinnerung in der Wirklichkeit sucht, wo immer der Reiz ihnen fehlen muss, der im Gedächtnis wohnt und mit den Sinnen nicht wahrgenommen werden kann». Und an seine Folgerung: «Die Wirklichkeit, die ich einst kannte, existierte nicht mehr.»

Das war eine Lektion, die ich schon lange vor dem Tod meiner Mutter gelernt hatte. Bei meinen Besuchen zu Hause hatte mich die Unscheinbarkeit, die Fadheit der Zimmer, die in meiner Erinnerung von beinahe magischer Bedeutsamkeit erfüllt gewesen waren, immer wieder enttäuscht. Und nun, so dachte ich, hatte ich noch weniger Anlass, in dem Haus nach der Vergangenheit zu suchen. Wenn meine Mutter, in den Händen Fingerhirse und kleine Zweige, die sie aus dem Rasen gezupft oder von ihm aufgelesen hatte, mir nicht im Morgenmantel die Auffahrt entgegenkam, wenn sie nicht aus dem Keller auftauchte, auf dem Arm nasse Laken, die sie nun endlich, nachdem es aufgehört hatte zu regnen, auf die Wäscheleine hängen konnte (der Geruch von Laken, die im Freien gehangen hatten, war ihr immer lieb gewesen), dann interessierte mich der Blick aus den Fenstern der Pattons nicht. Während ich so dasaß und Football schaute und auf den trostlosen Wind horchte, glaubte ich, dass ich den Blick auf mein Elternhaus deshalb nicht ertrug, weil ich damit abgeschlossen hatte: weil ich mich beim Eintreten nicht dem unausweichlichen Nichts aussetzen wollte, weil ich einem unschuldigen Haus nicht vorwerfen mochte, dass es noch immer stand, obwohl ihm seine Bedeutung doch längst genommen worden war.

Doch es muss weitergehen! Wir drehen viermal, wie ich nach links in die Webster Woods einbiege, und nach jedem Mal lässt Gregg uns Pause machen, damit er es sich auf seinem Monitor ansehen kann. Mehrmals drehen wir, wie ich ganz langsam auf mein Elternhaus zufahre. Über das Walkie-Talkie meint einer der Männer, ich solle mich doch neugierig umblicken, so als wäre ich eine Weile nicht mehr da gewesen. Wir drehen die gleiche Szene noch einmal mit Chris auf dem Beifahrersitz, der das, was ich durch die Windschutzscheibe sehe, filmt und sich dann gegen die Tür drückt, um mich dabei aufzunehmen, wie ich mich neugierig umblicke, so als wäre ich eine Weile nicht mehr da gewesen.

Gegen ein Uhr parken wir am Fuß des kleinen Hügels, auf dem mein Elternhaus steht. Die neuen Besitzer haben quer über den Hang, über dem ich früher mühsam einen Rasenmäher schob, eine Stützmauer gezogen. Die Mauer ist rosa – sie erinnert an eine Legofestung –, aber vielleicht soll sie ja auf lange Sicht von Efeu überwuchert werden.

Schon nach einem kurzen Moment muss ich wegschauen. Himmel und Sonne leuchten, die heimischen Bäume sind noch grün. Drei kleine Kinder spielen vor dem einzigen Neubau, einem hässlich stuckierten Kasten, den sie nach meinem Wegzug an der Straße gebaut haben. Gregg fragt die Mutter der Kinder, ob er sie filmen darf. Ich kenne die Mutter nicht. Früher kannte ich jeden in der Webster Woods, jetzt kenne ich nur noch die Pattons.

Eine halbe Stunde lang sitze ich, während das Team typisch amerikanische Kinder filmt, die auf typischem Rasen tollen, auf einer dreieckigen Verkehrsinsel gegenüber dem Haus der Pattons in der Sonne. Ich versuche, mich nicht zu kratzen, wo es mich juckt. Hinter mir steht eine junge Eiche, die meine Familie nach dem Tod meines Vaters gepflanzt hat. Mein Vater hatte bezüglich seiner Bestattung oder Kremierung keine Verfügungen hinterlassen – hatte sich sein ganzes Leben lang geweigert, diese Dinge zu erörtern –, also beschlossen wir, auf dieser Insel, auf der er fast dreißig Jahre lang den Rasen gemäht und Blätter gerecht hatte, einen Baum zu pflanzen. Um den Baum verstreuten wir etwas von seiner Asche und stellten eine kleine Marmortafel auf, in die ZUM GEDENKEN AN EARL FRANZEN eingraviert war. Ich habe das Gefühl, dass dieser Baum Gregg interessieren könnte, und begreife meinen Entschluss nicht ganz, ihm nichts davon zu sagen. Klar, ich schütze meine Privatsphäre, und mein Ärger darüber, dass das Team seine Aufmerksamkeit an anderer Leute Kinder verschwendet, ist unsinnig.

Nachdem Gregg zu meinem Wagen gerannt ist, um ein Erlaubnisformular zu holen, das die Mutter unterschreiben muss, soll ich die Straße entlangschlendern, während Chris, vor mir zurückweichend, dreht. Gregg bittet mich, ein paar Worte über die Webster Woods zu sagen, worauf ich einen kurzen Lobgesang darauf anstimme, wie froh ich war, hier aufzuwachsen, wie sehr ich die öffentlichen Schulen und die Congregational Church mochte.

Gregg runzelt die Stirn. «Etwas Spezifischeres über das Viertel bitte.»

«Na ja, man sieht ja, es ist Vorstadt.»

«Etwas über die Leute, die hier so leben.»

Über die Leute, die jetzt hier leben, denke ich, dass es nicht die sind, die einmal hier gelebt haben, und dass ich sie deswegen hasse. Ich denke, dass ich vor Wut sterben würde, müsste ich in dieser Straße leben, in der ich einmal so glücklich war. Ich denke, dass diese Straße, meine Erinnerung an sie, *mir* gehört; und dennoch besitze ich offenkundig nichts von ihr, nicht einmal das Filmmaterial, das in meinem Namen gedreht wird.

Also halte ich für die Kamera einen kurzen soziologischen Vortrag darüber, wie sich die Gegend verändert hat, wie die Häuser erweitert wurden, wie viel mehr Geld die neuen Familien haben. Der Wahrheitsgehalt dieses Vortrags geht vermutlich gegen Null. Irene Patton ist aus ihrem Haus gekommen und winkt mir vom Vorgarten aus zu. Ich winke wie einer Fremden zurück.

«Dürfen wir Sie denn wirklich nicht vor Ihrem Haus filmen?», fragt Gregg. «Nur davor, nicht drinnen.»

«Tut mir leid», sage ich, «aber ich will das nicht.» Und dann überfällt mich, weil ich nicht verstehe, was ich da überhaupt schütze, ein jähes Bedauern darüber, dass ich so schwierig bin. Ich sage Gregg, ich würde ihm ein Foto des Hauses geben, aufgenommen im Winter und mit Schnee darauf. «Das Foto können Sie meinetwegen zeigen», sage ich.

Gregg wirft die Haare nach hinten. «Und das geben Sie uns ganz bestimmt.»

«Ganz bestimmt.»

Aber Gregg scheint noch immer unzufrieden mit mir, und so biete ich ihm den Baum an. Ich erkläre ihm das mit dem Baum, ich erzähle ihm die Geschichte, doch die Wirkung ist nicht die erhoffte. Er zeigt sich nur mäßig interessiert, als ich das Team zurück zum Dreieck führe und auf die Marmortafel deute. Irene Patton steht noch immer in ihrem Garten, aber jetzt sehe ich nicht einmal zu ihr hin.

Eine weitere halbe Stunde lang filmen sie mich und den Baum aus vielen Richtungen und Entfernungen. Ich gehe langsam auf den Baum zu, ich stehe nachdenklich vor dem Baum, ich tue so, als betrachtete ich die Inschrift am Fuß des Baums. Das Jucken an meinem Körper erinnert mich an die Szene in *Alien*, in der der frisch geschlüpfte Alien dem Astronauten aus der Brust fährt.

Offenbar schaffe ich es nicht, Gefühle zu mimen.

«Sie schauen den Baum hoch», instruiert Gregg mich. «Sie denken an Ihren Vater.»

Mein Vater ist tot, und ich fühle mich tot. Ich erinnere mich und zwinge mich, es gleich wieder zu vergessen, dass hier auch Asche meiner Mutter verstreut wurde. Während Chris zoomt und schwenkt, registriere ich nicht viel mehr als die Anordnung der Eichenzweige auf meiner Netzhaut und überlege, wie groß der Baum gewesen ist, als wir ihn gepflanzt haben, und versuche, seine jährliche Wachstumsrate zu berechnen, doch ein Teil von mir sieht mir selber dabei zu. Ein Teil von mir stellt sich vor, wie das im Fernsehen rüberkommt: als Schmalz. Gefühle wiedergeben, das mache ich als Autor, und dieser Baum ist mein Material, und nun trage ich dazu bei, es kaputt zu machen. Ich weiß, dass ich es kaputt mache, weil Gregg mich ansieht, wie ich vielleicht einen kaputten Kugelschreiber ansehen würde. Dass es mich an Bauch und Rücken so sehr juckt, ist fast eine Erleichterung, weil es mich von der Scham darüber ablenkt, wie ich versage, meinem Vater und seinem Baum gerecht zu werden. Hätte ich Gregg diesen Baum nur nicht angeboten! Aber irgendwas *musste* ich ihm doch anbieten!

Ich versage als Oprah-Autor, und als das Team und ich letzte Schlender-Sequenzen drehen, wir sind schon über zwei Stunden in der Webster Woods, mache ich das Versagen komplett. Sechs Wörter fahren mir aus der Brust wie ein scheußlicher junger Alien. Ich sage: «Das ist doch der totale Schwindel!»

Zu meiner Überraschung sieht Chris vom Okular auf, lacht und nickt heftig: «Da haben Sie recht!» Seine Stimme ist laut vor Heiterkeit und etwas wie Zorn. «Da haben Sie recht, der totale Schwindel ist das!»

Gregg blickt nur mit versteinerter Miene auf die Uhr. Die Zeit wird knapp, und der Autor ist schwierig.

Von der Webster Woods fahren wir durch die westlichen Teile des County zum Verkehrsmuseum, einem besseren Abstellgleis, zu dem Eisenbahngesellschaften ausgemusterte Waggons gebracht haben, vielleicht um für ihre Mühe barmherzige Steuernachlässe zu erzielen. Züge faszinieren mich nicht besonders, und in diesem Museum war ich nie, aber in den *Korrekturen* spielt ein Verkehrsmuseum eine Minirolle, und eine der Hauptfiguren des Romans ist Eisenbahner. Meine Aufgabe ist es nun also, neben Zügen zu stehen oder zu gehen und ein nachdenkliches Gesicht zu machen. Das tue ich eine Stunde lang.

Als es Zeit wird, zu der Buchhandlung aufzubrechen, in der ich am Abend lesen und signieren soll, gebe ich Gregg die Hand und sage, er habe jetzt hoffentlich das eine oder andere Material, mit dem er etwas anfangen könne. An seiner verhaltenen Antwort erkenne ich einen, der wie ich Perfektionist und Grübler ist und dessen vielfach wiederholte Takes meinen vielfachen Änderungen am Text entsprechen.

«Ich denke mal, daraus lässt sich was machen», sagt er.

Der Borders Bookstore in Brentwood ist überfüllt, als ich eintreffe. Ein Pressemitarbeiter meines Verlags, der aus St. Louis stammende Pete Miller, ist eigens eingeflogen und hat zur Lesung seine Schwester, seine Freundin und eine Flasche Single Malt mitgebracht, die ich auf meiner Lesereise trinken kann. Als ich ihn jetzt, nach einem Tag unter Fremden, sehe, fühle ich mich gleich wieder im Schoß der Familie. Das liegt nicht einfach nur daran, dass ich seit mittlerweile vierzehn Jahren beim selben, eher kleinen Verlag veröffentliche oder dass ich in Pete und seinen Kollegen eher Freunde als Geschäftspartner sehe. Der eigentliche Grund ist vielmehr der, dass Pete und seine Freundin direkt aus New York gekommen sind und New York von allen Städten dieser Welt am meisten meinem alten Zuhause entspricht. Meine Eltern bekamen mich eher spät, und meine typischste Erfahrung als Kind war die, mir selbst überlassen zu sein, während die Erwachsenen zur Arbeit gingen oder Feste feierten. Und genau das ist für mich New York.

Vor lauter Heimweh falle ich Pete beinahe um den Hals. Erst am Ende meiner Lesung wird das ganze Ausmaß meiner Verbindung mit diesem anderen Zuhause, diesem St. Louis, offenbar. In der Signierschlange stehen Dutzende von Bekannten – ehemalige Klassenkameraden, Eltern von Freunden, Freunde meiner Eltern, Sonntagsschullehrer, Mitspieler vom Schultheater,

Highschool-Lehrer, Arbeitskollegen meines Vaters, Bridgepartnerinnen meiner Mutter, Bekannte aus der Gemeinde, nähere und entferntere alte Nachbarn aus der Webster Woods. Der neue Besitzer meines Elternhauses, der Mann, den ich den ganzen Tag über gehasst habe, ist gekommen, um mich zu begrüßen und mir ein Relikt aus dem Haus zu schenken: einen Türklopfer aus Messing mit dem Namen meiner Familie. Ich nehme den Klopfer und gebe ihm die Hand. Ich gebe allen die Hand und trinke den Whisky, den Pete mir eingegossen hat. Ich sauge die Freundlichkeit von Leuten auf, die nichts von mir verlangen, die einfach nur, um der alten Zeiten willen, gekommen sind, um hallo zu sagen und mich vielleicht ein Buch signieren zu lassen.

Von der Buchhandlung aus geht's direkt zum Flughafen. Ich muss die letzte Abendmaschine nach Chicago nehmen, wo Alice und ich am folgenden Vormittag ein neunzig Minuten langes Interview für *Oprah* aufzeichnen werden. Früher am Tag, als ich noch für die Kamera, so gut ich eben konnte, ein nachdenkliches Gesicht machte, hat Oprah Winfrey bekannt gegeben, dass sie mein Buch ausgewählt habe, und es in einer Weise gelobt, dass ich rot geworden wäre, hätte ich die Gelegenheit gehabt, es zu hören. Einer meiner Freunde wird mir berichten, Winfrey habe gesagt, der Autor habe so viel in das Buch einfließen lassen, dass er «bestimmt keinen Gedanken mehr im Kopf hat». Dass das eine seltsam zutreffende Beschreibung ist, wird sich noch herausstellen. Ab dem folgenden Abend in Chicago jedenfalls werde ich in den Signierschlangen und Interviews auf zwei Arten von Lesern treffen. Die einen werden zu mir sagen: «Ich mag Ihr Buch und finde es wunderbar, dass Oprah es ausgewählt hat», die anderen werden sagen: «Ich mag Ihr Buch und finde es sehr schade, dass Oprah es ausgewählt hat.» Und weil ich jemand bin, der sich in Texas auf der Stelle einen texanischen Akzent zulegt, werde ich der jeweiligen Art von Leser auf seine jeweilige Art antworten. Rede ich mit Bewunderern Winfreys, verspüre ich glühende

Dankbarkeit und Wohlwollen und finde es ebenfalls wunderbar, dass das Fernsehen das Lesepublikum vergrößert. Rede ich mit Kritikern Winfreys, verspüre ich das körperliche Unbehagen, das ich empfand, als wir die Eiche meines Vaters in Schmalz verwandelten, und klage über das Book-Club-Logo. Dafür handle ich mir dann Ärger ein. Ganz unerwartet werde ich Dan Quayle verstehen lernen, als ich in einem Augenblick der Erschöpfung in Oregon die Begriffe «Hochmoderne» und «Kunstliteratur» verschmelze und «Hochkunst» sage, um die Bedeutung Prousts, Kafkas und Faulkners für meine Arbeit zu beschreiben. Auch dafür handle ich mir dann Ärger ein. Oprah Winfrey wird mich aus ihrer Show ausladen, weil ich «widersprüchlich» wirke. Ich werde von empörten Populisten im ganzen Land verunglimpft werden. Ein Anonymus wird mich in der Zeitschrift *New York* einen «*motherfucker*» nennen, in *Newsweek* werde ich ein «aufgeblasenes Arschloch» sein, in der *Boston Globe* ein «egoverblendeter Snob» und in der *Chicago Tribune* ein «verzogenes, weinerliches kleines Gör». Ich werde die Möglichkeit erwägen und bis zu einem gewissen Maß auch daran glauben, dass ich das alles bin. Ich werde bereuen und erklären und modifizieren, weitgehend vergebens. Mein Ausschlag wird ebenso rätselhaft verschwinden, wie er gekommen ist; mein Gefühl, gespalten zu sein, wird sich nur noch mehr vertiefen.

Doch das alles liegt noch in der Zukunft, als ich auf der Interstate 170, die schlecht beleuchteten Fahrbahnmarkierungen schneidend, der Magen leer, der Kopf vom Whisky ein wenig schwammig, nach Norden brause. Der Messingtürklopfer hat mich mitgenommen. Ich habe ihn in Pete Millers Obhut zurückgelassen, weil ich ihn nicht haben will. (Monate später wird er im Schreibtisch meines Lektors auftauchen.) Ich will den Klopfer nicht in der Hand halten, will ihn nicht einmal anschauen, und zwar aus demselben Grund, aus dem ich den Blick von meinem Elternhaus abgewandt habe. Nicht, weil ich sonst daran erinnert worden wäre, wie bedeutungslos das Haus jetzt ist, sondern weil das Haus vielleicht doch gar nicht so bedeutungslos ist. Die ferne Vergangenheit existiert womöglich nur in meinem Kopf, und meine Erinnerungen daran werden womöglich von der sterilen Gegenwart bloß ins Lächerliche gezogen, doch gibt es viel frischere und viel schmerzhaftere Erinnerungen, an die ich gar nicht erst gerührt habe: Erinnerungen, die ich im Haus hinter mir lassen wollte.

Beispielsweise die kleine Pyrex-Schüssel mit den Dosenerbsen, die ich beim letzten Mal, als meine Mutter im Krankenhaus war, im Kühlschrank stehen sah. Meine Mutter hatte sich schon lange vorher damit abgefunden, dass sie im Haus wohnen blieb, während ihre Kinder an die Küsten flüchteten. Wir forderten sie auf, ebenfalls an eine der Küsten zu ziehen, doch das Haus war ihr Leben, es war das, was sie noch hatte, es war weniger die Stätte ihrer Einsamkeit als ein Gegengift dafür. Doch oft war sie dort sehr allein, und ich gab mir in New York immer die größte Mühe, an dieses Alleinsein nicht zu denken. Im Allgemeinen schaffte ich es ganz gut, es zu vergessen, aber als ich am Tag ihrer letzten Operation nach St. Louis flog, entdeckte ich im Haus unübersehbare Zeichen: ein fleckiges Handtuch, das im Keller eingeweicht in einem Eimer Wasser lag, ein halb beendetes Kreuzworträtsel an ihrem Bett. In der Woche vor ihrer Einlieferung konnte meine Mutter keine Nahrung mehr bei sich behalten, und als ich eintraf, enthielt der Kühlschrank fast nur noch uralte Würzsoßen und Delikatessen. Im obersten Fach standen eine Tüte Magermilch, eine kleine, mit Folie abgedeckte Dose grüne Erbsen und, neben dieser Dose, eine Schüssel mit einem Löffel voll Erbsen. Die Schüssel mit den Erbsen traf mich hinterrücks und hätte mich fast umgeworfen. Sie nötigte mich, mir vorzustellen, wie meine Mutter allein im Haus war und sich zwang, etwas zu essen, und sei es nur einen Löffel Erbsen, und schließlich merkte, dass es nicht ging. Genügsam und zuversichtlich, wie sie nun einmal war, hatte sie Dose und Schüssel in den Kühlschrank gestellt, für den Fall, dass ihr Appetit wiederkam.

An meinem allerletzten Tag im Haus, ein Vierteljahr später, erledigte ich mit einem meiner Brüder letzte Reparaturen und packte meine alten Habseligkeiten zusammen. In der Woche davor hatten wir zwölf oder vierzehn Stunden täglich gearbeitet, und ich packte wie ein Wilder, bis ich am Ende einen Mietlaster bestellte. Ich hatte nicht die Zeit, etwas Besonderes zu empfinden, abgesehen von der Freude, dass die Kartons beschriftet und im Laster verstaut waren, und dann war es plötzlich Zeit zum Aufbruch. Ich ging meinen Bruder suchen, um mich von ihm zu verabschieden. Zufällig kam ich an meinem alten Zimmer vorbei, blieb im Flur stehen, um hineinzuschauen, und in dem Moment kam es mir in den Sinn, dass ich *dieses Zimmer nie wieder sehen würde*; ein tiefer Schmerz brandete in mir auf. Ich rannte, schwer durch den Mund atmend, nicht gut sehend, die Treppe hinab. Ich schlang die Arme um meinen Bruder und rannte, rannte einfach nur aus dem Haus und sprang in den Laster und fuhr zu schnell die Einfahrt hinunter, wobei ich in meiner Eile, auf die Straße zu kommen, von einem Baum einen Ast abriss. Ich glaube, da schloss ich wirklich damit ab. Ich glaube, das implizite Versprechen, das ich mir an jenem Nachmittag gab und das ich gebrochen hätte, wenn ich an diesem Tag wieder in das Haus gegangen wäre, war, dass ich zum letzten Mal gegangen war und niemals wieder würde gehen müssen.

Versprechen hin, Versprechen her. Ich brause zum Flughafen.

(2001)

Tag der Amtseinführung, Januar 2001

Vor ein paar Samstagen wären vielleicht auch Sie mangels besserer Alternativen um halb sechs aufgestanden, hätten Seidenschal und Kaschmirmantel im Schrank hängen lassen, die ausgelatschten Red Wings und mehrere Lagen altes Wollzeug angezogen und wären mit dem Taxi zum Harlem State Office Building in der 125th Street gefahren, wo zwanzig Jungsozialisten, eine Schar mitreisender Studenten der jesuitischen Fordham-Universität und zwei verirrte Barnard-College-Studentinnen älteren Semesters, die die Nacht im Village Idiot durchzecht hatten, auf ihre Beförderung nach Washington warteten.

Als die Beförderungsmittel kamen, ziemlich spät, stellte sich heraus, dass es zwei uralte gelbe Schulbusse waren. David Schmauch, ein Mitglied der Harlemer Ortsgruppe der International Socialist Organization, war der Verantwortliche der Unternehmung. Schmauch, der einem glattrasierten Kenneth Branagh ähnelt, trug Duck Boots, einen Nylon-Parka und eine dämliche Strumpfmütze. Er hatte aus eigener Tasche fünfzehnhundert Dollar für die Busse bezahlt und nicht annähernd genügend Fahrkarten verkauft, um die fünfzehnhundert Dollar wieder hereinzubekommen. Ein Kontingent Sympathisanten, sagte er, habe gekniffen, als sie erfahren hätten, dass es in den Bussen keine Toilette gebe. Vielleicht wären Sie versucht gewesen, über diesen Einwand, diese bourgeoise Zimperlichkeit die Nase zu rümpfen, aber wenn Ihr sehr langsamer Bus, verlangsamt noch von Regen und Nebel, bei jeder Raststätte am New Jersey Turnpike eine Pinkelpause eingelegt hätte – und jede Pinkelpause zu einer Zigarettenpause samt ausgedehnter Imbissgelegenheit ausgeweitet worden wäre –, dann hätten auch Sie sich vielleicht einen Reisebus mit mehr Komfort gewünscht.

Andererseits hätten Sie, je länger Sie in einem warmen, trockenen Bus Ihren *Socialist Worker* hätten lesen können, desto weniger lang im Matsch am Stanton Square hinter dem Obersten Gerichtshof zu stehen brauchen, wo der einzige Regenschutz von haschverqualmten Dixieklos und dem mit Plastikplanen verkleideten Unterstand geboten wurde, in dem die Redner vor Reverend Al Sharpton in einem Meer von vier- oder fünftausend durchnässten Nichtrepublikanern um Beifall buhlten. Schlimmeres Wetter war vorstellbar: Es hätte noch stärker regnen können. Wenn Sie das Glück gehabt hätten, mit einem besonders langsamen Bus gefahren zu sein, und Sie sehr spät angekommen wären, wären Ihnen vielleicht nur die kleineren Finger abgefroren gewesen, als Sharpton schließlich ans Mikrofon trat und Sie gegen Ihren Willen mit der Kürze und Wucht seiner Brandrede aufwühlte. Da im Regen, zwischen den schlaffen Transparenten (*«Hail to the Thief!»* und *«The People Has Spoken – All Five of Them»*) und den regenbeperlten Gläsern von Bertolt-Brecht-Brillen, hätten Sie sich vielleicht sogar für die fieseren Tiefschläge erwärmt – beispielsweise seine Aufforderung an George «Dubya» Bush, mehr zu tun als «get messy with Jesse», oder sein kalkuliertes Stottern bei «Clarence T – Tom – Thomas».

Die Menge strahlte, als eine Kolonne gebildet und langsam die Maryland Avenue entlangmarschiert wurde, um den Obersten Gerichtshof zu umrunden. Wenn Sie dabei gewesen wären, hätte Sie wohl das unaufhörliche Skandieren von

Racist, sexist, anti-gay
GEORGE BUSH, go away!

und

Hey, Dubya, what do you say –
How many votes did you steal today?

aufwühlen können, selbst wenn Sie gar nicht glaubten, dass George Bush bigott ist oder dass er an dem Tag Stimmen gestohlen hat. Vielleicht waren Sie vor langer Zeit bei Kundgebungen an der Highschool ja auch einmal ähnlich gespalten. Vielleicht wären Sie, selbst wenn die Cheerleader in dieser Menge statt Buchstabenpulli und Faltenrock Dreadlocks und Lederhose sowie jene bemüht wirkende Button-Sammlung (jenes rosenkranzartige Sammelsurium ideologischer Lippenbekenntnisse) trugen, noch einmal begeistert und abgestoßen zugleich gewesen. Doch als sich auf dem Gehsteig, der um den Obersten Gerichtshof herumführt, durchweichte Demonstranten drängten und aus dem Sprechgesang ein Congabeat von

THIS is what dem-oc-racy looks-like,
THAT is what hyp-oc-risy looks-like

wurde und Hunderte nasser Arme bei jedem «*THAT*» auf das Gericht zeigten, wäre Ihre Irritation über die Selbstgefälligkeit des THIS vielleicht von einem jähen, überwältigenden Groll über das THAT hinweggefegt worden: das marmorne Gerichtsgebäude, das stumm, unbeleuchtet, ohne Reaktion hinter einer Phalanx aus Polizisten mit Schutzhelmen aufragte. In dem Moment wären Sie vielleicht froh gewesen, mitgefahren zu sein.

Aber dann, während die Kolonne weiterzog und Sie die südöstliche Ecke des Gerichts umrundeten, hätten Sie vielleicht die zutiefst merkwürdige Erfahrung gemacht, sich selbst dabei zuzusehen, wie Sie sich selbst zusehen. Dort, im Florida House auf der anderen Seite der Second Street, hinter hohen, mit patriotischen Fahnen behängten Fenstern, warteten Männer und Frauen darauf, dass die Party begann, und sie trugen jene Art von Kleidung und Schuhen, die Sie zu Hause gelassen hatten, aßen jene Art von Essen, das Sie in der Woche davor fast allabendlich in Restaurants gegessen hatten, tranken jene Art von hochprozentigen

Sachen, nach denen es Sie plötzlich dürstete, und spähten mit einer Mischung aus Neugier, Furcht und Befriedigung auf die durchweichte Kolonne der Marschierenden, dessen lebender Teil Sie wenigstens irgendwie, wenn auch nur für einen Augenblick, und dennoch nicht gänzlich widerstrebend waren.

Die Rückfahrt dauerte sieben Stunden. Die Jungsozialisten – ein Techniker von Verizon, ein Barmann, der früher an der Brown University ein Fußballstar gewesen war, ein Lehrer im ersten Berufsjahr – verglichen Mobiltelefone, lasen gekürzte Ausgaben von Marx («Das erspart einem zwei Jahre Lektüre von drei Bänden *Kapital*»), lobten einmütig die TV-Serie *Friends* und stritten sich, die einen strikt hetero, die anderen homo, über die Vorzüge von *Xena, die Kriegerprinzessin*. Wenige Freuden kommen einer solchen Busfahrt im Dunkeln gleich, Stunden verspätet und mit Leuten, mit denen man heftigst einer Meinung ist. Aber schließlich, zwangsläufig, wird man wieder in der Stadt abgeladen. Der Regen friert auf dem Asphalt, Schnee bedeckt den Matsch. Sie werden vielleicht, solange Sie noch auf die U-Bahn warten und nach Hause fahren, eine Variante Ihrer selbst sein, die Bus-Variante, eine Variante, die jünger und linker ist. Aber dann schälen Sie die noch feuchten Thermoschichten der Kleidung dieses langen Tages ab, und Sie sehen eine völlig andersartige Kleidung in Ihrem Schrank hängen, und unter der Dusche sind Sie nackt und allein.

(2001)